本书受国家社会科学基金规划项目（15CJY053）与河南省高等学校哲学社会科学应用研究重大项目（2018-YYZD-13）的资助

信阳师范学院商学院学术

农村人口转移背景下惠农政策效果的跟踪、评价与保障研究

杜 辉 ◎ 著

中国财经出版传媒集团
经济科学出版社
Economic Science Press

图书在版编目（CIP）数据

农村人口转移背景下惠农政策效果的跟踪、评价与保障研究／杜辉著．—北京：经济科学出版社，2021.8
ISBN 978-7-5218-2772-9

Ⅰ.①农… Ⅱ.①杜… Ⅲ.①农村人口-人口迁移-关系-农业政策-研究-中国 Ⅳ.①C924.24 ②F320

中国版本图书馆 CIP 数据核字（2021）第 161649 号

责任编辑：顾瑞兰
责任校对：李　建　孙　晨
责任印制：邱　天

农村人口转移背景下惠农政策效果的跟踪、评价与保障研究
杜　辉　著
经济科学出版社出版、发行　新华书店经销
社址：北京市海淀区阜成路甲 28 号　邮编：100142
总编部电话：010-88191217　发行部电话：010-88191522
网址：www.esp.com.cn
电子邮箱：esp@esp.com.cn
天猫网店：经济科学出版社旗舰店
网址：http://jjkxcbs.tmall.com
固安华明印业有限公司印装
710×1000　16 开　17.25 印张　250 000 字
2021 年 8 月第 1 版　2021 年 8 月第 1 次印刷
ISBN 978-7-5218-2772-9　定价：79.00 元
（图书出现印装问题，本社负责调换。电话：010-88191510）
（版权所有　侵权必究　打击盗版　举报热线：010-88191661
QQ：2242791300　营销中心电话：010-88191537
电子邮箱：dbts@esp.com.cn）

总　序

商学院作为我校2016年成立的院系,已经表现出了良好的发展潜力和势头,令人欣慰、令人振奋。办学定位准确,发展思路清晰,尤其在教学科研和学科建设上成效显著,此次在郑云院长的倡导下,拟特别资助出版《信阳师范学院商学院学术文库》,值得庆贺,值得期待!

商学院始于我校1993年的经济管理学科建设。从最初的经济系到2001年的经济管理学院、2012年的经济与工商管理学院,发展为2016年组建的商学院,筚路蓝缕、栉风沐雨,凝结着教职员工的心血与汗水,昭示着商学院瑰丽的明天和灿烂的未来。商学院目前拥有河南省教育厅人文社科重点研究基地——大别山区经济社会发展研究中心、理论经济学一级学科硕士学位授权点、工商管理一级学科硕士学位授权点、理论经济学河南省重点学科、应用经济学河南省重点学科、理论经济学校级博士点培育学科、经济学河南省特色专业、会计学河南省专业综合改革试点等众多科研平台与教学质量工程,教学质量过硬,科研实力厚实,学科特色鲜明,培养出了一批适应社会发展需要的优秀人才。

美国是世界近现代商科高等教育的发祥地,宾夕法尼亚大学沃顿于1881年创建的商学院是世界上第一所商学院,我国复旦公学创立后在1917年开设了商科。改革开放后,我国大学的商学院雨后春笋般成立,取得了可喜的研究成果,但与国外相比,还存在明显不足。我校商学院无论是与国外大学相比还是与国内大学相比,都是"小学生",还处于起步发展阶段。《信阳师范学院商学院学术文库》是起点,是开始,前方有更长的路需要我们一起走过,未来有更多的目标需要我们一道实现。希望商学院因势而谋、应势而动、顺势而为,进一步牢固树立"学术兴院、科研强院"

的奋斗目标，走内涵式发展之路，形成一系列有影响力的研究成果，在省内高校起带头示范作用；进一步推出学术精品、打造学术团队、凝练学术方向、培育学术特色、发挥学术优势，尤其是培养一批仍处于"成长期"的中青年学术骨干，持续提升学院发展后劲并更好地服务地方社会，为我校实现高质量、内涵式、跨越式发展，建设更加开放、充满活力、勇于创新的高水平师范大学的宏伟蓝图贡献力量！

"吾心信其可行，则移山填海之难，终有成功之日；吾心信其不可行，则反掌折枝之易，亦无收效之期也。"习近平总书记指出，创新之道，唯在得人。得人之要，必广其途以储之。我们希望商学院加快形成有利于人才成长的培养机制、有利于人尽其才的使用机制、有利于竞相成长各展其能的激励机制、有利于各类人才脱颖而出的竞争机制，培植好人才成长的沃土，让人才根系更加发达，一茬接一茬茁壮成长。《信阳师范学院商学院学术文库》是一个美好的开始，更多的人才加入其中，必将根深叶茂、硕果累累！

让我们共同期待！

前　言

　　农村人口转移与加大惠农力度是21世纪经济社会发展的两个并行趋势，决定了惠农政策效果必须在源于农村人口转移的"三农"格局变更进程中加以科学考察和理性判断，并予以有效保障。中国"三农"当前面临的一系列重大挑战与机遇均与农村人口转移有关。此背景下，如何防范源于农业接班人危机、农村凋敝、城乡收入差距拉大等不利倾向，并借此契机让农业基于发展方式转变而强起来、农村基于"后空心化时期"规划而美起来、农民基于城乡融合而富起来，事习近平总书记提出的"三农"中国梦顺利实现，其关键在于掌握资源配置权与行为规范权的惠农政策充分发挥功效。然而，面对农村人口转移带来的立体化冲击，惠农政策同样在运行环境存在变数的情况下出现模式偏差与效果弱化，既难以保证自身效率，更难以适应时代需求。据此，亟待深刻剖析农村人口转移对惠农政策效果的影响机理，对结构化的惠农政策效果进行跟踪调研与分类评价，继而瞄准新时代保障惠农政策效果的核心方向与关键路径。

　　本书以辩证唯物主义和历史唯物主义方法论为指导，根据"影响论证—跟踪取证—评价验证—对策建议"的研究逻辑，沿循"政策制定主体、政策执行主体、政策受益主体三角度跟踪调研—现代农业支持政策、农民收益保障政策、农村经济社会发展政策三类型分类评价—政策供给、政策运行两层面综合保障"的研究路径，采用实证分析与规范分析相结合、综合分析与典型个案分析相结合、静态与动态相结合、归纳法与演绎法相结合的研究方法，全面剖析农村人口转移背景下惠农政策效果。研究内容主要包括以下五方面。

　　一是基于农村人口转移视角的"三农"转型理论分析框架。农村人口转移的影响全面且深远，既改变以劳动为基本投入的传统农业生产要素禀赋格局，在引发农业规模经营、劳动节约倾向、石化产品盛行的同时影响到农业经营、生产、资源利用方式，并催生新型农业经营主体、更新农业经营管理要求、强化农业社会化服务能力、加速农业科技进步、冲击农产品安全结构、抬高农产品市场价格及破坏农业资源环境，最终触发农业发展方式变化；又改变以务农为主业的传统农户生计模式，在引发农民分化、半工半耕、代际分工的同时影响到农户阶层、收入、家庭结构，并衍生出离农户、兼业户、纯农户并存，农户整体收入水平增加但内部收入差距拉大，农村留守群体凸显等现象，最终触发农户生存状态变革；更改变以人力资本为根基的传统农村社会形态，在引发人口空心化、村庄原子化、产业空洞化的同时影响到农村人居生活、文化传承、经济发展环境，并造成村庄生态与社区设施环境因农业生产要素替代与农村建设主体缺位而恶化、农村文化因缺乏必要延续者和足够参与者而导致发展后劲削弱与服务供给乏力、农村可持续与赶超式发展因"虹吸"效应强化与"回流"效应弱化而难以积聚动能并形成新的经济支撑点，最终触发农村社会环境变迁。

二是"三农"转型对于惠农政策效果的影响机理。"三农"产生深刻且复杂的结构性转型，导致惠农政策的操作平台因时效性弱化而模糊、实施对象因同质性打破而分化、执行手段因创新性不足而失灵、交易成本因稳定性削弱而上涨，以至于出现模式偏差，极易干扰顶层设计者对政策实施客体的评估与政策构成要件的调试，继而诱发现代农业支持政策的"挤出"与"错位"效应、农民收益保障政策的"分化"与"漏出"效应、农村经济社会发展政策的"空悬"与"消解"效应，最终影响惠农政策效果。

三是农村人口转移背景下惠农政策效果的跟踪调研。本书以 2009～2018 年十年跨度的三次实地调研活动为研究基础，以时间上继起与空间上集中为观察原则，以政策制定主体、执行主体、受益主体为关注对象，以随机问卷调查、各级干部座谈、村民田野访谈等为调研工具，以河南、湖北、广西、海南四省份累计 2028 份有效样本农户问卷与 374 份有效样本村庄问卷为数据支撑，侧重于重点区域、典型农户、主体农民与代表政策，从农户基本情况与村庄发展概况两层面出发，结合各类访谈资料，跟踪分析农村人口转移背景下现代农业支持、农民收益保障、农村经济社会发展三大类惠农政策效果。

四是农村人口转移背景下惠农政策效果的系统评价。农村人口转移在助推"三农"步入发展新阶段的同时，引申出惠农政策的改革新任务与调整新诉求。从农业经营体系变更角度看，新型农业经营体系支持政策因发展资源整合尚存时滞性而难以有效满足新型农业经营主体培育需求、因对于经营主体结构加速分化的预判性不足而导致多元农业经营主体兼容性欠佳、因社会化服务供给能力不足而制约小农户与现代农业有机衔接，表明现代农业支持政策的适用性仍有待提升。从农产品价格支持转型角度看，始于2014年的新一轮农产品价格支持政策改革，在强化市场机制、改善贸易状况、加速农业转型等方面取得一定成效，但仍需通过深化改革来持续提升农民收益保障政策效果。从农村发展动能激活角度看，尽管农村产业融合发展政策有助于产业兴旺，但仍需防范生态环境被污染、融合理念被曲解、农民财产被侵犯、农户利益被漠视、产业利润被抽离、乡土文化被践踏、社会关注被利用、农业资源被转移等隐患；村级公益事业一事一议、财政奖补政策因农村人口空心化而存在执行障碍，致使运行平台失灵、议事效果弱化且筹资能力有限，难以有效撬动农村社区建设的供需"双弱"僵局，凸显农村经济社会发展政策仍需进一步激发乡村内在发展动力。

五是农村人口转移背景下惠农政策效果的综合保障。惠农政策有待科学择定创新突破口与改革切入点，以健全效果综合保障体系来发挥宏观调控功能。一方面，强化惠农政策供给保障。从顾全新时代农业农村发展全局出发，在乡村振兴视野下重塑现代农业发展、三产融合发展、村庄整治规划、资源环境保护"四位一体"惠农政策平台，并以加速农村人口转移来夯实平台构建基础，以壮大农村集体经济来培育平台运行主体，以强化城乡力量汇聚来创建平台长效机制；从顺应新时期经济社会演变趋势着眼，在长远发展视角下瞄准小农户与新型农业经营主体、活化村、政府扶持型产业为惠农政策的主要群体对象、重点地域对象、关键产业对象；从匹配新阶段农业支持核心目标入手，在以增产为导向转向以提高竞争力为导向的视域下以强化市场机制引入、转变政策支持重点、注重生产节本降耗、确保产业提质增效来创新惠农政策手段；从契合新常态各级政府既有财力考虑，在兼顾效率视线下扩大地方工作自主性、补充投入方式灵活性、降低资金补助依赖性、增强资源对接组织性、明确政策范围指向性，继而控制惠农政策成本。另一方面，优化惠农政策运行保障。从农业从业者、下乡投资者、潜在组织者、基层管理者等利益相关者视角出发，强化利益格局重组后主体激励；基于惠农资金整合、涉农部门组织、强农战略互动、支农举措衔接等协调角度，注重政策体系调整后内部协调；针对产业、人才、文化、生态、组织五大振兴进行规划，完善政策目标创新后绩效评价；基于廓清人大、行政、司法、社会等监督主体之间权责关系，健全政策环境变更后执行监督。

基于笔者视野与能力的局限性，研究仍存在诸多不足。一是以十年跨度、涵盖四省份的两次样本村庄与三次样本农户实地调研活动为分析依据，调研资料及数据的类型对称性与区域分布性一定程度上存在欠缺。二是在构建农村人口转移与"三农"转型、农村人口转移影响惠农政策效果、农村人口转移与农业国际竞争力下降等理论分析框架的同时，未能通过构建计量模型对相关变量予以关联性检验，继而削弱研究结论的解释力。三是将惠农政策划分为现代农业支持、农民收益保障、农村经济社会发展三大类并择定代表性政策进行系统分析，但难以掩盖农业发展方式变化、农民收入结构变革、农村产业结构变迁情境下惠农政策的传统功能边界日益打破的事实，所择定的代表性政策有待商榷。上述问题将是笔者后续研究亟待完善之处与未来努力方向。

杜　辉
2021 年 3 月

目 录

第一章 导论 …………………………………………………… 1
  第一节 研究背景与意义 ……………………………………… 1
  第二节 国内外研究现状综述 ………………………………… 3
  第三节 研究思路与方法 ……………………………………… 28

第二章 农村人口转移与"三农"转型：一个理论框架 ……… 39
  第一节 农村人口转移与"三农"转型的理论框架构建 …… 40
  第二节 农村人口转移、传统农业生产要素禀赋格局改变与
           农业发展方式变化 …………………………………… 43
  第三节 农村人口转移、传统农户生计模式改变与农户生存
           状态变革 ……………………………………………… 65
  第四节 农村人口转移、传统农村社会形态改变与农村社会
           环境变迁 ……………………………………………… 76

第三章 "三农"转型对惠农政策效果的影响分析 …………… 83
  第一节 "三农"转型与惠农政策模式偏差 ………………… 84
  第二节 "三农"转型与惠农政策效果弱化 ………………… 88

第四章 农村人口转移背景下惠农政策效果的跟踪分析 …… 94
  第一节 农村人口转移趋势与影响的跟踪分析 ……………… 94
  第二节 农村人口转移背景下现代农业支持政策效果的
           跟踪分析 ……………………………………………… 117

第三节　农村人口转移背景下农民收益保障政策效果的
　　　　跟踪分析 ………………………………………… 130
第四节　农村人口转移背景下农村经济社会发展政策效
　　　　果的跟踪分析 …………………………………… 139

第五章　农村人口转移背景下惠农政策效果的评价分析 ……… 159
第一节　基于农业经营体系变更视角的现代农业支持政
　　　　策效果评价分析 ………………………………… 159
第二节　基于农产品价格支持转型视角的农民收益保障
　　　　政策效果评价分析 ……………………………… 175
第三节　基于农村发展动能激活视角的农村经济社会发
　　　　展政策效果评价分析 …………………………… 195

第六章　农村人口转移背景下惠农政策效果的保障分析 ……… 206
第一节　农村人口转移背景下惠农政策的供给保障 ……… 206
第二节　农村人口转移背景下惠农政策的运行保障 ……… 221

附录一　《农村人口转移背景下惠农政策效果研究（村庄卷）》问卷 …… 227
附录二　《农村人口转移背景下惠农政策效果研究（农户卷）》问卷 …… 231
参考文献 ………………………………………………………… 239

第一章 导 论

第一节 研究背景与意义

改革开放后，伴随着城镇化、工业化水平持续提升，全国累计约56444万人从乡村转入城镇①，农村人口大规模跨行业、跨区域转移已成中国现代化进程中难以逆转的时代潮流。2014年，国务院印发《关于进一步推进户籍制度改革的意见》，宣布建立城乡统一的户口登记制度，并相继出台诸多政策来推动市民化进程，不断扫除农村人口转移障碍。2008~2019年，农民工总量实现"十二连增"，2019年达到29077万人，其中外出农民工17425万人②。同时，考虑到历史欠账及发展所需，自党的十六大以来，以2004~2021年连续18年中央"一号文件"锁定"三农"问题为标志，一系列惠农政策密集执行，"三农"问题逐渐上升为国家战略的"重中之重"。2017年，党的十九大报告更是提出以乡村振兴战略来统领新时代"三农"工作，并强调"坚持农业农村优先发展，按照产业兴旺、生态宜居、乡风文明、治理有效、生活富裕的总要求，建立健全城乡融合发展体制机制和政策体系，加快推进农业农村现代化"。2007~2019年，各级财政农林水事务总支出高达175220.92亿元，2019年达到历史最高的

---

① 叶兴庆：《我国农业经营体制的40年演变与未来走向》，《农业经济问题》2018年第6期，第8-17页。

② 数据来自国家统计局历年发布的《全国农民工监测调查报告》。

22862.8亿元[①]。考虑到农村人口转移与加大惠农力度是21世纪经济社会发展的两大长期并行趋势，决定惠农政策效果必须在源于农村人口转移的"三农"转型过程中加以科学考察和理性判断，并予以有效保障。

农村人口转移的影响全面且深远，既改变以劳动为基本投入的传统农业生产要素禀赋格局而影响农业经营、生产、资源利用等方式，又改变以务农为主业的传统农户生计模式而影响农户阶层、收入、家庭等结构，更改变以人力资本为根基的传统农村社会形态而影响农村人居生活、文化传承、经济发展等环境。审视国情农情，城乡发展不平衡、农村发展不充分以及农业农村现代化滞后于城镇化、工业化和信息化，之所以成为新时代中国最大的发展不平衡、发展不充分和发展不同步，与农村人口转移带来的农业边缘化、农村空心化、农民老弱化等多方位负面影响紧密相关。换言之，中国"三农"当前面临的一系列重大挑战与机遇均事关农村人口转移。此背景下，如何防范源于农业接班人危机、农村凋敝、城乡收入差距拉大等不利倾向，并借此契机让农业基于发展方式转变而强起来、农村基于"后空心化时期"规划而美起来、农民基于城乡融合而富起来，事关习近平总书记提出的"三农"中国梦顺利实现，其关键在于掌握资源配置权与行为规范权的惠农政策充分发挥功效。政策利在惠农、重在落实、旨在效果。"三农"好形势既取决于政府惠农好态度，更主要取决于惠农政策制定科学与执行合理带来好效果。然而，面对农村人口转移所带来的立体化冲击，许多惠农政策在执行中同样面临操作平台模糊、实施对象分化、执行手段失灵、交易成本上涨等严峻考验，既难以保证自身效率，更难以适应时代需求。据此，亟待深刻剖析农村人口转移对惠农政策效果的影响机理，对结构化的惠农政策效果进行跟踪调研与分类评价，继而瞄准新时期保障惠农政策效果的核心方向与关键路径。

本书的学术价值与应用价值在于：一是以农村人口转移改变"三农"格局为研究的逻辑起点，探寻农村人口转移、"三农"转型与惠农政策效果三者之间的有机联系，为惠农政策效果的影响因素探索新的研究视角。

---

① 数据来自国家统计局历年出版的《中国统计年鉴》。

二是以梳理21世纪农村人口转移一般规律和党的十六大以来惠农政策基本轨迹为基础，以现代农业支持、农民收益保障、农村经济社会发展三大类政策为主要切入点，通过实地调查与资料搜索兼顾、综合效果与典型效果并重的跟踪调查，为透视与评价农村人口转移背景下惠农政策效果补充新的分析手段和实证经验。三是以应对农村人口转移背景下"三农"发展的挑战与机遇为导向，为保障惠农政策效果提供有操作性的方法和工具，为党和政府在新时期制定与执行惠农政策提供决策参考。

第二节 国内外研究现状综述

国际经验表明，农村人口转移既是工业化与城镇化的条件，也是经济社会发展的一般性规律。只要存在城乡之间与城市之间发展差距，农民工进城并在城市之间流动便不可避免[1][2]。配第—克拉克定律亦指出，随着经济发展水平提升，非农产业平均工资水平提高将吸纳更多劳动力，离农劳动力在劳动力分布中占比会逐渐上升。经过长期的经验认识与形势观察，理论界在积极评估农村人口转移所带来的正面发展效应的同时，亦审慎反思其所衍生的负面消极情况，力求全景式展现相关影响的多元性。针对中国农村人口转移问题，有必要在分析已有文献的基础上，立足于国别差异性来剖析影响特殊性。

一、农村人口转移对宏观经济的影响

农村人口转移是指包括农村劳动力在内的农村居民的生活空间发生位移，从农村转移到城镇，其内涵在于转移人口维持和提高生活水平的主要收入来源从农业转向非农产业、生活居住地从乡村迁移到城镇、居民身份从农民转变为城镇市民[3]。国内文献往往同时还使用农村劳动力转移、农

---

[1] Stark O. The Migration of Labor. Basil Blackwell. Cambridge, MA, 1991.
[2] Taylor J E, Martin P L. Human Capital: Migration and Rural Population Change. Handbook of Agricultural Economics, 2001 (1): 457–511.
[3] 赵小缔、郭霖：《制度激励与农村人口转移——以南京为样本的实证分析》，《中共南京市委党校南京市行政学院学报》2004年第2期，第36–39页。

村劳动力迁移、农村劳动力流动等词汇。上述概念在描述农村人口就业、居住等行为变化上具有相似性，但仍存在区别之处。例如，由于婚姻关系缔结而引起的地域变动，以及由于升学、参军或其他原因离开农村，不能视为农村劳动力转移，但属于农村劳动力迁移；农村劳动力转移和农村劳动力迁移都可能导致户口性质发生变化，但农村劳动力流动则不发生户口所在地变化等[1]。大量实践表明，许多与宏观经济发展相关的事实，均与农村人口转移这个特征相伴而生，在中国情境下尤为明显，理论界也为此展开深入探讨，并取得丰硕研究成果。

（一）农村人口转移的经济增长效应

农业劳动力转移的经济增长效应，主要是指等量农业劳动力转移到非农产业后由于劳动生产率提高而对经济增长产生的影响，即劳动力配置结构变化对经济增长的影响[2]。国际学术界主要借鉴发展经济学、人口经济学等学科相关原理与方法，研究农村人口转移所衍生的经济效应[3][4]。巴罗（Barro，1995）利用美国、德国、意大利、西班牙、法国、英国的数据进行收敛性分析，发现尽管不同国家实际情况存在差异性，但劳动力转移对各国经济增长都发挥了不同程度的积极作用[5]。

世界银行（1996）最早就农业劳动力转移对中国经济增长影响进行实证研究，结果表明，1985~1994年，中国经济年均增长率10.2%，来源于劳动力转移部分为1.4%，贡献率为13.7%。其中，通过农业劳动力转移部分为1%，贡献率为9.8%；通过各类所有制企业之间转移部分为0.4%，贡献率为3.9%[6]。另一项国际研究则表明，若按照国外劳动力流

---

[1] 申鹏：《农村劳动力转移的制度创新》，社会科学文献出版社2012年版，第25-26页。

[2] 郝大明：《农业劳动力转移对中国经济增长的贡献率：1953-2015》，《中国农村经济》2016年第9期，第44-57页。

[3] Abdul-Hakim R, Che-Mat S. Non-farm Activities and Time to Exit Poverty: A Case Study in Kedah, Malaysia, World Review of Business Research, 2011, 1 (2): 113-124.

[4] Ellis F. Rural Livelihoods and Diversity in Developing Countries. Oxford University Press, 2000.

[5] Barro, R J and Sala-i-Martin, X. Economic Growth. McGraw-Hill, New work, 1995.

[6] Nehru V. The Chinese Economy: Fighting Inflation, Deepening Reforms. World Bank Publications, 1996.

动模式计算，中国人均 GDP 每增加 10%，农业部门劳动力份额可能会相应减少 3.1%[①]。之后，众多国内学者针对不同历史时期的研究亦表明，农村劳动力流动就业对中国数十年来经济快速增长做出卓越贡献。1971～1978 年，农业劳动力转移对经济增长的贡献率为 59.3%[②]；改革开放前十年，农村流动劳动力对经济增长的贡献约占总产出的 45%[③]；1982～1997 年，农村劳动力转移对经济增长的贡献率为 20.23%[④]；1989～2006 年，农民工对第二、三产业的平均贡献率为 11.27%[⑤]；1997～2008 年，农业剩余劳动力转移对劳动生产率提高和 GDP 增长的贡献率分别达到 16.33% 和 1.72%[⑥]；1978～2015 年，整体劳动生产率（实际劳均 GDP）提高 16.7 倍，其中资源重新配置所做出的贡献为 44%[⑦]，同期，农村劳动力转移对非农业部门产出贡献率和社会总产出贡献率分别为 11.64% 和 10.21%[⑧]。另有研究表明，由于劳动力流动障碍导致的劳动力在部门间错配则致使经济增长效率下降 8%[⑨]。总体而言，中国农村劳动力转移完全体现出资源重新配置的库兹涅茨改进。一方面，人口红利得以极大兑现，即通过保持高储蓄率和高资本报酬率、充足劳动力供给、较快人力资本改善速度、较大

[①] Taylor J E, Martin P L. Human Capital: Migration and Rural Population Change. Handbook of Agricultural Economics, 2001 (1): 457–511.

[②] 郝大明：《农业劳动力转移对中国经济增长的贡献率：1953–2015》，《中国农村经济》2016 年第 9 期，第 44–57 页。

[③] 袁训国：《流动人口对中国经济增长的贡献研究》，《中国物价》2017 年第 3 期，第 18–21 页。

[④] 蔡昉、王德文：《中国经济增长可持续性与劳动贡献》，《经济研究》1999 年第 10 期，第 62–68 页。

[⑤] 胡伟清、张宗益、张国俊：《农民工的贡献与分享：差距到底多大》，《探索》2008 年第 5 期，第 109–112 页。

[⑥] 张广婷、江静、陈勇：《中国劳动力转移与经济增长的实证研究》，《中国工业经济》2010 年第 10 期，第 15–23 页。

[⑦] 蔡昉：《中国经济改革效应分析——劳动力重新配置的视角》，《经济研究》2017 年第 7 期，第 4–17 页。

[⑧] 程名望、贾晓佳、俞宁：《农村劳动力转移对中国经济增长的贡献（1978–2015）：模型与实证》，《管理世界》2018 年第 10 期，第 161–172 页。

[⑨] 袁志刚、解栋栋：《中国劳动力错配对 TFP 的影响分析》，《经济研究》2011 年第 7 期，第 4–17 页。

全要素生产率提高幅度,实现高速经济增长①。另一方面,农民工日益成为新时期产业工人不可或缺的重要组成部分,有力支撑了国民经济发展。正如经济学家厉以宁教授所言,"没有广大农民工的南下和东进,沿海经济就不可能发展得如此之快"②。

(二) 农村人口转移的增收促进效应

国际学术界长期关注农村人口转移所产生的社会作用③④⑤。国内学术界则聚焦于源于农村人口转移的收入增加促进效应。根据现有研究,农村人口转移至少可以从两条具体途径来影响收入分配格局:一是农村劳动力从劳动收入份额相对较高的农业部门转移到劳动收入份额相对较低的非农部门,直接导致整体经济中劳动收入份额下降;二是农村劳动力转移会通过改变非农部门中资本和劳动的相对谈判能力来影响非农部门的收入分配格局,进而间接影响整体经济的要素收入分配格局⑥。大量研究表明,农村人口流动有利于缩小地区之间发展差距并改善收入不平等⑦⑧⑨⑪。其

---

① Cai F. How has the Chinese Economy Capitalised on the Demographic Dividend During the Reform Period? China's Forty Years of Reform and Development, 1978, 2018: 235 – 255.

② 孙自铎:《跨省劳动力流动扩大了地区收入差距——与缩小论者商榷》,《调研世界》2004年第12期,第31 – 33页。

③ Lanjouw J O, Lanjouw P. The Rural Non-farm Sector: Issues and Evidence from Developing Countries, Agricultural Economics, 2001, 26 (1): 1 – 23.

④ Kay C. Reflections on Rural Poverty in Latin America. The European Journal of Development Research, 2005, 17 (2): 317 – 346.

⑤ Mat S H C, Jalil A Z A, Harun M. Does Non-farm Income Improve the Poverty and Income Inequality among Agricultural Household in Rural Kedah? Procedia Economics and Finance, 2012 (1): 269 – 275.

⑥ 翁杰:《中国农村劳动力转移与劳动收入份额变动研究》,《中国人口科学》2011年第6期,第14 – 26页。

⑦ Williamson J G. Migration and Urbanization. Handbook of Development Economics, 1988 (1): 425 – 465.

⑧ Cai F, Wang D, Du Y. Regional Disparity and Economic Growth in China: The Impact of Labor Market Distortions. China Economic Review, 2002, 13 (2 – 3): 197 – 212.

⑨ 姚枝仲、周素芳:《劳动力流动与地区差距》,《世界经济》2003年第4期,第35 – 44页。

⑩ 王小鲁、樊纲:《中国地区差距的变动趋势和影响因素》,《经济研究》2004年第1期,第33 – 44页。

⑪ Whalley J, Zhang S. A Numerical Simulation Analysis of (Hukou) Labour Mobility Restrictions in China. China's Integration into the World Economy. 2011: 295 – 324.

中，关于农村人口转移与中国农村减贫的相关研究更是引发众多学者关注。据测算，外出务工提高农村贫困家庭人均纯收入的幅度可达8.5% ~ 13.1%①。早在20世纪80年代，中国农民以私人企业家身份积极参与工业化进程，便已经开始为农村减贫和经济发展做出积极贡献②。张桂文等从非农就业而增加农民非农收入、促进农业规模经营而提高农业收入、提高人力资本存量而增强农民收入挣得能力、降低农业人口占比而提高农民政策影响力四方面入手分析相关减贫机理，得出农业劳动力转移将显著降低贫困发生率的结论③。

（三）农村人口转移的改革驱动效应

农村人口转移将"城"与"乡"真正紧密衔接起来，其改革驱动效应亦同步体现在城乡两端。一方面，城镇化水平提高很大程度上源于农民工进城就业，农村人口转移本质上就是城镇化快速发展的过程。立足历史条件与现实国情，人口整体布局大调整是所有其他宏观发展目标实现的基础。农村人口转移大幅度降低第二、三产业生产成本，保持产业竞争优势，促进GDP增长，有力推动城镇化进程。同时，新生代农民工开始支撑现阶段经济转型发展，不仅适应着产业结构升级，而且支持着"中国制造"向"中国精造"，进而向"中国创造"转变④。更为重要的是，正在加速的农村转移人口市民化进程，在扩大内需、拉动消费、刺激服务业发展、促进城乡协调发展、破解城乡二元结构等方面作用突出，已成为全面深化改革全局中链接民生发展、经济增长和体制改革的关键节点，以及深化改革的重要突破口⑤。另一方面，农村人口转移深刻改变"三农"基本

---

① Du Y, Park A, Wang S. Migration and Rural Poverty in China. Journal of Comparative Economics, 2005, 33 (4)：688 – 709.

② Huang Y. Capitalism with Chinese Characteristics：Entrepreneurship and the State. Cambridge University Press，2008.

③ 张桂文、王青、张荣：《中国农业劳动力转移的减贫效应研究》，《中国人口科学》2018年第4期，第18 – 29页。

④ 杨志明：《中国特色农民工发展研究》，《中国农村经济》2017年第10期，第38 – 48页。

⑤ 吕炜、谢佳慧：《农业转移人口市民化：重新认知与理论思辨》，《财经问题研究》2015年第11期，第3 – 10页。

格局。依托于向城镇转移而大规模减少农民，显然已经成为解决"三农"问题的根本途径与必然选择①。唯有如此，农村土地规模才能相对扩大并促进适度规模经营，继而在资源禀赋相对有限的条件下为农业农村现代化注入新的带动力。此外，外出人员的汇款、智力回流、社会关系拓展等亦有力推动农村非农产业发展。换言之，人口大规模转移作为引线与纽带，从农村端牵动了全国生产要素大调整，从城市端引领了宏观发展模式大变革，并同步触发了城乡经济格局大变迁，继而驱动了改革开放全面推进。

（四）农村人口转移的发展负面效应

尽管农村人口转移对宏观经济发展起到举足轻重的助推作用。但不可否认，发展负面效应亦客观存在。一方面，阻碍产业优化升级与合理布局。大量农村转移人口技能不足、收入低下、社保欠缺，致使企业为保证当期经济回报而满足于低成本持续扩张，缺乏产业升级及技术换代的驱动力。同时，大量农村人口不断由中西部地区向东南沿海地区单向转移，势必影响内地承接产业转移，不利于全国范围内产业整体优化布局。相关研究还显示，农业剩余劳动力的非农转移具有生产固化效应，虽有助于传统产品出口增长，却不利于创新产品出口扩大②。另一方面，严重削弱人口输出地可持续发展能力。得益于持续获取廉价劳动力资源，加之长期实施的赶超战略、政府主导工业化和偏向城市的宏观经济政策取向，人口输入地在人类历史上最为猛烈的城镇化过程中固然实现经济快速发展，但同时亦催生出瓦解乡村的新浪潮。就人口输出地的农村和欠发达地区而言，源于要素单向度外流，经济发展所需要的劳动力供给呈现"帕累托恶化"特征，无论是农业传统部门还是非农现代部门，皆因"智力外流"而进一步丧失发展内在动力，且来自人口输入地的回流效应并不明显③。此外，曾经被各界寄予厚望的"劳务经济"与"回流经济"也并未如预期般形成"收入

---

① 魏后凯：《实施乡村振兴战略的目标及难点》，《社会发展研究》2018年第1期，第2-8页。
② 项松林、赵曙东、魏浩：《农业劳动力转移与发展中国家出口结构：理论与中国经验研究》，《世界经济》2014年第3期，第80-103页。
③ 樊士德：《劳动力外流对中国农村和欠发达地区的福利效应研究——基于微观调研数据的视角》，《农业经济问题》2016年第11期，第31-40页。

新增量点"与"经济新增长点",进一步固化劳动力尤其是新生代农民工的外流刚性,已经成为顶层设计者需要高度关注的重要问题。一个基本的学术疑问便是:没有劳动力尤其是高素质和高技能的人力资本这一经济发展的核心能动要素,乡村如何能够实现可持续发展?事实上,党的十九大提出乡村振兴战略,正是要将快速工业化、城镇化阶段以解决"促进农业劳动力就业转移问题"为主的指导思想转变为新时期以解决"转移后问题"为主的指导思想[1],重点指向必须留在农村和不得不留在农村生产生活的农民的问题。

需要特别指出的是,农村人口转移同样在社会发展方面带来巨大挑战,亦应引起各界重视。一方面,激化城镇社会矛盾。伴随着农村人口向城镇转移的"井喷",过去在城乡两个空间中远距离分裂的局面变成在同一空间中近距离对立的状况,将给社会带来极大不稳定性[2]。外来务工人员与原有市民在就业岗位、社会保障、公共服务、基础设施等领域不可避免存在资源竞争关系。一旦经济增长速度下降,就可能会引燃经济繁荣所掩盖的长期社会矛盾,并演化成为因价值观、身份认同、社会阶层等分化而产生的社会冲突[3][4]。郭君平等用城镇居民人均可支配收入中位数的一半作为城市相对贫困线来测算,农民工收入贫困发生率为26.33%,消费贫困发生率高达65.65%[5]。另一方面,不利于农户家庭和谐。农村人口转移衍生出严峻的"三留守"群体问题。学术界常采用的数据大致是6100万"留守儿童"[6]、4700万"留守妇女"[7]和5000万"留守老人"[8]。根据社

---

[1] 张强、张怀超、刘占芳:《乡村振兴:从衰落走向复兴的战略选择》,《经济与管理》2018年第1期,第6-10页。

[2] 林亦平、魏艾:《"城归"人口在乡村振兴战略中的"补位"探究》,《农业经济问题》2018年第8期,第91-97页。

[3] 李瑞昌:《经济新常态下的公共治理创新》,《探索与争鸣》2015年第7期,第84-87页。

[4] 郁建兴:《走向社会治理的新常态》,《探索与争鸣》2015年第12期,第4-8页。

[5] 郭君平、谭清香、曲颂:《进城农民工家庭贫困的测量与分析——基于"收入—消费—多维"视角》,《中国农村经济》2018年第9期,第94-109页。

[6] 全国妇联课题组:《我国农村留守儿童、城乡流动儿童状况研究报告》,中国妇联新闻网,2013-05-10,http://acwf.people.com.cn/n/2013/0510/c99013-21437965.html。

[7] 张俊才、张倩:《5000万留守村妇非正常生存调查》,《中国经济周刊》2006年第10期,第14-19页。

[8] 吴玉韶:《中国老龄事业发展报告(2013)》,社会科学文献出版社2013年版,第147页。

会学及新家庭经济学相关理论，家庭福利受家庭结构与居住模式的影响极为显著[1]。由于代际不平等和照顾工作的性别化分工，留守老年妇女处境尤其因子女外出而受影响，年轻一代外出打工导致的农业生产劳动女性化和日益加重的照顾负担，正在重塑留守妇女的老龄化经历[2]；劳动力流动特别是劳动力流出会显著提高村庄离婚率[3]；留守儿童生病或患慢性病的概率高于非留守儿童[4]，且存在情绪和行为方面适应不良或幸福感偏低的现象[5]。叶敬忠直言："农村留守家庭是以城市化、工业化、市场化、商品化为主导的发展主义模式对农村和农民生存空间的巨大挤压，是在经济力量的无声强制下农村家庭可做出的无奈选择，是以农村家庭幸福为代价来汲取乡村资源、实现现代化经济增长的结果。农村留守问题，并非仅是家庭分离之痛，在一定程度上更是现代化发展之殇！"[6]

此外，部分学者从地理学等学科视角出发，认为乡村地域系统演化过程中出现的增长、停滞、衰退乃至消亡是不同地域乡村系统与外部环境系统交互作用的结果，符合自然规律[7]。还有学者则认为某种意义上，乡村社会现阶段的大流动与空落化现象其实是当下特定时期发展特征，也是构成村庄特质的一个阶段性组成部分。乡村居民向外流动反映的是现阶段一种生计模式与生活方式，而并不意味着农村将彻底走向终结，也不代表既有农业生计完全失去价值[8]，有必要仍以审慎态度面对阶段性的发展负面效应。

---

[1] Maclean M, Eekelaar J. The Parental Obligation: A Study of Parenthood across Households. Hart Pub Limited, 1997.

[2] 刘捷玉：《中国农村家庭养老现状：人口流动下的家庭照顾循环》，《开放时代》2019年第1期，第179-193页。

[3] 刘彬彬、崔菲菲、史清华：《劳动力流动与村庄离婚率》，《中国农村经济》2018年第10期，第71-92页。

[4] 李强、臧文斌：《父母外出对留守儿童健康的影响》，《经济学（季刊）》2010年第1期，第341-360页。

[5] 申继亮、刘霞、赵景欣、师保国：《城镇化进程中农民工子女心理发展研究》，《心理发展与教育》2015年第1期，第108-116页。

[6] 叶敬忠：《农村留守人口研究：基本立场、认识误区与理论转向》，《人口研究》2019年第2期，第21-30页。

[7] Li Y, Westlund H, Liu Y. Why Some Rural Areas Decline while Some Others Not: An Overview of Rural Evolution in the World. Journal of Rural Studies, 2019, 68: 135-143.

[8] 杜赞奇：《全球现代性的危机：亚洲传统和可持续的未来》，商务印书馆2017年版，第6页。

二、农村人口转移对农业生产的影响

近年来,伴随着农村青壮年劳动力大量外流,理论界日益关注中国"三农"由此可能引发的各类发展风险,尤其是关于粮食安全与农产品有效供给的忧虑不断升级。当前,众多研究从农业生产效率、农业生产条件、农业生产状况、农业生产差异视角出发,分别支撑了农村人口转移及其衍生的一系列中间变量对农业生产的积极作用论、负面效应论、影响中性论、差异影响论,并为透视"三农"基本格局、把握农业农村发展趋势、评估惠农政策实际效果、识别农业支持后续方向等提供了理论依据。

(一)"积极作用"论:基于农业生产效率提升的乐观

根据刘易斯(Lewis,1954)的二元经济结构理论,发展中国家经济结构的二元性决定了农业劳动力供给无限,传统农业经济体系中农业劳动力向城市现代工业体系中非农产业转移不会造成农业生产停滞[1]。然而,费景汉和拉尼斯(Rains and Fei,1961)修正的二元经济发展三阶段模型则指出,不同发展阶段农村劳动力剩余、转移及对农业影响是不同的,农业剩余劳动力转移必须以农业生产效率提高为前提,否则会导致农业总产出和农业剩余减少[2]。至于斯塔克(Stark,1991)的新迁移经济理论,更是将农村人口迁移对农业效率的影响视为重要研究领域[3]。在经典理论指引下,农业生产效率成为理论界衡量农村人口转移效应的重要标准。针对中国情况,大量研究以农村人口转移引发的农村经济社会变迁为切入点,积极验证其对农业生产效率的提升效用,并有力支撑了农村人口转移对农业发展的"积极作用论"。

1. 基于农户非农收入增加的农业生产资本深化

经验分析表明,传统农业向现代农业转变的重要标志之一是物质投入占农业产出比重不断上升。城乡之间、工农之间、区域之间经济收益差距是农村人口转移的核心动力,而农户非农收入增加则是农村人口转移的直接后果。在农业生产领域,非农收入增加的重要性主要体现在短期内促进

---

[1] Leuns W A. Economic Development with Unlimited Supply of Labour. The Manchester School,1954:22.
[2] Ranis G, Fei J C H. A Theory of Economic Development. The American Economic Review,1961:533–565.
[3] Stark O. The Migration of Labor. Basil Blackwell. Cambridge, MA,1991.

劳均资本增长、长期内推动资本深化，继而有助于农业生产效率提升。根据新迁移经济学理论，家庭非农收入和外出成员汇款有助于缓解农户资金约束，改善农村正规金融缺失、信贷供给不足等状况，使农户能够及时购置农资和雇佣劳动力[1]。卢卡斯（Lucas，1987）针对博茨瓦纳等五个非洲南部国家的研究结果显示，人口迁移带来的汇款有利于农业劳动生产率提升和牲畜购买，对农业产出存在正向反馈[2]。大量针对中国的研究表明，农村人口转移虽然在一定程度上减少农业劳动力，但外出务工劳动力的汇款却大大增加农户家庭经济收入，增加农业资本投入并提高农村劳动生产率，有利于粮食安全[3][4][5]。目前，关于农民工汇款的具体数字尚未有确切统计。张玉林根据国家统计局2009年与2013年发布的《农民工监测调查报告》相关数据，推算出这两年的款项分别大约为9691亿元与24513亿元[6]。然而，亦有学者从非农收入用途非农化[7][8]与非农收入作用非显著[9][10]两方面入手，谨慎看待劳务经济拉动农村内生式发展的可持续性，以及农业生产资本深化对家庭农业损失的弥补效应。

2. 基于农业生产节约劳动倾向的农业技术创新

20世纪90年代中期以来，农村劳动力大量进入非农产业就业，诱致

---

[1] Wouterse F. Migration and Technical Efficiency in Cereal Production: Evidence from Burkina Faso. Agricultural Economics, 2010, 41 (5): 385–395.

[2] Lucas R E B. Emigration to South Africa's Mines. The American Economic Review, 1987: 313–330.

[3] Ahituv A, Kimhi A. Off-farm Work and Capital Accumulation Decisions of Farmers over the Life-cycle: The Role of Heterogeneity and State Dependence. Journal of Development Economics, 2002, 68 (2): 329–353.

[4] Yang D T. Education and Allocative Efficiency: Household Income Growth during Rural Reforms in China. Journal of Development Economics, 2004, 74 (1): 137–162.

[5] De Brauw, A and Rozelle, S. Migration and Household Investment in Rural China. China Economic Reviews, 19 (1): 320–335, 2008.

[6] 张玉林：《21世纪的城乡关系、要素流动与乡村振兴》，《中国农业大学学报（社会科学版）》2019年第3期，第18–30页。

[7] 李强、毛学峰、张涛：《农民工汇款的决策、数量与用途分析》，《中国农村观察》2008年第3期，第2–12页。

[8] 钱文荣、郑黎义：《劳动力外出务工对农户农业生产的影响——研究现状与展望》，《中国农村观察》2011年第1期，第31–38页。

[9] Rozelle S, Taylor J E, DeBrauw A. Migration, Remittances, and Agricultural Productivity in China. American Economic Review, 1999, 89 (2): 287–291.

[10] Zahonogo P. Migration and Agricultural Production in Burkina Faso. African Journal of Agricultural Research, 2011, 6 (7): 1844–1852.

出农业生产节约劳动的明显倾向①。此背景下，中国农业逐渐步入资本替代劳动的技术变迁之路，体现为化肥、农药、机械等更为先进的生产要素加速投入使用，并带动农业全要素增长率提升。2004年之后，农业生产中人工投入大幅度下降，而资本投入则快速增加。然而，较之1980～2004年，2005～2009年粳稻的劳动产出弹性和边际劳动生产率却有大幅度提高②。党国英强调，1978～1991年是劳动与土地投入显著增加的阶段，其后至今则是土地与劳动要素投入下降、资本替代功能增强的阶段③。陈钊等研究亦证明，农村人口转移有利于劳动力投入结构变动，并导致标度要素组合效率的农业全要素生产率增长④。简言之，中国农业进入常规增长阶段后，增长主要依靠良种、农机、灌溉、测土配方施肥、地膜覆盖、农产品生产向优势产区集中等因素推动⑤。

3. 基于农业资源优化配置的农业经营模式优化

农村人口转移改变的是中国"三农"整体状况，影响的是包括劳动力、土地、资本等在内的多数农业资源的配置格局。得益于此，农业生产结构优化具备可能性，农业产业化发展迎来新契机，继而导致农业经营模式优化成为现实，且有助于农业生产效率提升。一是削弱农业"过密化"和"内卷化"水平。关于中国农业发展，黄宗智的"过密化"和"内卷化"理论在学术界具有较强的启发性与影响力，核心观点在于正是人多地少的国情决定了农业生产长期存在过密劳动投入，导致边际劳动生产率递减并影响农业整体生产效率⑥。农村人口转移能够极大缓解此状况，有效

---

① 蔡昉：《刘易斯转折点后的农业发展政策选择》，《中国农村经济》2008年第8期，第4-15页。
② 王美艳：《农民工还能返回农业吗？——来自全国农产品成本收益调查数据的分析》，《中国农村观察》2011年第1期，第20-30页。
③ 党国英：《当前中国农村改革的再认识》，《学术月刊》2017年第4期，第42-59页。
④ 陈钊、陆铭：《从分割到融合：城乡经济增长与社会和谐的政治经济学》，《经济研究》2008年第1期，第21-32页。
⑤ 李周：《中国农村发展的成就与挑战》，《中国农村经济》2013年第8期，第4-14页。
⑥ 黄宗智：《华北的小农经济与社会变迁》，中华书局2000年版，第13页。

提高粮食生产中劳动力边际产出率,从而实现粮食效率安全[1]。二是提高土地利用程度。不同时期研究表明,农村人口转移有利于土地流转与规模经营,改善土地细碎化状况,提高资金配置效率,进而增加粮食产量[2][3][4][5]。概括而言,正是农村人口持续转移,提高粮食生产的规模化、集约化、机械化、组织化、社会化程度,推动新型生产要素进入粮食生产领域,改善粮食生产宏观条件,继而对粮食安全产生积极影响[6]。

此外,还有学者从非农活动提高农户的农业生产风险承受能力[7]、劳动力外流促进农村经济发展[8][9]、兼业农户信息来源增多[10]、农业劳动者因价值观念等变化而提高素质[11][12]、农村内部移民和农村向城市移民可以提高

---

[1] 刘芬华:《农业"去过密化"态势中的中国农地制度变迁——一个制度解释》,《华南师范大学学报(社会科学版)》2011年第2期,第20–25页。

[2] Koppel, Hawkins. Rural Transformation and the Future of Work in Rural Asia. Economic Development and Cultural Change, 1991, 42 (4): 788–805.

[3] 李实:《中国农村劳动力流动与收入增长和分配》,《中国社会科学》1999年第2期,第16–33页。

[4] 杜鑫:《劳动力转移、土地租赁与农业资本投入的联合决策分析》,《中国农村经济》2013年第10期,第63–75页。

[5] 黄祖辉、王建英、陈志钢:《非农就业、土地流转与土地细碎化对稻农技术效率的影响》,《中国农村经济》2014年第11期,第4–16页。

[6] 彭代彦、罗丽丽:《农村青壮年劳动力转移与我国粮食安全》,《中州学刊》2015年第9期,第45–50页。

[7] Reardon T, Crawford E, Kelly V. Links between Nonfarm Income and Farm Investment in African Households: Adding the Capital Market Perspective. American journal of agricultural economics, 1994, 76 (5): 1172–1176.

[8] 盛来运:《农村劳动力流动的经济影响和效果》,《统计研究》2007年第10期,第15–19页。

[9] 白南生:《制度因素造成劳动力流动的障碍》,《比较》2008年第35期,第10–12页。

[10] Wouterse F. Migration and Technical Efficiency in Cereal Production: Evidence from Burkina Faso. Agricultural Economics, 2010, 41 (5): 385–395.

[11] 郭庆旺、贾俊雪:《公共教育政策、经济增长与人力资本溢价》,《经济研究》2009年第10期,第22–35页。

[12] 石智雷、杨云彦:《外出务工对农村劳动力能力发展的影响及政策含义》,《管理世界》2011年第12期,第40–54页。

粮食获利机会[1]、农村留守劳动力集中于基本农作物生产[2][3]等多角度出发，深入探讨了农村人口转移对农业发展的积极效应，并由此表达出对农业生产效率提升的乐观。

(二)"负面效应"论：来自农业生产条件恶化的忧虑

农业劳动力数量大幅度缩减对农业发展的消极作用难以忽视。这也引发理论界以农村人口转移的特点与趋势为切入点，高度关注其对农业生产条件的恶化作用，并形成农村人口转移对农业生产的"负面效应论"。

1. 农村人口选择性转移的后果：农业生产主体弱化

中国农村人口转移具有明显的选择性特征，突出表现为"男多女少，壮年优先"。此背景下，农村老龄人口比重明显高于城市，青壮年劳动力少于城市，性别失调重于城市，农业从业人员"老龄化"与"女性化"成为常态。常等（Chang et al.，2011）使用中国健康与营养调查的数据发现，劳动力向外转移会导致留守儿童和留守老人用于农业生产的劳动时间大幅度增加，而这种改变甚至也具有性别歧视特征，女性（无论是女性儿童还是女性老人）劳动时间显著高于同等条件下男性劳动时间[4]。此外，李琴等[5]以及庞等（Pang et al.，2003）[6]亦发现，劳动力流动尤其是跨省流动，会增加农村老年人的农业劳动时间。

伴随着农村青壮年劳动力大量外出，农业生产主体呈现弱化趋势，严

---

[1] Kenneth D Roberts. China's "Tidal Wave" of Migrant Labor：What can We Learn from Mexican Undocumented Migrant to the United States? International MIgration，1997，31（2）：249-293.

[2] Bowlus A J, Sicular T. Moving toward Markets? Labor Allocation in Rural China. Journal of Development Economics，2003，71（2）：561-583.

[3] Huang J, Guo B, Kim Y. Food Insecurity and Disability：Do Economic Resources Matter? Social Science Research，2010，39（1）：111-124.

[4] Chang H, Dong X, MacPhail F. Labor Migration and Time Use Patterns of the Left-behind Children and Elderly in Rural China. World Development，2011，39（12）：2199-2210.

[5] Li Q, Song Y. The Impact of Different Types of Migration on Labor Supply for Farming of the Elderly in Rural China and the Regional Differences. Chinese Rural Economy，2009（5）：52-60.

[6] Pang L, Rozelle S, De Brauw A. Labor Supply of the Elderly in Rural China. China Economic Quarterly，2003（2）：721-730.

重威胁农业产出。换言之，农业劳动力的"老龄化"[①]和"女性化"[②]难以维持农业长期可持续发展。一是农业劳动力边际产出率下降。根据盖庆恩等的测算，男性劳动力在农业生产中的效率要高于其他类型，男性、女性、老人、儿童的劳动生产效率之比约为1.00∶0.76∶0.71∶0.56。男性劳动力和壮年女性（35~45岁）劳动力转移不仅会使农户退出农业的概率提高与耕地流出率增大，而且会降低农户农业产出及其增长率[③]。二是农业技术采用水平下降。农业从业人员"平均素质"的降低严重阻碍了包括机械技术在内的先进农业技术采用和扩散，留守者既没有能力也没有动机进行有利于提高长期生产力的农业投资，最终影响农业生产效率[④][⑤]。

2. 农村劳动力过度转移的成本：农业生产活力下降

中国农村人口转移引发的另一项争议是农村劳动力过度外流，即突破了农村发展必需劳动力的最小数值，边际生产率为正的农村劳动力大量外流，导致农业生产总量减少[⑥]。据此，在农户若即若离的务农状态下，农业生产活力呈现整体下降态势。一方面，农业经营结构单一化。农村人口转移降低农地投资强度和经济作物种植比例[⑦]，农户逐渐由多种经营转向单一经营，甚至引致商品经济向小农经济倒退。从种植业看，老龄劳动力倾向于选择自给自足的生产结构。从养殖业看，大量农户因缺乏劳动力而

[①] 徐娜、张莉琴：《劳动力老龄化对我国农业生产效率的影响》，《中国农业大学学报》2014年第4期，第227–233页。

[②] 李旻、赵连阁：《农业劳动力"女性化"现象及其对农业生产的影响——基于辽宁省的实证分析》，《中国农村经济》2009年第5期，第61–69页。

[③] 盖庆恩、朱喜、史清华：《劳动力转移对中国农业生产的影响》，《经济学（季刊）》2014年第3期，第1147–1170页。

[④] Yue B, Sonoda T. The Effect of Off-farm Work on Farm Technical efficiency in China. Working Paper, Nagoya University. Furi-cho, Chikusa-ku, Nagoya, Japan, 2012.

[⑤] 王雅鹏、马林静：《农村劳动力转移对粮食安全的影响》，《中国党政干部论坛》2015年第6期，第98–100页。

[⑥] 刘振霞：《农村劳动力过度外流的现象透视及其治理路径——基于重庆村庄的实证调查》，《南京师范大学学报（社会科学版）》2014年第5期，第25–33页。

[⑦] 齐元静、唐冲：《农村劳动力转移对中国耕地种植结构的影响》，《农业工程学报》2017年第3期，第233–240页。

主动缩减生猪等养殖业的发展规模①。薛庆根等研究亦指出,农户倾向于维持现有种植业结构不变,且伴随着农业生产者年龄增长,其自发调整种植业结构的力度将不断减弱②。即便是土地整村流转后形成的种粮大户,也存在以粮食生产为主的问题③。此番由农村劳动力外流引发的农业结构调整,短期内可能带动粮食产量增加和农民收入增长;但长期看,却会造成耕地肥力下降和农产品整体贸易格局失衡④。另一方面,农业副业化趋势加剧。最明显地体现于农业生产投工量。相关研究指出,中国农户户均农业生产工时投入从1991年的3500工时下降到2000年的2000工时,2009年更是仅有1400工时⑤。尽管有观点强调农业社会化服务之于维持农业正常经营的功能,但亦有学者因农户过小规模经营而质疑农业社会化服务的作用被高估,认为当农业规模细小到社会化服务成本很大时,社会化服务其实难以发挥高效率⑥。杨东群等调研显示,外出农民多的大县往往都是粮田撂荒较多的地区。其中,2016年江西省萍乡市农村约30%耕地撂荒,海南省撂荒2年以上耕地共计18.14万亩,广西产粮大县横县与河南产量大县固始县分别有近8%与7%耕地撂荒⑦。谢花林等从国家、区域和省级三个层面分析1998～2012年中国耕地复种指数变化趋势,指出人口非农化比重对耕地复种指数产生显著负向作用⑧。

---

① 郭晓鸣等:《农业大省农业劳动力老龄化的态势、影响及应对——基于四川省501个农户的调查》,《财经科学》2014年第4期,第128-140页。
② 薛庆根、王全忠、朱晓莉、周宏:《劳动力外出、收入增长与种植业结构调整——基于江苏省农户调查数据的分析》,《南京农业大学学报(社会科学版)》2014年第6期,第34-41页。
③ 冯小:《新型农业经营主体培育与农业治理转型——基于皖南平镇农业经营制度变迁的分析》,《中国农村观察》2015年第2期,第23-32页。
④ 纪志耿:《中国粮食安全问题反思——农村劳动力老龄化与粮食持续增产的悖论》,《厦门大学学报(哲学社会科学版)》2013年第2期,第38-46页。
⑤ De Brauw A, Huang J, Zhang L, et al. The Feminisation of Agriculture with Chinese Characteristics. The Journal of Development Studies, 2013, 49 (5): 689-704.
⑥ 何秀荣:《关于我国农业经营规模的思考》,《农业经济问题》2016年第9期,第4-15页。
⑦ 杨东群、王克军、蒋和平:《粮食减产影响我国粮食安全的分析与政策建议》,《经济学家》2018年第12期,第71-80页。
⑧ 谢花林、刘桂英:《1998—2012年中国耕地复种指数时空差异及动因》,《地理学报》2015年第4期,第604-614页。

3. 农业生产方式转变的代价：农业资源环境恶化

农村人口转移引发农业机械和现代生产要素对劳动力的替代，并推动农业生产方式由低能耗、低污染、低排放的传统农业向高能耗、高污染、高排放的"石油农业"转变。经验研究表明，中国农业劳动力每转移1%，农业化石能源投入将增加0.52%；当期能源投入每增加1%，农业劳动力将转移0.14%；滞后一期能源投入每增加1%，当期农业劳动力转移0.24%[①]。《全国农业可持续发展规划（2015—2030年）》显示，当前中国农业内源性污染严重，农药、化肥利用率不足1/3，农膜回收率不足2/3，畜禽粪污有效处理率不到一半，秸秆焚烧现象严重。环境保护部2014年发布的《全国土壤污染状况调查公报》显示，中国土壤点位超标率为19.4%，其中，轻微、轻度、中度和重度污染点位比例分别为13.7%、2.8%、1.8%和1.1%，主要污染物为镉、镍、铜、砷、汞、铅、滴滴涕和多环芳烃。全国耕地退化面积已占总面积40%以上[②]。1990~2010年，农村环境突发事件中水污染事件达到69%[③]。

（三）"影响中性"论：立足农业生产状况稳定的观望

农村人口转移是否干扰农业生产，最直观的判断依据在于农业实际产出。据此，大量研究将考察对象瞄准于农村人口转移后农业生产状况，强调农业产出并不必然出现下降或提高，并提出农村人口转移对农业生产的"影响中性"论。

1. "老人农业"有效率

针对农业从业人员老龄化不利于中国农业生产的质疑，许多学者论证出"老人农业"有效率的反向结论。究其根源：一是农业生产"从众决策"性提高。小农户在大田生产中通常连片种植同一种作物、共同使用同一种技术措施，事实上存在某种形式的集体决策，说明大田农业生产中种

---

① 牛亮云：《农业化石能源投入与农业劳动力转移关系研究》，《经济经纬》2014年第5期，第38－42页。
② 黎东升：《经济新常态下我国粮食安全面临的挑战》，《农业经济问题》2015年第5期，第42－47页。
③ 魏后凯：《对促进农村可持续发展的战略思考》，《环境保护》2017年第17期，第16－19页。

植决策及作物生产技术具有较强的可模仿性,从而降低劳动者人力资本的重要性[1]。换言之,伴随着农业生产标准化程度提高,劳动力的年龄、性别、文化程度、务农经验等对农业生产效率的影响越来越小[2]。二是农业社会化服务体系完善。根据国外农业发达国家及地区经验,完善的农业社会化服务体系和较高的农业机械化水平足以保证从业人员老龄化问题难以威胁农业生产[3]。同时,非农就业会增加农户参加农业社会化统防统治体系的可能性[4]。周宏等利用2006年、2008年、2010年中国水稻主产区20个省份的水稻生产数据,认为由于农户可获社会化服务内容增多,现阶段农村劳动力老龄化对水稻生产效率尚不构成负面影响[5]。

2. 农业生产要素投入之间存在替代效应

根据速水佑次郎等（Hayami et al., 1971）构建的诱致性技术变迁理论框架[6],生产要素的相对稀缺性和相对价格变化将引致生产技术变迁。农村人口转移背景下,增加劳动力替代型生产要素投入成为农户更为现实选择,因此,农业劳动力减少并未对农业生产产生明显的"资源要素剥夺"效应,不会影响中国农业产出。相关研究证实,1978~2010年,劳动力对农业产出贡献率虽然从41%降到21%,但同期,机械和化肥对农业产出的贡献率却分别从15.5%和1.6%上升到18%和10.1%[7]。李谷成等针对1978~2012年全国13个油菜主产区的油菜生产研究亦证实上述观点[8]。正是这种农业生产要素投入之间的替代效应,致使农村劳动力迁移非但没

---

[1] 杨志武、钟甫宁：《农户种植业决策中的外部性研究》,《农业技术经济》2010年第1期,第27-33页。

[2] 林本喜、邓衡山：《农业劳动力老龄化对土地利用率影响的实证分析》,《中国农村经济》2012年第4期,第15-25页。

[3] 胡小平、朱颖、葛党桥：《我国农业劳动力老龄化问题探析》,《光明日报》2011年12月23日第011版。

[4] 应瑞瑶、徐斌：《农户采纳农业社会化服务的示范效应分析》,《中国农村经济》2014年第6期,第30-41页。

[5] 周宏、王全忠、张倩：《农村劳动力老龄化与水稻生产效率缺失:基于社会服务化的视角》,《中国人口科学》2014年第3期,第53-65页。

[6] Hayami Y, Ruttan V W. Agricultural Development: An International Perspective. Baltimore, Md/London: The Johns Hopkins Press, 1971.

[7] 赵文：《新格局下的中国农业》,经济管理出版社2012年版,第127-143页。

[8] 李谷成、梁玲、尹朝静、冯中朝：《劳动力转移损害了油菜生产吗?——基于要素产出弹性和替代弹性的实证》,《华中农业大学学报（社会科学版）》2015年第1期,第7-13页。

有降低农业效率，反而推动粮食产量逐年上涨①，且劳动机会成本不断上升持续加剧农业生产中化肥等要素持续大量投入②。

3. 农业产业内部具有调节功能

作为一个独立产业，农业内部调节足以化解农村人口转移所带来的消极影响。根据郭晓鸣等的理解，农业劳动力老龄化虽然对区域性粮食安全造成不良影响，但这种影响在一定时期内应当较为有限。一方面，外出农户往往将土地自发流转给左邻右舍；另一方面，老龄化劳动力的生产保守性恰好成为粮食生产的天然稳定器，客观上抑制了土地的非农化和非粮化冲动③。同时，李周也立足于农业经营规模角度，指出农村人口转移推动土地流转，农业微观经营规模越大则越适宜种植土地密集型农作物，因此粮食生产下滑注定将有限且短暂④。贺雪峰更是明确指出，"中国未来谁来种田"是个假问题。当前，7亿农民生产的农产品总体供给过剩，即便农产品的未来需求进一步增加，只要农产品价格上涨，不可能在短期内大幅度减少的农民就一定可以通过提高复种指数、扩大耕作面积等方式来快速提高农产品供给总量⑤。此外，更有学者从经验视角出发，基于实证分析指出，只要具有丰富生产经验的农业劳动力没有大量减少⑥、土地实际耕种面积没有大量减少⑦、农业劳动力市场足够完善⑧，非农就业并不必然导致农业生产力下降。

（四）"差异影响"论：依托农业生产局部差异的审慎

持"差异影响"论观点的学者认为，由于经济发展水平、农业资源禀赋、农业经营模式、农村劳动力外出方式等方面差别，农村人口转移对中

---

① 刘亮、章元、高汉：《劳动力转移与粮食安全》，《统计研究》2014年第9期，第58-64页。
② 王子成：《农村劳动力外出降低了农业效率吗?》，《统计研究》2015年第3期，第54-61页。
③ 郭晓鸣等：《农业大省农业劳动力老龄化的态势、影响及应对——基于四川省501个农户的调查》，《财经科学》2014年第4期，第128-140页。
④ 李周：《农业政策转型方向探析》，《中国国情国力》2015年第5期，第20-22页。
⑤ 贺雪峰：《澄清土地流转与农业经营主体的几个认识误区》，《探索与争鸣》2014年第2期，第16-18页。
⑥ Wu Harry X. and Meng, Xin. The Direct of the Relocation of Farm Labor on Chinese Grain Production. China Economic Review, 1997, 7 (2): 105-122.
⑦ 刘洪银：《我国农村劳动力非农就业的经济增长效应》，《人口与经济》2011年第2期，第23-27页。
⑧ Bardhan P, Udry C. Development Microeconomics. OUP Oxford, 1999.

国农业生产的影响在局部范围内亦存在明显差异,难以一概而论。

1. 农业生产区域之间差异

一方面,从地理区位看,考虑到农村人力资本与粮食产量的相关性,农村劳动力转移不利于东、中部及全国粮食生产,但有利于西部粮食生产[1]。另一方面,从粮食贡献区位看,农村劳动力转移对粮食生产技术效率提高有显著正向积极作用,影响程度依次体现为"平衡区>主产区>主销区",表明粮食平衡区农村劳动力转移对粮食生产效率有较大提升作用[2]。同时,农村劳动力转移对经济较发达主产区的粮食生产没有显著影响,但对经济欠发达主产区的粮食生产却有负面影响[3];对粮食主销区的粮食产量产生显著负向影响,但对全国和粮食产销平衡区的粮食产量则没有显著影响[4]。就时间趋势看,2001~2013年,农村劳动力外流对粮食产量的负向影响在全国范围内并不存在逐年加剧趋势[5]。

2. 农村劳动力转移模式之间差异

国际学术界早已从洲内转移、洲外转移、国内循环流动、国内持久性迁移等多维度论证了农村人口转移的模式差异对农业生产效率的影响差异[6][7]。实践表明,中国农村人口转移的模式差异对农户生产经营活动的影响差异同样明显。常年在外会带来较强的劳动力流失效应,对农业收入的负面冲击要强于循环流动,同时,跨省流动对农业生产的负面影响要高于省内流动[8]。

---

[1] 范东君:《农村劳动力流出空间差异性对粮食生产影响研究——基于省际面板数据的分析》,《财经论丛》2013年第6期,第3-8页。

[2] 马林静、欧阳金琼、王雅鹏:《农村劳动力资源变迁对粮食生产效率影响研究》,《中国人口·资源与环境》2014年第9期,第103-109页。

[3] 程名望、刘雅娟、黄甜甜:《我国粮食主产区农村劳动力外流对粮食供给安全的影响》,《商业研究》2015年第10期,第162-167页。

[4] 程名望、黄甜甜、刘雅娟:《农村劳动力转移对粮食安全的影响——基于粮食主销区面板数据的实证分析》,《上海经济研究》2015年第4期,第87-92页。

[5] 程名望、黄甜甜、刘雅娟:《农村劳动力外流对粮食生产的影响:来自中国的证据》,《中国农村观察》2015年第6期,第15-21页。

[6] Mendola M. Migration and Technological Change in Rural Households: Complements or Substitutes? Journal of Development Economics, 2008, 85 (1-2): 150-175.

[7] Wouterse F. Migration and Technical Efficiency in Cereal Production: Evidence from Burkina Faso, Agricultural Economics, 2010, 41 (5): 385-395.

[8] 王子成:《劳动力外出对农户生产经营活动的影响效应研究——迁移异质性视角》,《世界经济文汇》2015年第2期,第74-90页。

3. 农业从业人员之间差异

即便是在逐渐老龄化及女性化的传统农业经营主体内部，在不同区域与不同农业生产条件下依然存在个体异质性。大体而言，伴随着农作物集体决策与机械化程度由高到低的变化，农业劳动力老龄化对农作物影响呈现由完全没有影响、到部分有影响、再到有显著影响的阶梯性变化[1]；同时，农业劳动力女性化并没有降低非粮食主产区的粮食生产技术效率，却对粮食主产区的粮食生产技术效率产生负面影响[2]。

三、关于中国惠农政策效果的讨论

自1962年欧共体共同农业政策出台起，农业政策绩效研究逐渐成为国际学术界研究焦点，形成一系列测度农业支持与保护水平的方法和指标[3][4][5]，并曾就政策与价格、贸易、福利等之间影响作用而展开众多定量研究[6][7][8][9][10][11]。韦勃（Webb）在1989年首次测算中国农业政策支持水平，

---

[1] 胡雪枝、钟甫宁：《人口老龄化对种植业生产的影响——基于小麦和棉花作物分析》，《农业经济问题》2013年第2期，第36－43页。

[2] 成德宁、杨敏：《农业劳动力结构转变对粮食生产效率的影响》，《西北农林科技大学（社会科学版）》2015年第4期，第19－26页。

[3] Balassa B. Tariff Protection in Industrial Countries: An Evaluation. Journal of Political Economy, 1965, 73 (6): 573－594.

[4] Corden W M. The Structure of a Tariff System and the Effective Protective Rate. Journal of Political Economy, 1966, 74 (3): 221－237.

[5] T Josling. Agriculture Protection: Domestic Policy and International Trade. Rome: PAO, UNpress, 1973.

[6] Valdes A, Zietz J. Agricultural Protection in OECD Countries: Its Cost to Less-developed Countries. Intl Food Policy Res Inst, 1980.

[7] Honma M, Hayami Y. Structure of Agricultural Protection in Industrial Countries. Journal of International Economics, 1986, 20 (1－2): 115－129.

[8] Brooks, J G Dyer, E Taylor. Modeling Agricultural Trade and Policy Impacts in Less Developed Countries, OECD Food. Agriculture and Fisheries Working Papers, No, 11, OECD, 2008.

[9] OECD. Agricultural Policies in Emerging Economies: Monitoring and Evaluation, OECD. Paris. 2009.

[10] Dupraz P, van den Brink A, Latacz-Lohmann U. Direct Income Support and Cross-compliance, EU Policy for Agriculture. Food and Rural Areas, 2010: 351－362.

[11] Orden D, Zulauf C. Political Economy of the 2014 Farm Bill. American Journal of Agricultural Economics, 2015, 97 (5): 1298－1311.

并进行了极富价值的国际比较[1]。惠农政策属于中国特色称谓,根据邓大才等的界定,主要是指21世纪以来,以各级政府名义正式颁布的,能够给农业、农村和农民带来直接好处的各类措施、办法、规则等[2]。鉴于"三农"在历史上通过工农产品价格剪刀差、城乡劳动力价格剪刀差、城乡土地价格剪刀差、农村存贷款价格剪刀差等形式,为经济社会发展做出突出贡献,近年国家不断加大惠农力度并促成"三农"发展的可喜局面。针对前沿性科研成果进行深度聚焦与贯通研究,将有助于合理评估政策效应、有效揭示问题症结、科学廓清关键环节,继而为持续优化中国惠农政策效果提供可靠依据。

(一)惠农政策效果的基本评估

公共政策效果评估在国际上已经形成许多成熟的理论与方法,涉及评价的标准、方式、方法、模型、工具等。近年来,国内学者从经济绩效评估、成本收益分析、目标群体评估等角度出发,积极构建农业政策分析和预测模型[3]、农业政策分析矩阵[4]、农业支持政策分析决策系统[5]、实证数学规划模型[6]等运用于中国惠农政策分析,并采用数据包络分析、随机前沿分析、标准化评分、实证数学规划等方法来评价相关政策效果,大致形成两种研究视角:一是宏观角度的惠农政策整体效应测算。不同时期的测

---

[1] Webb S H. China's Agricultural Commodity Policies in the 1980s, United States Department of Agriculture Economic Research Service. China Agriculture and Trade Report (RS-91-3), July, 1991: 38–45.

[2] 邓大才等:《国家惠农政策的成效评价与完善研究》,经济科学出版社2015年版,第5页。

[3] 黄季焜、李宁辉:《中国农业政策分析和预测模型——CAPSiM》,《南京农业大学学报(社会科学版)》2003年第2期,第30–41页。

[4] 于爱芝:《近年来中国农业政策影响效果的定量分析——基于PAM的实证研究》,中国农业科学院博士后研究报告,2006年。

[5] 张建忠:《中国农业支持政策分析决策系统框架设计思考》,《中国农业科技导报》2009年第11期,第48–52页。

[6] 王裕雄、肖海峰:《实证数学规划模型在农业政策分析中的应用——兼与计量经济学模型的比较》,《农业技术经济》2012年第7期,第15–21页。

算结果显示,中国农业政策支持总体水平不断上升,但仍有较大改进空间①②③④⑤。二是微观角度的具体惠农政策效果评价。涵盖财政支农⑥、金融支农⑦、政策性农业保险⑧、农业补贴⑨、农产品价格支持⑩、农业基础设施建设⑪、农村公共服务供给⑫、农业社会化服务⑬、农民工市民化⑭等多数惠农政策。更有学者持续跟踪调查退耕还林工程⑮、农村税费改革⑯、

---

① 朱希刚、万广华、刘晓展:《我国1993年和1994年农产品生产者补贴等值的测算》,《农业经济问题》1996年第11期,第37-42页。

② 宗义湘、李先德:《中国农业政策对农业支持水平的评估》,《中国软科学》2006年第7期,第33-41页。

③ 齐城:《我国农业政策支持水平测定及时序分析》,《中国农业大学学报(社会科学版)》2009年第2期,第130-135页。

④ 朱满德、程国强:《中国农业政策:支持水平、补贴效应与结构特征》,《管理世界》2011年第7期,第52-60页。

⑤ 程国强:《中国农业政策的支持水平与结构特征》,《发展研究》2011年第9期,第77-82页。

⑥ 李燕凌、欧阳万福:《县乡政府财政支农支出效率的实证分析》,《经济研究》2011年第10期,第110-122页。

⑦ 董玄、周立、刘婧玥:《金融支农政策的选择性制定与选择性执行——兼论上有政策、下有对策》,《农业经济问题》2016年第10期,第18-30页。

⑧ 刘亚洲、钟甫宁:《风险管理VS收入支持:我国政策性农业保险的政策目标选择研究》,《农业经济问题》2019年第4期,第130-139页。

⑨ 柯炳生:《三种农业补贴政策的原理与效果分析》,《农业经济问题》2018年第8期,第4-9页。

⑩ 张崇尚等:《我国农产品价格支持政策改革的效果与建议》,《经济社会体制比较》2017年第1期,第71-79页。

⑪ 曾福省、郭珍、高鸣:《中国农业基础设施投资效率及其收敛性分析——基于资源约束视角下的实证研究》,《管理世界》2014年第8期,第173-174页。

⑫ 谢迪、吴春梅:《农村公共服务效率:机理与效应》,《南京农业大学学报(社会科学版)》2015年第6期,第23-33页。

⑬ 仝志辉:《"去部门化":中国农业社会化服务体系构建的关键》,《探索与争鸣》2016年第6期,第60-65页。

⑭ 国务院发展研究中心课题组:《农民工市民化:制度创新与顶层政策设计》,中国发展出版社2011年版。

⑮ 郭晓鸣、甘庭宇、李晟之、罗虹:《退耕还林工程:问题、原因与政策建议——四川省天全县100户退耕还林农户的跟踪调查》,《中国农村观察》2005年第3期,第72-79页。

⑯ 徐翠萍、史清华、Holly Wang:《税费改革对农户收入增长的影响:实证与解释——以长三角15村跟踪观察农户为例》,《中国农村经济》2009年第2期,第22-33页。

农村金融改革[①]、新型农村合作医疗[②]、新型农村社会养老保险[③]等惠农政策。

(二) 惠农政策效果的偏差动因

针对中国惠农政策存在的资金低效使用、项目供需失衡、实施缺乏连续性等效果偏差，理论界将其动因主要归结于：一方面，惠农政策问题构建模糊。粮食安全、农民增收、农业可持续发展、农业竞争力提高等多元化目标下政策重点目标犹豫[④]，农户阶层分化背景下政策目标群体困惑[⑤]，公平与效率抉择下政策在普惠制与特惠制之间徘徊[⑥]等现实情况均在不同程度上干扰惠农政策的问题构建。另一方面，惠农政策制定不完备。碍于政策择定机制不健全[⑦]、时效性不足[⑧]、农民参与度有限[⑨]等问题，惠农政策存在外部性明显、不易灵活调整、适用范围有限、信息失真、累退效应突出、联动效应不佳等情况。

(三) 惠农政策效果的优化策略

许多学者认为，惠农政策经过多年运行，理应反思经验与教训，在乡村振兴战略及"四化"同步发展战略引领下，进一步由应急扶持、消极保护、框架构建转向稳定支持、积极促进、完善体系，并不断提高政策效

[①] 西南财经大学中国金融研究中心调研组：《农村金融改革值得探讨的几个理论问题——基于重庆市农村信用社改革成效的跟踪调查》，《金融研究》2006年第8期，第93-102页。

[②] 杨云帆等：《新农合的认知水平与农民医疗支出和实际补偿比的关系研究：基于5省2020个农户的跟踪调查》，《卫生经济研究》2015年第1期，第73-84页。

[③] 耿永志：《新型农村社会养老保险试点跟踪调查——来自河北省18个县（市）的农户》，《财经问题研究》2011年第5期，第125-128页。

[④] 郁建兴：《从行政推动到内源发展：当代中国农业农村发展的战略转型》，《经济社会体制比较》2013年第3期，第12-25页。

[⑤] 周批改、何柳：《农业劳动者利益保护与惠农政策完善研究》，《社会主义研究》2012年第5期，第82-86页。

[⑥] 沈贵银：《农业发展的长期性趋势与支持政策的适应性调整》，《农业经济问题》2012年第10期，第7-10页。

[⑦] 梁世夫、赵玉阁：《国外农业政策择定模式及对我国的启示》，《农业经济问题》2008年第7期，第104-108页。

[⑧] 孔凡丕：《落实中央惠农政策要把握的几个问题》，《农业经济问题》2014年第9期，第43-46页。

[⑨] 朱玲：《排除农牧民发展障碍——康藏农牧区发展政策实施状况调查》，《中国社会科学》2013年第9期，第126-146页。

果。一是惠农政策目标瞄准。面对多元化惠农政策目标,理应坚持农产品总量平衡与结构平衡并重[1]、食品数量安全与质量安全兼顾[2]、农业生产力提升与竞争力提升同步[3]、家庭承包经营与适度规模经营结合[4]、城镇化建设与新农村建设不悖[5]等原则,并聚焦于提高农业治理体系和农业治理能力的现代化水平[6]。二是惠农政策对象锁定。针对农户阶层分化与经济社会发展变化,从兼顾公平与效率角度出发,将惠农政策主要目标人群锁定为农业劳动者[7]、农村低收入人群[8]、新型农业经营主体[9]等。三是惠农政策手段创新。以探索多种政策工具来创新激励机制,以利益为纽带激励现代工商资本加强对传统农业部门的要素支援[10],提高惠农政策效率和幸福含量以赢取广大农民信任[11],建立健全国内外粮食市场价格接轨机制以激励农业生产率提高[12],支持关系从市场关系中剥离以放大惠农政策善意[13],调整农业生产利益格局以提高农户收益激励[14],完善财政支农"项目制"

---

[1] 张红宇:《关于中国现代农业发展的定位问题》,《农村经济》2014 年第 9 期,第 3 - 6 页。

[2] 韩俊:《论"三农"中国梦的实现》,《农村经济》2014 年第 8 期,第 3 - 6 页。

[3] 陈希煌:《全球竞争下农业政策的转型》,《农业经济问题》2008 年第 1 期,第 10 - 12 页。

[4] 蒋和平等:《中国特色农业现代化建设研究》,经济科学出版社 2011 年版。

[5] 陈锡文:《中国城镇化进程与新农村建设须并行不悖》,《农村工作通讯》2011 年第 11 期,第 1 页。

[6] 夏柱智:《农业治理和农业现代化:中国经验的阐释》,《政治学研究》2018 年第 5 期,第 20 - 23 页。

[7] 周批改、何柳:《农业劳动者利益保护与惠农政策完善研究》,《社会主义研究》2012 年第 5 期,第 82 - 86 页。

[8] 钟甫宁、顾和军、纪月清:《农民角色分化与农业补贴政策的收入分配效应——江苏省农业税减免、粮食直补收入分配效应的实证研究》,《管理世界》2008 年第 5 期,第 65 - 70 页。

[9] 张红宇:《新型农业经营主体发展趋势研究》,《农业经济研究》2015 年第 1 期,第 104 - 109 页。

[10] 林刚:《中国工农—城乡关系的历史变化与当代问题》,《中国农村观察》2014 年第 5 期,第 2 - 12 页。

[11] 税尚楠:《运用行为经济学,提高农业政策的效率和幸福含量》,《农业经济问题》2011 年第 6 期,第 4 - 8 页。

[12] 蔡昉:《刘易斯转折点后的农业发展政策选择》,《中国农村经济》2008 年第 8 期,第 4 - 15 页。

[13] 肖峰、曾文革:《中欧农业支持体系战略转型比较研究》,《中国软科学》2014 年第 2 期,第 12 - 21 页。

[14] 赵文、程杰:《农业生产方式转变与农户经济激励效应》,《中国农村经济》2014 年第 2 期,第 4 - 19 页。

与"配套制"以激发基层政府惠农动力[1]等。同时,加大对制度创新、技术创新、市场改革和公共投资的惠农资金投入力度[2],积极构建由引入市场机制的政策、优化产能结构的政策、提高农业竞争力的政策、发展新产业新业态的政策所组成的新型农业支持政策体系[3]。四是惠农政策执行有效。聚焦于廓清惠农政策各执行主体之间利益关系[4],提升地方政府执行力[5],强化惠农政策沟通机制[6],健全农民利益表达机制[7],修正政府农业投入监管机制[8]等。

根据已有研究,未来惠农政策应由整个经济社会发展阶段及宏观经济运行状况决定,重点指向:一是"粮",即粮食等主要农产品供求有序;二是"地",即工业化、城镇化及农民工市民化进程中农村土地制度相机调整;三是"人",即多渠道的农村导向型农民增收长效机制与持续稳定的农民权利保障机制建立健全。

四、研究评述与展望

鉴于中国农村人口转移的非可逆性,农村转移人口市民化已经且正在成为顶层设计者不得不面对的紧迫事实,"三农"由此所受影响注定并非短暂性,而将成为常态化,且不断加固。如上所述,理论界尚未就"农村人口转移是否改变中国农业产出或者农业效率"这一学术疑问达成一致性结论。然而,众多研究全面揭示了农村人口转移对中国"三农"发展作用

---

[1] 折晓叶、陈婴婴:《项目制的分级运作机制和治理逻辑:对"项目进村"案例的社会学分析》,《中国社会科学》2011年第4期,第126-148页。
[2] 黄季焜:《农业供给侧结构性改革的关键问题:政府职能和市场作用》,《中国农村经济》2018年第2期,第1-13页。
[3] 叶兴庆:《新型农业支持政策体系的轮廓逐步清晰》,《中国发展观察》2017年第4期,第13-14页。
[4] 谢炜:《中国公共政策执行中的利益关系研究》,学林出版社2009年版。
[5] 丁煌、杨代福:《政策执行过程中降低信息不对称的策略探讨》,《中国行政管理》2010年第12期,第104-107页。
[6] 谢来拉:《惠农政策执行效力提升路径研究》,《云南行政学院学报》2010年第6期,第100-105页。
[7] 林亦平:《转型时期农民利益表达路径探究》,《农业经济问题》2013年第1期,第63-67页。
[8] 亚洲开发银行政策研究技援项目专家组:《中国政府农业投入政策研究》,人民出版社2013年版。

机理的复杂性，体现出探索与争鸣的科学精神。需要特别指出的是，农村人口转移对"三农"的影响巨大，故学术研究目标不能仅仅瞄准于各方影响程度判断与最终中和结果度量，而是要独立看待各类影响的环境诱因，全方位洞察农村人口转移背景下"三农"发展环境，并合理择定新时代惠农政策方向。换言之，不仅要正视现状，从结果上辨析影响形态；而且要深度聚焦，从过程上梳理影响机制；更加要因势利导，从行动上保障农民长远生计、农业持续发展和农村社会稳定。进一步讲，农村人口转移对"三农"影响的分析过程，也应是新形势下"三农"全貌的俯瞰过程，更应是完善未来惠农政策体系的思考过程。

考虑到中国"三农"整体所呈现的弱质性，惠农政策的扶持作用尤为关键。未来相当长一段时期内，农村人口转移、"三农"发展与惠农政策调整的相关讨论势必被理论界与实践界持续共同关注。现有文献为本书研究提供可借鉴视角，但仍有一些问题值得深入探讨：一是理论界侧重分析农村人口转移或者惠农政策对"三农"发展的影响，而农村人口转移在改变"三农"基本格局条件下对惠农政策效果的各类影响亦应引起高度重视。二是基于效果跟踪调查的惠农效果评价目前仅限于单项具体政策，有必要系统开展惠农政策整体效应的跟踪与评价。三是政策环境约束下惠农政策效果保障研究有待加强，并构建完整、有机衔接的保障方案。上述问题同时也是本书研究的重点。

第三节　研究思路与方法

一、研究思路

本书以辩证唯物主义和历史唯物主义方法论为指导，根据"影响论证—跟踪取证—评价验证—对策建议"的研究逻辑，沿循"政策制定主体、政策执行主体、政策受益主体三角度跟踪调研—现代农业支持政策、农民收益保障政策、农村经济社会发展政策三类型分类评价—政策供给、政策运行两层面综合保障"的研究路径，采用实证分析与规范分析相结合、综合分析与典型个案分析相结合、静态与动态相结合、归纳法与演绎法相结合的研究方法，从理论与实际、定性与定量、历史与现实、国内与国外、宏观与微观等多维角度，力求全面剖析农村人口转移背景下惠农政策效果（如图1-1所示）。

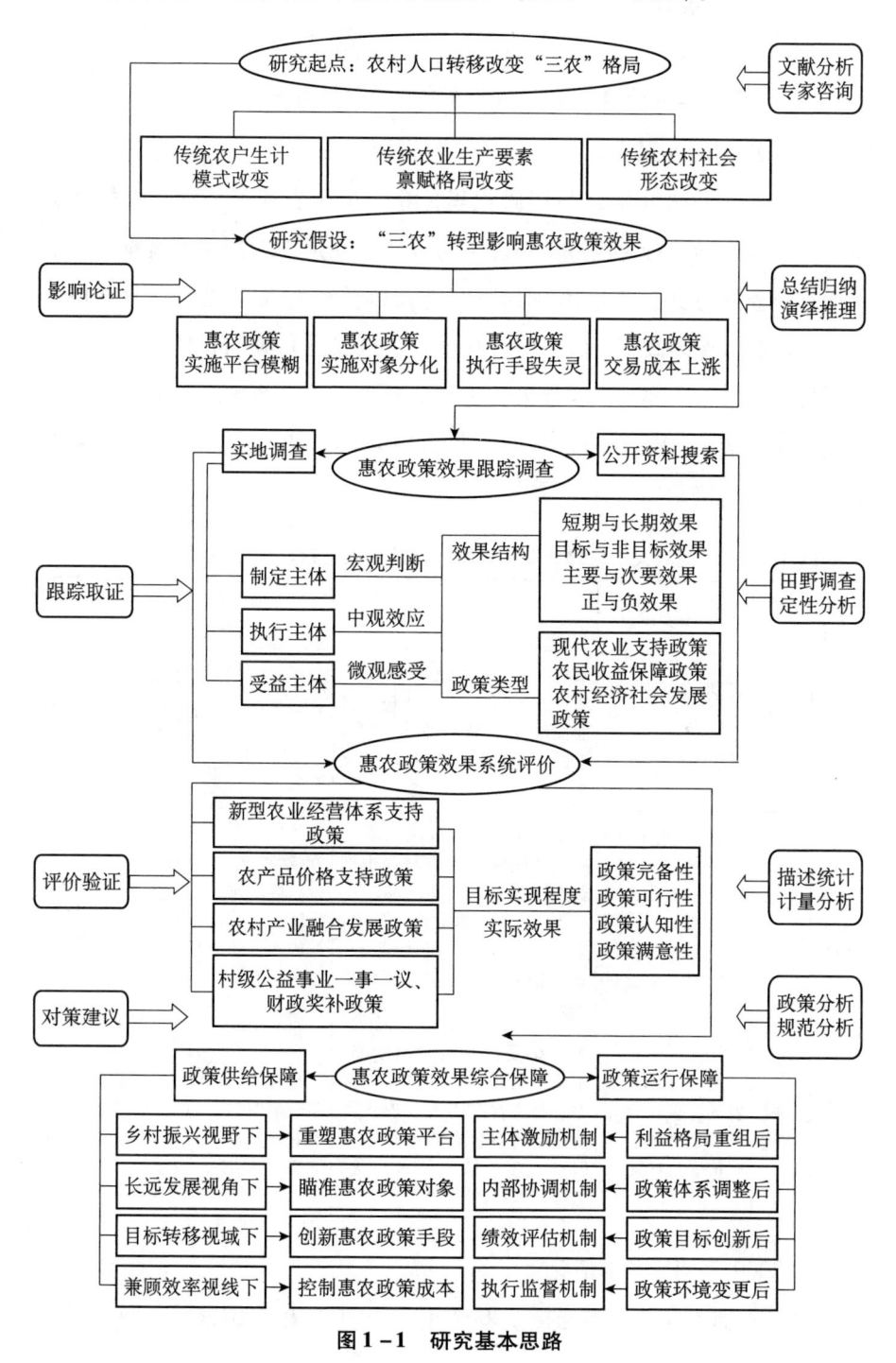

图1-1 研究基本思路

二、研究方法

（一）农村人口转移背景下惠农政策效果的跟踪分析

1. 跟踪调研方案设计

立足于前期研究基础与调研积累，综合运用农业经济学、农村社会学、人口经济学、行为经济学等理论与方法，立足于增加典型观察点、扩大调查对象等方式，实地跟踪调研农村人口转移背景下现代农业支持政策、农民收益保障政策、农村经济社会发展政策的短期与长期效果、目标与非目标效果、主要与次要效果、正与负效果，以及惠农政策的制定与执行过程（见表1-1），并注重2009年、2014年、2018年三次调研资料及数据的有效衔接。

表1-1 　农村人口转移背景下惠农政策效果的跟踪调查计划

调查层面	调查形式	调查对象	惠农政策效果调查	惠农政策过程调查	备注
政策制定主体	座谈专访	省级政府的政研、发改、财政、农业农村等政策制定部门	宏观判断：省域范围内主要农产品供需总量与结构、农业竞争力、城乡收入差距、农民工市民化、城乡一体化水平等	政策颁布时机、具体内容、操作手段、覆盖范围、作用对象等	侧重粮食主产区与劳务输出大省
政策执行主体	座谈专访	基层政府的财政、农林畜牧、科技、水利、土地、劳保、环保、金融等政策执行部门以及村干部	中观效应：属地范围内农业生产机械化水平、农业生产要素配置格局、农产品与生产要素市场、农业产业体系、生态环境质量、土地赋权、农村增收渠道、乡村振兴进度等	资金投入与运行、信息宣传与反馈、执行障碍与成本、效果监督与评价等	侧重传统农区与欠发达地区
政策受益主体	田野调查	涉农企业、家庭农场、农民合作社、小农户等政策受益对象	微观感受：土地产出水平、资源利用程度、劳动生产效率、农业补贴力度、农产品价格支持强度、农业社会化服务程度、精准扶贫进度、人居环境舒适度等	政策期望需求、实现满足等，以及农户资料、村落概况等信息	侧重新型农业经营主体，聚焦代表性惠农政策

2. 2009年调研基本情况

（1）调研准备与样本选择。2009年7~9月，根据国家社会科学基金重大项目《加强农业支持力度的制度创新与政策调整对策研究》(08 & ZD022)研究需要,中南财经政法大学农村发展研究所分别针对农户与村庄而设计了《加大农业支持力度问题研究》与《中国农业支持现状研究》两套调查问卷以及相关访谈提纲,并深入展开实地调研活动,笔者全程参与。为保证调查的科学性和准确性,课题组在河南(潢川县)、广西(靖西县与隆安县)、海南(美兰区与万宁市)、湖北(监利县与仙桃市)四省份共计选择7县(区、县级市)、18乡(镇)、37村为调查地点,以社区为基础,以不同类型农户和不同层次干部为调查对象,通过随机问卷调查、县乡干部座谈、村民田野访谈等调研工具共计完成302份有效样本农户问卷;同时,通过访谈村干部方式共计完成85份有效样本村庄问卷(见表1-2),分别获取了大量农村人口转移与惠农政策效果的相关资料。

表1-2　　2009年调研活动的样本区域分布情况　　单位:份

样本区域	样本农户问卷	样本村庄问卷
河南	72	27
广西	67	14
海南	73	44
湖北	90	—
合计	302	85

(2)样本农户基本情况。在全部302名被调查样本农户农民中,从性别分布看,男性与女性分别为288名与14名,分别占比95.4%与4.6%;从年龄结构看,30岁及以下、31~40岁、41~50岁、50岁以上的分别为15名、56名、121名、110名,分别占比5.0%、18.5%、40.1%、36.4%;从文化程度看,具有小学及以下文化、初中文化、高中或中专文化、大专及以上文化的分别为50名、125名、124名、3名,分别占比16.6%、41.2%、41.1%、1.1%;从家庭生活水平看,属于中等以下水平、中等水平、中等以上水平的分别为97名、166名、39名,分别占比32.1%、55.0%、12.9%;从职业类型看,属于纯农户、兼业户、离农户的分别为97名、166名、39名,分别占比55.6%、41.7%、2.7%(见表1-3)。

表1-3   2009年调研活动的样本农户基本情况   单位:%

特征	分类指标	比例	特征	分类指标	比例
性别	男	95.4	年龄	30岁及以下	5.0
	女	4.6		31~40岁	18.5
文化程度	小学及以下	16.6		41~50岁	40.1
	初中	41.2		50岁以上	36.4
	高中或中专	41.1	职业类型	纯农户	55.6
	大专及以上	1.1		兼业户	41.7
家庭生活水平	中等以下	32.1		离农户	2.7
	中等	55.0			
	中等以上	12.9			

(3)样本村庄基本情况。在全部85个被调查样本村庄中,从村庄经济发展水平看,与本乡镇其他村庄对比,处于中等以下水平、中等水平、中等以上水平的分别为41个、38个、6个,分别占比48.2%、44.7%、7.1%;从村庄地形看,以山地、丘陵、平原为主的分别为22个、25个、35个,分别占比25.9%、29.4%、41.2%;从村庄人口转移水平看,20%及以下人口转移、21%~40%人口转移、41%~60%人口转移、61%~80%人口转移、80%以上人口转移的分别为49个、16个、13个、6个、1个,分别占比57.6%、18.8%、15.3%、7.1%、1.2%(见表1-4)。

表1-4   2009年调研活动的样本村庄基本情况   单位:%

特征	分类指标	比例	特征	分类指标	比例
村庄经济水平	中等以下	48.2	村庄人口转移水平	20%及以下人口转移	57.6
	中等	44.7		21%~40%人口转移	18.8
	中等以上	7.1		41%~60%人口转移	15.3
村庄地形	山地	25.9		61%~80%人口转移	7.1
	丘陵	29.4			
	平原	41.2		80%以上人口转移	1.2
	其他	3.5			

3. 2014年调研基本情况

(1)调研准备与样本选择。2014年1~2月,根据河南省教育厅哲学社会科学研究重大课题攻关项目《中原经济区农村人口向城镇有序转移研究》(2013 - ZG - 012)研究需要,信阳师范学院大别山区经济社会发展研究中心针对农村转移人口而设计了《中原经济区农村转移人口离农研究》调查问卷及相关访谈提纲,并深入展开实地调研活动,笔者全程参与。课题组组织在校大学生利用春节假期回乡调查,选择的调查对象大多是与调查员关系密切的家属、邻居、亲戚、朋友或者彼此之间建立信任感的村民,能够取得相对真实的数据与资料。此次调查立足于劳务输出大省的河南省,在全省范围内共计选择17地(市)、62县(区、县级市)、145乡(镇)、196村为调查地点,以村落为基础,以不同类型农村转移人口为调查对象,共计完成547份有效样本农户问卷(见表1-5),分别获取了大量县乡干部访谈、村民小组访谈、村落概况等相关资料。

表1-5　　　　　　2014年调研活动的样本区域分布情况

样本区域	样本地(市)	样本县(区、县级市)	样本乡(镇)	样本村(个)	样本农户问卷(份)
豫东地区	商丘市	7	8	12	28
	周口市	5	11	13	38
豫西地区	三门峡市	1	1	2	3
	洛阳市	3	5	6	18
	平顶山市	2	5	6	16
豫中地区	郑州市	1	1	1	4
	开封市	3	5	9	22
	许昌市	2	4	5	16
	漯河市	2	2	3	9
豫南地区	信阳市	10	52	77	245
	南阳市	6	15	17	28
	驻马店市	5	13	19	40
豫北地区	安阳市	4	9	10	26
	濮阳市	4	7	8	19
	鹤壁市	1	1	1	5
	新乡市	4	4	4	20
	焦作市	2	2	3	10

(2) 样本农户基本情况。在全部547名被调查样本农户农民中，从性别分布看，男性与女性分别为417名与130名，分别占比76.2%与23.8%；从年龄结构看，30岁及以下、31~40岁、41~50岁、50岁以上的分别为194名、104名、202名、47名，分别占比35.5%、19.0%、36.9%、8.6%；从文化程度看，具有小学及以下文化、初中文化、高中或中专文化、大专以上文化的分别为155名、286名、73名、33名，分别占比28.3%、52.3%、13.3%、6.1%；从家庭生活水平看，属于中等以下水平、中等水平、中等以上水平的分别为136名、294名、117名，分别占比24.9%、53.7%、21.4%；从外出务工年限看，5年以下、5~9年、10~14年、15年及以上的分别为102名、145名、101名、199名，分别占比18.6%、26.5%、18.5%、36.4%（见表1-6）。

表1-6　　　　2014年调研活动的样本农户基本情况　　　　单位:%

特征	分类指标	比例	特征	分类指标	比例
性别	男	76.2	年龄	30岁及以下	35.5
	女	23.8		31~40岁	19.0
文化程度	小学及以下	28.3		41~50岁	36.9
	初中	52.3		50岁以上	8.6
	高中或中专	13.3	外出务工年限	5年以下	18.6
	大专及以上	6.1		5~9年	26.5
家庭生活水平	中等以下	24.9		10~14年	18.5
	中等	53.7		15年及以上	36.4
	中等以上	21.4			

4. 2018年调研基本情况

(1) 调研准备与样本选择。2018年1~2月，根据本书研究需要，课题组针对农村人口转移背景下惠农政策效果问题，分别设计了《农村人口转移背景下惠农政策效果研究（村庄卷）》与《农村人口转移背景下惠农政策效果研究（农户卷）》两套调查问卷及相关访谈提纲，并深入展开实地调研活动，笔者全程参与。为保证调查的科学性和准确性，课题组组织在校大学生利用春节假期回乡调查，选择的调查对象大多是与调查员关系密切的家属、邻居、亲戚、朋友或者彼此之间建立信任感的村民，克服外部人虚假信息和隐瞒信息问题。此次调查立足于劳务输出大省的河南省，在全省范围内共计选择18地（市）、112县（区、县级市）、326乡（镇）、483村为调查地点，以社区和村落为基础，以不同类型的存在家庭成员外出非农就业的农户为调查对象，共计完成1179份有效样本农户问卷；同时，通过访谈村干部方式共计完成289份有效样本村庄问卷（见表1-7），分别获取了大量人口转移、农地利用、农业经营、农民生活、农村发展、政策执行等相关资料。

表1-7　　　　　　2018年调研活动的样本区域分布情况

样本区域	样本地（市）	样本县（区、县级市）	样本乡（镇）	样本村（个）	样本农户问卷（份）	样本村庄问卷（份）
豫东地区	商丘市	10	29	35	103	24
	周口市	12	52	80	199	37
豫西地区	三门峡市	4	12	18	38	8
	洛阳市	9	14	17	71	17
	平顶山市	4	7	7	27	7
	济源市	1	1	1	2	1
豫中地区	郑州市	7	8	12	23	6
	开封市	5	19	26	53	14
	许昌市	5	17	25	67	20
	漯河市	2	3	4	12	4
豫南地区	信阳市	9	37	50	135	34
	南阳市	7	27	38	84	24
	驻马店市	10	34	82	143	38
豫北地区	安阳市	6	17	24	73	18
	濮阳市	5	11	16	27	7
	鹤壁市	3	7	7	28	5
	新乡市	8	19	24	65	14
	焦作市	5	12	17	29	11

（2）样本农户基本情况。在全部1179名被调查样本农户农民中，从性别分布看，男性与女性分别为726名与453名，分别占比61.6%与38.4%；从年龄结构看，30岁及以下、31~40岁、41~50岁、50岁以上

的分别为146名、171名、459名、403名，分别占比12.4%、14.5%、38.9%、34.2%；从文化程度看，具有小学及以下文化、初中文化、高中或中专文化、大专及以上文化的分别为307名、506名、238名、128名，分别占比26.0%、42.9%、20.2%、10.9%；从家庭生活水平看，属于中等以下水平、中等水平、中等以上水平的分别为260名、781名、138名，分别占比22.1%、66.2%、11.7%；从家庭人口转移水平看，属于20%及以下人口转移、21%~40%人口转移、41%~60%人口转移、61%~80%人口转移、80%以上人口转移的分别为48个、418个、337个、182个、194个，分别占比4.1%、35.5%、28.6%、15.3%、16.5%（见表1-8）。

表1-8　　　　2018年调研活动的样本农户基本情况　　　　单位:%

特征	分类指标	比例	特征	分类指标	比例
性别	男	61.6	年龄	30岁及以下	12.4
	女	38.4		31~40岁	14.5
文化程度	小学及以下	26.0		41~50岁	38.9
	初中	42.9		50岁以上	34.2
	高中或中专	20.2	家庭人口转移水平	20%及以下	4.1
	大专及以上	10.9		21%~40%	35.5
家庭生活水平	中等以下	22.1		41%~60%	28.6
	中等	66.2		61%~80%	15.3
	中等以上	11.7		80%以上	16.5

（3）样本村庄基本情况。在全部289个被调查样本村庄中，从村庄经济发展水平看，与本乡镇其他村对比，处于中等以下水平、中等水平、中等以上水平的分别为91个、178个、20个，分别占比31.5%、61.6%、6.9%；从村庄地形看，以山地、丘陵、平原为主的分别为26个、29个、226个，分别占比9.0%、10.0%、78.2%；从村庄人口转移水平看，20%及以下人口转移、21%~40%人口转移、41%~60%人口转移、61%~80%人口转移、80%以上人口转移的分别为17个、53个、81个、81个、57个，分别占比5.9%、18.3%、28.0%、28.0%、19.8%（见表1-9）。

表1-9　　　　　　2018年调研活动的样本村庄基本情况　　　　单位:%

特征	分类指标	比例	特征	分类指标	比例
村庄经济水平	中等以下	31.5	村庄人口转移水平	20%及以下人口转移	5.9
	中等	61.6		21%~40%人口转移	18.3
	中等以上	6.9		41%~60%人口转移	28.0
村庄地形	山地	9.0		61%~80%人口转移	28.0
	丘陵	10.0		80%以上人口转移	19.8
	平原	78.2			
	其他	2.8			

(二) 农村人口转移背景下惠农政策效果的评价分析

综合运用农业经济学、财政学、金融学、公共经济学、制度经济学、信息经济学、区域经济学等理论与方法,立足于农村人口转移及其衍生的一系列中间变量,结合跟踪调研资料及数据,选取关键对象与核心内容来分别评价新型农业经营体系支持政策、农产品价格支持政策以及农村产业融合发展政策与村级公益事业一事一议、财政奖补政策,力图透视现代农业支持、农民收益保障、农村经济社会发展三大类惠农政策效果(见表1-10)。

表1-10　　　　　　农村人口转移背景下惠农政策效果的评价方案

政策类型	代表性政策	评价对象	评价切入点	评价内容
现代农业支持政策	新型农业经营体系支持政策	新型农业经营主体培育、多元农业经营主体共存、小农户与现代农业有机衔接的效果	农村人口转移转变农业经营主体、经营组织、经营体制	土地流转、信贷融资、智力集聚、农技研发度的满足度;农业经营主体发展环境与协作水平的完备性;新型农业社会化服务体系的成长性
农民收益保障政策	农产品价格支持政策	农民务农收益稳定、农产品市场平稳、农业国际竞争力保持的效果	农村人口转移降低农业品种、品质、价格竞争力	新一轮改革应对农业发展困境、保障农民务农收益、提升农业国际竞争力的适应性

续表

政策类型	代表性政策	评价对象	评价切入点	评价内容
农村经济社会发展政策	农村产业融合发展政策	农村经济发展空间拓展效果	农村人口转移引发农村空心化、老龄化、非农化等现象	劳动力、资本、技术等要素城乡双向流动性与农村产业兴旺状况
	村级公益事业一事一议、财政奖补政策	农村社区建设效果	农村人口转移弱化农村社区建设主体	村级公益事业一事一议制度执行情况与财政奖补政策激励效应

（三）农村人口转移背景下惠农政策效果的保障分析

基于政策系统论角度，侧重于加强惠农政策系统内部的政策问题构建、政策制定、政策执行、政策评估等子系统之间联系与协调，创新惠农政策效果综合保障体系。一方面，基于惠农政策模式偏差与效果弱化的客观事实，聚合惠农资源而重塑政策平台，审视发展趋势而瞄准政策对象，转移支持目标而创新政策手段，关注可持续性而控制政策成本，继而强化惠农政策供给保障。另一方面，运用激励理论来挖掘惠农政策有效执行的激励工具，运用农村政策学方法来提高惠农政策体系的动态协调性，运用反馈控制理论来健全惠农政策绩效评估的逻辑框架，运用机制设计理论而分解惠农政策执行监督任务并塑造监督平台，继而优化惠农政策运行保障。

第二章　农村人口转移与"三农"转型：一个理论框架

中国农村人口转移由来已久。据测算，1953~1978年，全国共计转移3918万农业劳动力，年均转移约151万人[①]。改革开放后，农村人口转移进程明显加快，先后产生由"离土不离乡"到"离土又离乡"的流动模式，依次经历由限制、管理到规范、服务的政策阶段，农村外出务工劳动力亦由20世纪80年代初期的不到200万人快速增长至1989年的3000万人，再由1993年的6200万人激增到2004年的1.2亿人左右[②]，至2019年全国农民工总量达到29077万人[③]。自2011年起，乡村常住人口的数量开始相对低于城镇。数亿农村人口转移构成了人类历史上最大规模的迁徙潮，"乡村人地分离、人口城乡双漂"的经济社会发展格局凸显，以农为本、以土为生、以村而治、根植于土的"乡土中国"亦逐渐进入乡土变故土、告别过密化农业、乡村变故乡、城乡互动的"城乡中国"[④]，既在改善劳动力供给和资源配置效率的前提下获取改革红利并显著提高经济潜在增长率，更在衍生出一系列中间变量的条件下推动"三农"面貌发生翻天覆地的转变。

[①] 李周：《农民流动：70年历史变迁与未来30年展望》，《中国农村观察》2019年第5期，第1-15页。
[②] 中国农民工问题研究总报告起草组：《中国农民工问题研究总报告》，《改革》2006年第5期，第5-30页。
[③] 数据来自国家统计局发布的《2019年全国农民工监测调查报告》。
[④] 刘守英、王一鸽：《从乡土中国到城乡中国——中国转型的乡村变迁视角》，《管理世界》2018年第10期，第128-146页。

第一节 农村人口转移与"三农"转型的理论框架构建

进入21世纪后,伴随着中国步入工业化中后期阶段与城镇化加速阶段,以及党和政府不断加大支农惠农强农富农力度,"三农"格局发生剧烈而复杂的结构性变化,并造就以农业发展方式变化、农户生存状态变革、农村社会环境变迁为主要特征的"三农"转型的客观事实。"三农"转型历来是农业政治经济学讨论的焦点问题,是指一定时期内农村经济社会结构发生根本性变化的过程,既是农村生产力和生产关系全面变化的过程,也是"三农"发生分化和"三农"现代化目标得以实现的过程[1]。纵观中国"三农"转型,呈现出多领域、多方面、多维度、多层次的综合转型特点。其中,部分变化符合国民经济和社会发展的一般性规律,有助于现代农业发展、农民福利提升与农村基础建设;部分变化则是受特定阶段的宏观经济背景、资源禀赋条件、市场发展特征、农业政策导向与国际市场环境所影响的产物,暗含压力与隐忧。据此,如何系统剖析"三农"转型的初始动因、关键推力、基础要素与生成节点,事关未来"三农"转型的挑战辨析与机遇识别。

根据已有研究,市场与国家是理论界公认的"三农"转型的重要推动力[2][3][4][5]。中国"三农"转型本质上是改革开放深入、城乡互动增多、市

---

[1] 匡远配、陆钰凤:《农地流转实现农业、农民和农村的同步转型了吗》,《农业经济问题》2016年第11期,第4-14页。

[2] Collier W L, Wiradi G. Agricultural Technology and Institutional Change in Java. Food Research Institute Studies,1974,13(1387-2016-116045):169-194.

[3] Hayami Y, Kikuchi M. Asian Village Economy at the Crossroads. Baltimore:Johns Hopkings Press,1982.

[4] Gillian H. Agrarian Change in the Context of State Patronage. Turton, White B. Agrarian Transformations:Local Processes and the State in Southeast Asia. Berkeley:University of California Press,1989.

[5] Bernstein H, Byres T J. From Peasant Studies to Agrarian Change. Journal of Agrarian Change,2001,1(1):1-56.

场机制健全、政府扶持引导的直接后果。一方面，伴随着经济发展水平不断提高与综合国力持续增强，农村人口的自由选择权提高、社会流动频繁与利益诉求高涨；另一方面，政府从长期战略任务出发而主动采取众多惠农举措，旨在促进经济持续增长与加速统筹城乡发展，相互交织的两股力量共同推动"三农"深入参与现代化进程，意味着传统的农业资源配置格局、农户生计模式与农村社会状态得以改变，既可能带来乡村发展之契机，又必然奠定"三农"转型之基础。需要特别指出的是，中国"三农"转型发生于工业早期积累已完成时期，也因此呈现出与早期工业化国家及地区有所不同的转型路径和逻辑[1]，并极大丰富了具有中国特色的"三农"理论与实践。

显然，"三农"转型的影响梳理与方向明晰已成为迫切需要关注的问题，而探寻市场与政府对"三农"转型的作用机理则是核心，关键之处在于瞄准具体抓手与基本路径。对此，国内学术界大致形成以下五种研究视角：一是土地流转视角。农地流转首先带动农业转型，进而引领农民与农村转型，并在保持总体演变和发展趋势基本一致的情况下，影响和决定"三农"转型的方向和整体战略布局[2]。二是农业经营主体差异视角。农户阶层分化与农村"半工半耕"结构相伴而生，以老弱妇孺及"中坚农民"为代表的留守经营主体的特点和禀赋决定了当下农业经营的资本投入、劳动关系、农业类型、经营逻辑等，并决定了农业变迁的方向与策略[3]。三是资本下乡视角。在地方政府扶持下，自上而下的城市工商下乡资本和自下而上的当地农村内部因分化而发展出的本地资本以新型农业经营主体为载体，共同加剧农业资本化与农村社会分化，并推动农业生产深度卷入资本再生产机制中[4]。四是资本占取主义视角。资本通过对农业生产不同环

---

[1] 陈义媛：《资本下乡：农业中的隐蔽雇佣关系与资本积累》，《开放时代》2016年第5期，第92-112页。
[2] 匡远配、陆钰凤：《农地流转实现农业、农民和农村的同步转型了吗》，《农业经济问题》2016年第11期，第4-14页。
[3] 杨华：《中国农村的"半工半耕"结构》，《农业经济问题》2015年第9期，第19-32页。
[4] 严海蓉、陈义媛：《中国农业资本化的特征和方向：自下而上和自上而下的资本化动力》，《开放时代》2015年第5期，第49-69页。

节的改造和重组，从农业中不断占取剩余，在不进行土地大规模集中前提下获取资本积累，并重塑农业生产过程与形塑小规模家庭农业，主要表现为通过农业机械化来改变"农业劳动过程"，以及通过农药、化肥、杂交种子等使用来改变"自然生物过程"①。五是城镇化建设视角。数十年的城镇化建设极大改变"三农"发展局面，农业现代化和农村社区化成为农民参与城镇化进程的结果②。

概括而言，上述研究更多是基于局部范围的现象把握，而非全局高度的系统归纳，相关结论更接近于"三农"转型的微观体现与具体要求。但是，既有成果所强调的诸多特征事实，却揭示出一条透视"三农"转型的分析主线，即土地资源重新配置、农业经营主体分化、农业资本主义转型、城镇化进程提速等发展重大问题均可纳入农村人口转移的影响范畴。换言之，正是源于城乡发展差距的利益驱动、全国统一劳动力市场逐步形成、现代化进程日益加快等因素，以及各级政府在不同发展阶段为保障经济增长效率与社会发展公平而不失时机地开展行政性鼓励与市民化激励，农村人口积极向农业系统与农村区域以外的行业与地域转移逐渐成为不可抗拒的历史趋势，并成为后续农业生产要素、农业经营体系、农业产业体系、农户生存模式、农村经济社会结构等一系列变化的重要致因。立足于农村人口转移问题将伴随现代化全程，并将伴随现代化基本实现而终结的现实③，考虑到在冲击二元城乡结构、形成一元结构的进程中，会短暂出现城镇居民、农村居民和城镇农民工并存的三元结构④，农村人口转移引发的冲击与影响注定将成为"三农"转型的主旋律，且势必是一个不间断的长期过程。据此，本章构建了一个基于农村人口转移视角的"三农"转型理论分析框架（如图2-1所示），旨在通过厘清各类现象背后的逻辑关

---

① 陈义媛：《农业技术变迁与农业转型：占取主义/替代主义理论述评》，《中国农业大学学报（社会科学版）》2019年第2期，第24-34页。
② 周飞舟、王绍琛：《农民上楼与资本下乡：城镇化的社会学研究》，《中国社会科学》2015年第1期，第66-83页。
③ 韩长赋：《中国农民工发展趋势与展望》，《经济研究》2006年第12期，第4-12页。
④ 甘满堂：《城市农民工与转型期中国社会的三元结构》，《福州大学学报（哲学社会科学版）》2001年第4期，第30-35页。

联来辨识贯穿其间的研究主线，力争全景式展现转型背景，继而为本书研究提供立论基础与分析假设。

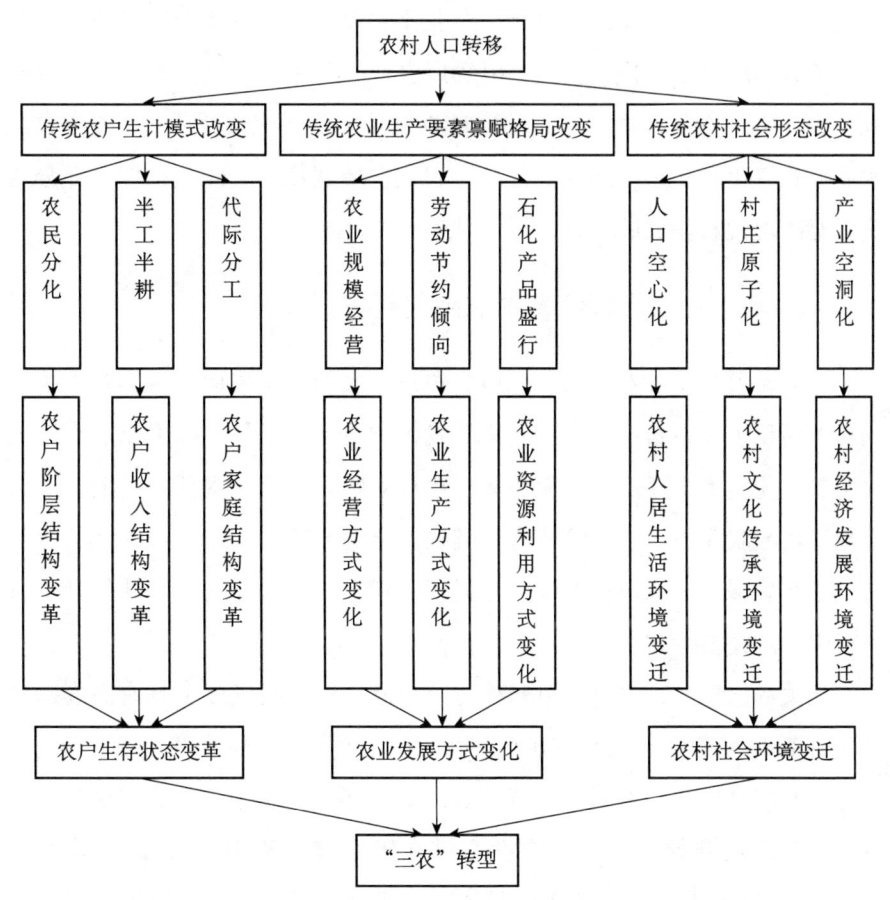

图 2-1 基于农村人口转移视角的"三农"转型理论分析框架

第二节 农村人口转移、传统农业生产 要素禀赋格局改变与农业发展方式变化

农村人口转移有助于缓解中国农村因人多地少而长期存在的农业"过密化"和"内卷化"状况，但同时，造就农村劳动力大幅度缩减与农业从业人员老龄化的外部事实。根据黄季焜等的测算，跨代际年轻劳动力的农

43

户未来农业劳动力的平均年龄年均上升 1.1 岁左右，2020 年全国农业劳动力平均年龄为 55~56 岁[①]。此背景下，以劳动为基本投入的传统农业生产要素禀赋格局得以改变，资本化、专业化、规模化在种植业、畜牧业、园艺业等各领域全面而快速发展，引发以农业经营主体转换、农业生产力提升、农业生产关系变革为标志的突破性农业资本主义转型[②]，并推进农业发展方式变化。其中，部分变化顺应农业发展规律，应深化推广；部分变化则背离现代农业发展本意，须及时矫正。

一、基于农业规模经营的农业经营方式变化

人口转移改变了农村家家包地、户户务农的传统局面，在客观上为劳均耕地面积扩大与农户之间比较优势发挥创造有利条件，加之惠农力度加大与农民税费负担降低，继而在坚持执行家庭联产承包责任制的前提下为土地流转与农业适度规模经营带来契机。土地流转实际上是土地经营权流转，是在确保土地承包权不变的前提下，将农户土地经营权转让给其他农户或组织的经济行为[③]。

相关数据显示，农村人口转移与土地流转在时间进度上具有高度趋同性。自 1984 年起，中央相继出台一系列政策文件对农民进城作用进行正面肯定，允许农村劳动力向小城镇流动，实行 26 年的限制城乡人口流动的管理制度与政策开始松动。标志性举措在于，1984 年 10 月，国务院下发《关于农民进入集镇落户问题的通知》，开始允许农民自理口粮进城镇落户。1984~1992 年，仅有 1.99% 的农户流转部分家庭承包耕地[④]；1990 年，全国转包、转让家庭承包耕地的农户数与面积数分别仅占总量的

---

① 黄季焜、靳少泽：《未来谁来种地：基于我国农户劳动力就业代际差异视角》，《农业技术经济》2015 年第 1 期，第 4 – 10 页。

② 孙新华：《农业规模经营主体的兴起与突破性农业转型——以皖南河镇为例》，《开放时代》2015 年第 5 期，第 106 – 124 页。

③ 刘汉成、关江华：《适度规模经营背景下农村土地流转研究》，《农业经济问题》2019 年第 8 期，第 59 – 63 页。

④ Liu S, Wang R, Shi G. Historical Transformation of China's Agriculture: Productivity Changes and Other Key Features. China & World Economy, 2018, 26 (1): 42 – 65.

0.9%与0.44%[1]；1992年，土地流转面积约1161万亩，占当年家庭承包耕地总面积的0.9%[2]；1996年，土地流转面积占家庭承包耕地总面积仍不足1%，即便到2006年也仅为4%[3]。然而，伴随着农村人口转移速度进一步加快，尤其自2006年《国务院关于解决"农民工"问题的若干意见》首次将"农民工"概念写入中央政府具有行政法规作用的文件、2006年6月国务院建立由31个部门和单位参加的农民工工作联席会议制度、2008年中共十七届三中全会审议通过《中共中央关于推进农村改革发展若干重大问题的决定》、2010年"农业转移人口"称谓首次作为正式用语写入《中共中央关于制定国民经济和社会发展第十二个五年规划的建议》之后，土地流转开始进入全新阶段并快速发展（见表2-1）。截至2018年底，全国（不含西藏及港、澳、台地区，下同）家庭承包耕地流转面积达到5.39亿亩，超过承包地总量的1/3，该比例在上海、北京、江苏、浙江、黑龙江五省份甚至已经超过1/2；流转出承包耕地的农户达到7070.6万户，占承包农户总量的31.9%。

表2-1　　2007~2018年中国农村家庭承包耕地流转情况

年份	承包耕地流转面积（亿亩）	流转面积占承包耕地总面积比重（%）	流转出承包耕地的农户数（万户）	流转出承包耕地的农户占承包总户数比重（%）
2007	0.64	5.2	—	—
2008	1.09	8.9	—	—
2009	1.52	12.0	—	—
2010	1.87	14.7	—	—
2011	2.28	17.8	3876.8	16.9
2012	2.78	21.2	4438.9	19.3
2013	3.41	26.0	5261.0	22.9

---

[1] 匡远配、陆钰凤：《我国农地流转"内卷化"陷进及其出路》，《农业经济问题》2018年第9期，第33-43页。

[2] 北京天则经济研究所《中国土地问题》课题组：《土地流转与农业现代化》，《管理世界》2010年第7期，第66-85页。

[3] 赵阳：《城镇化背景下的农地产权制度及相关问题》，《经济社会体制比较》2011年第2期，第20-25页。

续表

年份	承包耕地流转面积（亿亩）	流转面积占承包耕地总面积比重（%）	流转出承包耕地的农户数（万户）	流转出承包耕地的农户占承包总户数比重（%）
2014	4.03	30.4	5833.0	25.3
2015	4.47	33.3	6329.5	27.5
2016	4.79	35.1	6788.9	29.7
2017	5.12	37.0	7070.6	31.2
2018	5.39	38.9	7235.2	31.9

注：所有数据均不含西藏及港、澳、台地区，下同。

资料来源：2007~2010年数据来自农业部网站公布资料；2011~2012年数据来自农业部历年出版的《中国农业年鉴》；2013~2017年数据来自农业部农村经济体制与经营管理司、农业部农村合作经济经营管理总站历年发布的《农村家庭承包耕地流转情况》；2018年数据来自农业农村部农村合作经济指导司、农业农村部政策与改革司发布的《中国农村经营管理统计年报（2018年）》。

同时，中央政府从农业增产、农民增收等角度考虑，积极通过加大土地制度改革力度来加速农村土地资源整合，意图为农村人口转移背景下引导农村土地经营权有序流转、发展农业适度规模经营进一步扫清障碍。事实上，早在1987年中央"五号文件"中便已经提出农业规模经营，之后的1993年党的十四届三中全会通过的《中共中央关于建立社会主义市场经济体制若干问题的决定》、1998年党的十五届三中全会通过的《中共中央关于农业和农村工作若干重大问题的决定》、2003年党的十六届三中全会通过的《中共中央关于完善社会主义市场经济体制若干问题的决定》、2008年党的十七届三中全会通过的《中共中央关于推进农村改革发展若干重大问题的决定》、2013年党的十八届三中全会通过的《中共中央关于全面深化改革若干重大问题的决定》和2017年习近平总书记在党的十九大上所作的报告，以及2005年、2006年、2008年、2010年、2012~2020年中央"一号文件"等中央重要文件中又反复提及。2013年中央"一号文件"提出，全面开展针对农民土地承包经营权的确权、登记、颁证工作，并于2018年基本完成。2014年11月，中共中央办公厅、国务院办公厅印发《关于引导农村土地经营权有序流转发展农业适度规模经营的意见》，明确要求实施以坚持农村土地集体所有权、稳定农户承包权、放活土地经营权为基本原则的农村集体土地"三权分置"改革。2014年12月，中央全面深化改革领导小组第七次会议审议通过《关于农村土地征收、集体经营性建设用地入市、宅基地制度改革试点工作的意见》，并于 2015 年 1 月正式在全国 33 个县（市、区）开展试点工作①，旨在助推中国特色农业现代化和新型城镇化。习近平总书记亦高度重视土地流转与发展农业规模经营。2014 年 9 月，习近平总书记在中央全面深化改革领导小组第五次会议讲话中指出，"发展农业规模经营要与城镇化进程和农村劳动力转移规模相适应，与农业科技进步和生产手段改进程度相适应，与农业社会化服务水平提高相适应"。2015 年 5 月，习近平总书记再次就耕地保护和农村土地流转工作作出重要指示，强调土地流转和多种形式规模经营是发展现代农业的必由之路，也是农村改革基本方向②。

据此，以农村人口大规模转移为前提、以农村土地有序流转为核心、以农村土地制度改革为保障、以推进农业现代化向纵深挺进为目标的农业适度规模经营得以蓬勃兴起，继而有效撬动农村基本经营制度的自我完善与农业经营方式的根本性变化。

（一）催生新型农业经营主体

农业从业人员萎缩且弱化是优质劳动力大量外流的必然后果。2018 年，农民工平均年龄 40.2 岁③，而农业从业人员平均年龄约 50 岁，其中 60 岁以上比例超过 24%④。尽管有研究指出，"从众决策"性提高、社会化服务体系健全、生产要素替代、技术进步等因素能够极大降低个人体力和人力资本对农业生产的约束，"老人农业"有效率且足以保障基本生产。然而，更多研究指出，人口转移给农业生产带来更明显的负面影响，劳动力老龄化之于农业经营更像是"陷阱"而绝非"光环"。一方面，农业经

---

① 2017 年 11 月 4 日，十二届全国人大常委会第三十次会议决定，授权在试点地区暂时调整实施有关法律规定的期限延长至 2018 年 12 月 31 日。2019 年 3 月 5 日，李克强总理在十三届全国人大二次会议上做的政府工作报告提出，推广农村土地征收、集体经营性建设用地入市、宅基地制度改革试点成果。
② 《习近平就耕地保护和农村土地流转工作作出指示》，人民网，2015-05-26，http://legal.people.com.cn/n/2015/0526/c188502-27060236.html。
③ 数据来自国家统计局发布的《2019 年农民工监测调查报告》。
④ 张红宇：《大国小农：迈向现代化的历史抉择》，《求索》2019 年第 1 期，第 68-75 页。

营模式粗放。农村劳动力"断层"引致抛荒弃耕面积增加、农作物复种指数下降、农业农村公共品供给乏力、农业生产集约程度下降等弊端。另一方面，农业经营效率下降。据测算，1990~2009 年，农村老年人口比重提高与劳动力转移年均对农业劳动投入指数下拉 2.262 个百分点，尤其自 2003 年以来，劳动投入对农业产出的贡献度和贡献率均为负值①。此外，较之乡土情结相对较重的第一代农民工，更加向往城市生活的新生代农民工的务农态度更为消极。2019 年数据表明，40 岁及以下农民工已经占全国农民工总量的 50.6%②。根据 2016 年全国流动人口卫生计生动态监测调查数据显示，近 60% 的 80 后农民工有意向在流入地居住，远高于"农一代"。同时，80 后农民工的迁户意愿和购房意愿分别为 42.1% 与 21.9%，也高于"农一代"的 36.7% 与 15%③。有学者甚至悲观认为，代际更替背景下即便是兼业农业与"老人农业"也终将会因为失去足够经营耐心与缺乏有效人员补充而难以延续④。立足中央决策层角度，为消除暗藏隐患以确保粮食生产稳定发展和重要农产品有效供给，"未来谁来种地、谁当农业可靠接班人"成为不得不重视的风险，"未来地怎么种、如何保障地能被种好"成为不得不思量的难题。

按照 2013 年中央"一号文件"提法，新型农业经营主体包括农业大户、家庭农场、农民合作社和农业企业，是相对传统农业中的小农户而言。根据贺雪峰的界定，大致以自耕农与经营农来区分传统与新型农业经营主体⑤。事实上，党和政府很早便开始关注新型农业经营主体培育。《中华人民共和国国民经济和社会发展第九个五年计划纲要》中，首次将"积极推进农业产业化经营"纳入国家发展计划。1996 年 2 月，国家经济体制

---

① 陈锡文、陈昱阳、张建军：《中国农村人口老龄化对农业产出影响的量化研究》，《中国人口科学》2011 年第 2 期，第 39 - 46 页。
② 数据来自国家统计局发布的《2019 年农民工监测调查报告》。
③ 数据来自国家卫生健康委流动人口服务中心主办的流动人口数据平台，http://www.chinaldrk.org.cn/wjw/#/home。
④ 王文龙：《地区差异、代际更替与中国农业经营主体发展战略选择》，《经济学家》2019 年第 2 期，第 82 - 89 页。
⑤ 贺雪峰：《"小农经济"与农业现代化的路径选择》，《政治经济学评论》2015 年第 2 期，第 45 - 64 页。

改革委员会和农业部在黑龙江省召开全国第一次农业产业化经营会议。1998年，国家正式确认农业产业化经营形式，并把培育龙头企业视作发展关键。2001年，《中华人民共和国国民经济和社会发展第十个五年计划纲要》明确提出，采取财政、税收、信贷等方面优惠政策，扶持一批重点龙头企业加快发展。2017年12月召开的中央经济工作会议针对乡村振兴战略，明确强调"健全城乡融合发展体制机制，消除阻碍要素下乡各种障碍"，意味着外源式新型农民很可能会因制度支撑而得到持续发展。农民专业合作社发展时日较早，国家亦于2007年7月正式实施《农民专业合作社法》[①]。2013年3月，习近平总书记在十二届全国人大一次会议的江苏团会议上指出，"农村合作社就是新时期推动现代农业发展、适应市场经济和规模经济的一种组织形式"，充分肯定了农民合作社的重要价值。2008年，党的十七届三中全会提出，"有条件的地方可以发展专业大户、家庭农场、农民专业合作社等规模经营主体"，首次将家庭农场概念写入中央文件。2013年，家庭农场概念首次被写入中央"一号文件"。同时，中央部委、行业部门等也陆续出台支持家庭农场发展的行业性支持政策。例如，中国农业银行作为国有大型商业银行，于2013年8月率先针对农村新型经营主体专项信贷管理而出台《专业大户（家庭农场）贷款管理办法（试行）》，中国人民银行亦于2014年2月出台《关于做好家庭农场等新型农业经营主体金融服务的指导意见》，全国几乎所有省份都出台了更加详细的促进家庭农场发展的指导意见。据此，为改善农村人口转移后的农业生产状况，为提高土地流转后的农业生产效率，为破解农业经营"分有余、统不足"困境，为更好地适应市场经济与现代农业，以规模化为主要特征的新型农业经营主体受经营利好条件推动与政府扶持政策指引，被广泛视作农业生产生力军。

据统计，2013~2018年，全国经营规模50亩以上农户由317.5万户增长至413.8万户，其中，经营规模200亩以上农户由30.2万户增长至

[①] 自2013年中央"一号文件"开始，政府文件中纷纷以更具包容性的"农民合作社"一词替代"农民专业合作社"。

43.3万户（见表2-2）；2015~2017年，全国纳入相关统计调查的家庭农场由34.3万个增长至54.9万个，被农业部门认定的示范性家庭农场亦由3.9万个增长至7.8万个，经营耕地总面积由4310.9万亩增长至6915.9万亩，家庭农场平均经营面积由125.0亩增长至175.0亩（见表2-3）；2012~2018年，全国纳入相关统计调查的农民专业合作社由63.4万个增长至189.2万个，被农业部门认定的示范社亦增长至16万个，实有成员由4434.5万户增长至7191.9万户，流转入耕地面积由4392.4万亩增长至12111.0万亩（见表2-4）。此外，2012~2018年，流转入农业企业的耕地面积亦由2557.6万亩增长至5558万亩（如图2-2所示）。截至2016年底，全国农业龙头企业所提供的农产品及加工制品约占农产品市场供应量的1/3，占主要城市"菜篮子"产品供给的2/3以上[①]。截至2018年8月，全国各类新型农业经营主体总计300多万家。其中，家庭农场40多万户，平均经营规模170亩；农民合作社187万家，入社农户1.1亿户；农业龙头企业12.9万家，带动1.26亿农户；新型职业农民1500多万名[②]。

表2-2　　　　　2013~2018年中国农户规模经营情况　　　　单位：万户

年份	经营规模50亩以上农户总数	经营规模50~100亩农户数	经营规模100~200亩农户数	经营规模200亩以上农户数
2013	317.5	222.3	65.1	30.2
2014	341.4	235.6	74.8	31.1
2015	356.6	242.3	79.8	34.5
2016	376.2	252.0	88.0	37.0
2017	402.1	267.5	93.3	41.3
2018	413.8	272.6	97.9	43.3

资料来源：2013~2017年数据来自农业部农村经济体制与经营管理司、农业部农村合作经济经营管理总站历年发布的《农村家庭承包耕地流转情况》；2018年数据来自农业农村部农村合作经济指导司、农业农村部政策与改革司发布的《中国农村经营管理统计年报（2018年）》。

---

① 余瑶：《我国新型农业经营主体数量达280万个》，《农民日报》2017年3月8日第006版。

② 杜鹰：《小农生产与农业现代化》，《中国农村经济》2018年第10期，第1-5页。

表 2-3　　　　2015~2017 年中国家庭农场发展情况

年份	纳入调查的家庭农场数（万个）	被农业部门认定的示范性家庭农场数（万个）	经营耕地总面积（万亩）	平均经营耕地面积（亩）
2015	34.3	3.9	4310.9	125.0
2016	44.5	6.2	5675.0	175.0
2017	54.9	7.8	6915.9	175.0

数据来源：农业部农村经济体制与经营管理司、农业部农村合作经济经营管理总站历年发布的《家庭农场发展情况》。

表 2-4　　　　2012~2018 年中国农民专业合作社发展情况

年份	纳入统计调查的合作社数（万个）	被农业部门认定的示范社数（万个）	实有成员总数（万户）	流转入耕地面积（万亩）	流转入耕地占流转总面积比重（％）
2012	63.4	—	4434.5	4392.4	15.8
2013	88.4	9.1	4776.0	6956.4	20.4
2014	113.8	10.7	5593.0	8825.7	21.9
2015	133.6	—	5990.7	9700.0	21.8
2016	156.2	14.0	6458.0	10300.0	21.6
2017	175.4	14.9	6794.3	11600.0	22.7
2018	189.2	16.0	7191.9	12111.0	22.5

资料来源：2013~2017 年数据来自农业部农村经济体制与经营管理司、农业部农村合作经济经营管理总站历年发布的《农民专业合作社发展情况》与《农村家庭承包耕地流转情况》，2012 年数据根据 2013 年数据倒推；2018 年数据来自农业农村部农村合作经济指导司、农业农村部政策与改革司发布的《中国农村经营管理统计年报（2018 年）》。

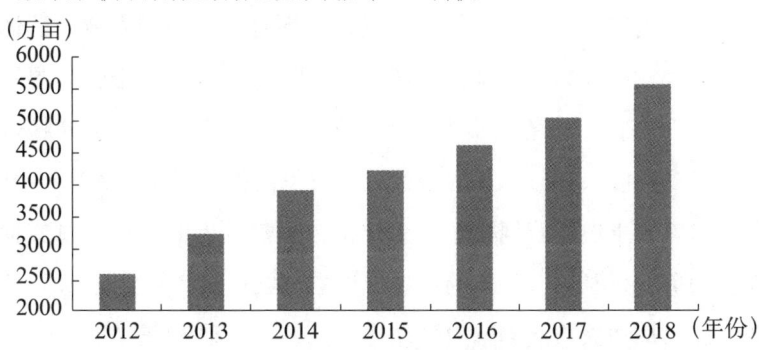

图 2-2　2012~2018 年中国农业企业流转入土地情况

资料来源：2013~2017 年数据来自农业部农村经济体制与经营管理司、农业部农村合作经济经营管理总站历年发布的《农村家庭承包耕地流转情况》，2012 年数据根据 2013 年数据倒推；2018 年数据来自农业农村部农村合作经济指导司、农业农村部政策与改革司发布的《中国农村经营管理统计年报（2018 年）》。

(二) 更新农业经营管理要求

农村人口转移固然恶化传统农业生产条件，却有力推动土地流转与农业适度规模经营，在催生以职业管理素质、市场拓展能力、劳动生产技能、农技应用程度、资源利用水平等提高为基本要求的新型农业经营主体的同时，塑造以生产组织化、科技现代化、服务社会化、产品标准化、经营产业化为主要特征的新型农业经营体系，继而通过促进劳动生产率、土地产出率、资源利用率提升而改善农业经营管理状况。

1. 基于农村人口转移的要素资源外流危机：农业未来隐患消除与农业经营体系变革

作为中国长期的农业生产主力军，传统小农户中的青壮年家庭成员纷纷外出务工。"离村进城"意味着农民从农业中转移出来从事非农经营，一定程度上是其务农价值难以实现的自救行为与价值观念转变的外在表现。但同时，为消解源于农村人口转移的农业生产压力，甚至是确保农业作为一个独立产业存在，也迫使政府必须重视以增大土地和资本投入量来改变农业比较利润低下的事实。新型农业经营主体以规模化为主要特点、以集约化为主要方式、以商品化为主要目标、具有农村能人与乡村精英的显著特征，其开展适度规模经营的过程，亦是有别于小农户传统经营的加大资本投入、呼吁科技创新、提倡集约管理、强调社会服务、重视成本控制、提高生产资料和农产品定价权的过程，更是培育新型农业经营体系的过程。农业农村部发布的《2017年全国新型职业农民发展报告》显示，新型职业农民人均农业经营纯收入达到2.78万元，其中27.7%的超过城镇居民人均可支配收入；51.6%的新型职业农民销售农产品总额达到10万元以上，31.2%的土地经营规模超过100亩，70%以上的实现畜禽粪便、秸秆和农膜的资源化利用，70%的通过手机进行农业生产销售；68.79%的新型职业农民对周边农户起到辐射带动作用，人均带动30户农民。

2. 基于农村人口转移的现代农业发展良机：农业发展规律顺应与农业经营体系变革

中国农业长期因为超小规模经营特点而备受质疑，唯有优化重组生产要素,才能顺应产业发展规律。实践表明,农村人口转移是冗余乡村人力资源释放、稀缺农用土地资源整合、外部扶持资金资源投放、先进农业技术资源输入的重要机遇。据此,作为传统农业借助于农业发展环境变迁而向现代农业转变的平台,以改善生产要素重组后农业经营绩效为核心任务的新型农业经营体系便应运而生,并围绕于生产、组织、服务、营销等环节而不断推动农业多功能化、农业产业链条延伸、农产品质量提升等。

3. 基于农村人口转移的惠农对象创新契机:农业转型动力激发与农业经营体系变革

长期以来,中央决策层一直期望以变革来推动农业转型发展,而作为惠农资源承接实体的惠农对象则是重点创新环节,农村人口转移显然为此提供契机。源于小农经济分化解体,新型农业经营主体得以蓬勃兴起并能够为新时期农业转型发展注入新的带动力,展现出成为新支持对象的特质。从管理角度出发,农业规模经营者的组织化属性更强,在资源对接、政策贯彻、行为规范等领域无疑更易于严密的外部治理监管,更适合成为清晰的国家调控抓手。在积极承接各类惠农资源的前提下,新型农业经营主体在信贷融资担保、人力资本积累、高标准农田建设、社会化服务、合作组织发展、产业化经营、农产品精深加工等领域不断深化拓展,在引领农业转型发展趋势的同时亦为新型农业经营体系夯实支撑基础。

4. 基于农村人口转移的农业资本深化时机:农业资本投入增长与农业经营体系变革

传统小农生产下推进农业资本深化的成本极高[①]。农村人口转移客观上提高农户家庭整体收入水平、诱发农业生产劳动节约倾向、加快资本下乡进程、强化农业物质资本积累机制,继而为农业资本深化创造有利条件。伴随着农业资本投入不断增长,农业亦由传统劳动密集型逐渐向现代资本密集型转变。高度依赖资本要素意味着,农业生产在采用机械器具、化学用品、生物技术等来减少劳动力投入、缩短种植周期、改变农作物特

---

① 罗浩轩:《中国农业资本深化对农业经济影响的实证研究》,《农业经济问题》2013年第9期,第4–14页。

性的同时，也由根植于自然的农耕活动逐渐被改造成为依赖现代科技因素的工业化活动。由此，倒逼农业经营体系契合于资本的经济力量运作机制，根据产前农资供应、产中方式选择、产后产品销售的需要，以规模化经营、标准化生产、市场化运营等为目标而相应变革。

（三）强化农业社会化服务能力

农业规模经营在形式上并非仅仅代表着基于土地流转的土地规模经营，更涵盖基于生产、金融、信息、销售等农业社会化服务的服务规模经营。经过长期探索，尤其自农村人口转移等因素推动农业经营体系变革后，中国农业目前已经走出一条具有自身特色的多种形式适度规模经营之路。早在1983年中央"一号文件"中便首次提出农业"社会化服务"概念。1987年1月22日，中共中央政治局通过的《把农村改革引向深入》中强调，"有计划地兴办具有适度规模的家庭农场或合作农场……大力组织机耕、灌溉、植保、籽种等公共服务，以实现一定规模效益"，事实上已经提出"土地规模经营"与"服务规模经营"的双重路线。1990年12月1日，中共中央、国务院发布的《关于1991年农业和农村工作的通知》提出发展农业社会化服务体系，2004年之后，每年中央"一号文件"都会对健全农业社会化服务体系提出明确而具体要求。2008年，政府开始大力推动土地流转，同年，党的十七届三中全会通过的《中共中央关于推进农村改革发展若干重大问题的决定》亦提出，构建更强调整合、突出、发挥社会力量的新型农业社会化服务体系，并以家庭承包经营为基础、以公共服务机构为导向、以多元化和社会化的市场主体广泛参与为目标而不断完善。2016年，中央"一号文件"首次提出同步支持新型农业经营主体和新型农业服务主体。

农业社会化服务是指由专业化组织为农业生产者提供产前、产中、产后服务，其中，机耕、机播、机收、植保等方面服务是目前最常见形式。实践表明，源于农村人口转移，无论是"半工半耕"生计模式下视农业社会化服务为"刚需"的小农户，还是因土地流转规模有限而仍难以充分发挥现代农业设施作用的家庭农场、农民合作社、农业企业等新型农业经营主体，均具有细分经营权与外包生产环节的强烈倾向，以期通过节省劳力、节约成本、分工分业、提高质量、市场营销等而增效。就农业服务规模经营的兴起背景、发展逻辑及主要功能而言，一方面，农业规模经营强调适度性，加之农民减少与土地集中存在长期性，现阶段多数地区通过经营权流转方式所集中的耕地规模仍然较为有限，难以满足运行先进技术装备所需的必要规模。这在大规模机械化标准作业中体现得尤为明显，以至于新型农业经营主体从避免陷入极易亏损的"和面陷阱"角度出发，倾向于放弃自主购置固定投入大、使用频率低、专用属性强、品种类型多的农业机械，转而寻求社会化服务支持[1]。以家庭农场经营规模为例，全国范围内区域差异性较大，黑龙江省平均可达到407.3亩，但地处东部沿海地区的浙江省却仅为89亩[2]。即便耕地资源相对较好，黑龙江省情况仍不容乐观。最新型的进口大型拖拉机是550马力，在秋翻地的抢农季节，如果息人不息机，一昼夜可翻地5000亩地。以这样的拖拉机配套上全部农机具，没有上万亩耕地面积为作业单位，效率难以充分发挥。另一方面，仍然有数以亿计的小农户受青壮年劳动力外出影响，在主观上也具有通过购买服务来弥补劳动力不足且应用农业科技的需求，国家亦希望以发育农业社会化服务市场来助推小农户与现代农业发展有机衔接，这也决定了以小农户为基本面的中国农业必须创新适度规模经营思路。例如，全国小麦年播种面积约3.6亿亩且收割机械化水平超过90%，但并非所有农户都购置联合收割机，而是通过农机服务组织跨区作业等来实现[3]，这也几乎成为全球范围内满足小农户机械需求且高效利用农业机械的典范，既打破主流经济学家对于亚洲小农经济发展农机化的悲观预期[4]，又充分显示出农业生产性服务业具有广阔发展前景。截至2018年底，全国从事农业生产托管

---

[1] 周娟：《土地流转背景下农业社会化服务体系的重构与小农的困境》，《南京农业大学学报（社会科学版）》2017年第6期，第141-151页。
[2] 张红宇：《大国小农：迈向现代化的历史抉择》，《求索》2019年第1期，第68-75页。
[3] 陈锡文：《论农业供给侧结构性改革》，《中国农业大学学报（社会科学版）》2017年第2期，第5-13页。
[4] Otsuka K. Food Insecurity, Income Inequality, and the Changing Comparative Advantage in World Agriculture. Agricultural Economics, 2013, 44 (s1): 7-18.

的服务组织达到37万家,服务4191.5万农户,在耕、种、防、收四大生产环节农户接受托管服务的面积分别达到2.93亿亩、2.29亿亩、1.63亿亩、2.76亿亩[①]。

简言之,通过扩大现代农业技术的服务规模来弥补耕地经营规模不足,已经成为中国农业经营体系创新方面的一种独特要求。中国农业发展实践中正是强烈感受到生产性服务交易效率高于土地经营权交易效率的事实、深刻领悟到分工深化的多样化空间、充分意识到规模经营的多元化内涵,继而大力发展服务规模经营,并初步形成覆盖全程、综合配套、便捷高效的服务体系以及多层次、多形式、多主体、多样化的农业社会化服务格局。

二、基于劳动节约倾向的农业生产方式变化

农村人口转移造成农业劳动力"断层",农业生产中诱致出劳动节约倾向并助长了生产要素替代与生产资料商品化趋势。一方面,人工时间投入大幅度下降。以全国范围内水稻、小麦、玉米三种主要粮食作物为例,平均每亩用工数量由1978年的33.3日减少至1990年的17.3日,再下降至2018年的4.81日,40年间减少85.6%(如图2-3所示)。另一方面,

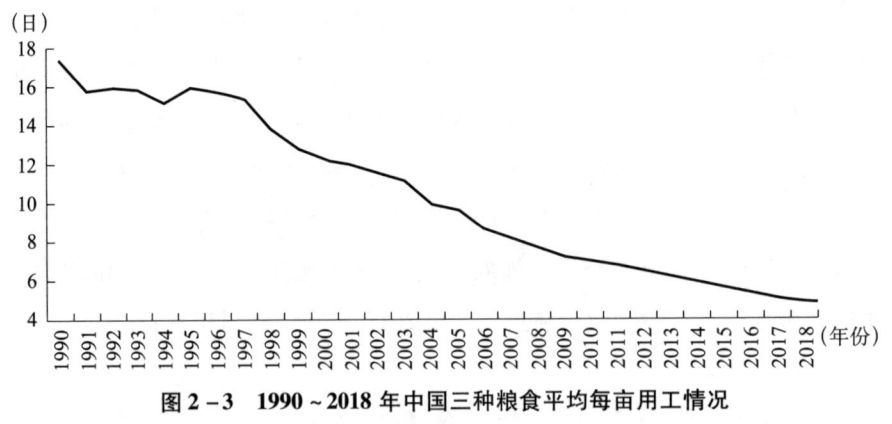

图2-3 1990~2018年中国三种粮食平均每亩用工情况

资料来源:根据国家发展和改革委员会价格司历年出版的《全国农产品成本收益资料汇编》相关数据整理而得。

---

① 数据来自农业农村部农村合作经济指导司、农业农村部政策与改革司发布的《中国农村经营管理统计年报(2018年)》。

以化肥、农药、机械、除草剂等为代表的资本投入迅速增长。根据《农业部关于印发〈到 2020 年化肥使用量零增长行动方案〉和〈到 2020 年农药使用量零增长行动方案〉的通知》，化肥施用对粮食增产的贡献率大体维持在 40% 以上。有研究指出，农业机械化对粮食产出起到显著促进作用，后者关于前者的弹性为 1.28[①]。

相关数据显示，1978 年全国化肥施用 884 万吨，到 2018 年折纯量增长至 5653.4 万吨，40 年间增长 539.5%，其中，2015 年达到历史最高点的 6023 万吨（如图 2-4 所示）；全国农药使用量从 1990 年的 73.3 万吨增长至 2018 年的 150.4 万吨，28 年间增长 105.2%，其中，2014 年达到历史最高点的 180.7 万吨（如图 2-5 所示）；全国农业机械总动力由 1978 年的 1175.0 亿瓦增长至 2018 年的 10037.2 亿瓦，40 年间增长 754.2%，大中型拖拉机、小型拖拉机、大中型拖拉机配套农具、联合收获机同期亦分别增长 657.6%、1224.3%、254.5%、10736.8%（见表 2-5）。此背景下，农业生产方式呈现出节约劳动和资本深化的明显变化，并产生诸多连带影响。

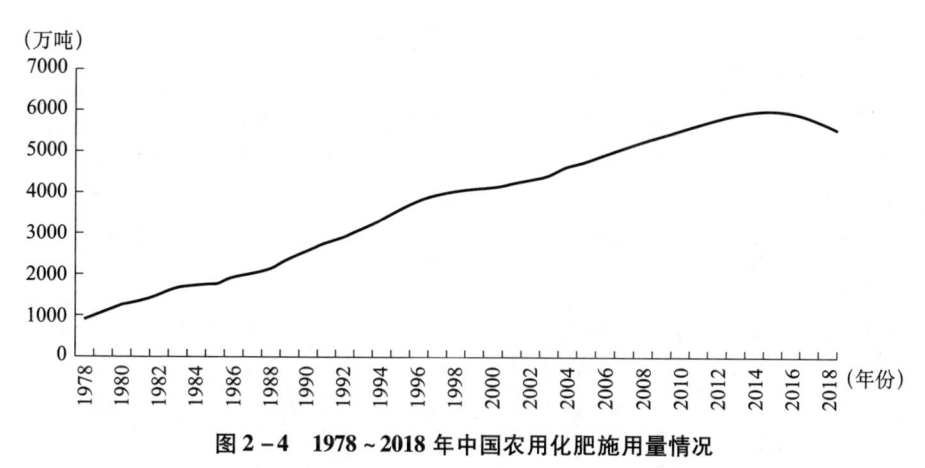

图 2-4 1978~2018 年中国农用化肥施用量情况

资料来源：根据国家统计局历年出版的《中国统计年鉴》相关数据整理而得。

[①] 周振、孔祥智：《农业机械化对我国粮食产出的效果评价与政策方向》，《中国软科学》2019 年第 4 期，第 20-32 页。

(万吨)

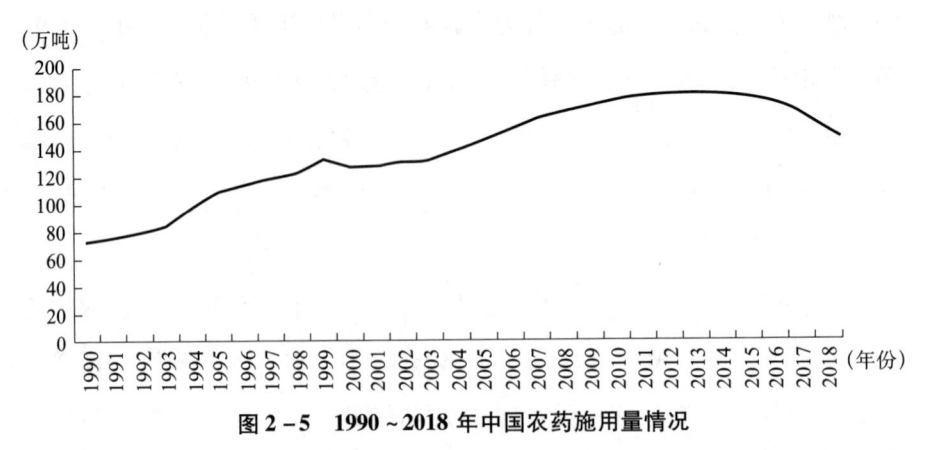

图 2-5　1990~2018 年中国农药施用量情况

资料来源：根据国家统计局农村社会经济调查司历年出版的《中国农村统计年鉴》相关数据整理而得。

表 2-5　　1978~2018 年中国主要农业机械年末拥有量

年份	农业机械总动力（亿瓦）	大中型拖拉机（万台）	小型拖拉机（万台）	大中型拖拉机配套农具（万台）	联合收获机（万台）
1978	1175.0	55.7	137.3	119.2	1.9
1979	1337.9	66.7	167.1	131.3	2.3
1980	1474.6	74.5	187.4	136.9	2.7
1981	1568.0	79.2	203.7	139.0	3.1
1982	1661.4	81.2	228.7	137.4	3.4
1983	1802.2	84.1	275.0	130.8	3.6
1984	1949.7	85.4	329.8	123.5	3.6
1985	2091.3	85.2	382.4	112.8	3.5
1986	2295.0	86.7	452.6	100.6	3.1
1987	2483.6	88.1	530.0	103.5	3.4
1988	2657.5	87.0	595.8	97.1	3.5
1989	2806.7	84.8	654.3	99.1	3.7
1990	2870.8	81.4	689.1	97.4	3.9
1991	2938.9	78.5	730.4	99.1	4.4
1992	3030.8	75.9	750.7	104.4	5.1
1993	3181.7	72.1	788.3	100.1	5.6
1994	3380.3	69.3	823.7	98.0	6.4
1995	3611.8	67.1	864.6	99.1	7.5

续表

年份	农业机械总动力（亿瓦）	大中型拖拉机（万台）	小型拖拉机（万台）	大中型拖拉机配套农具（万台）	联合收获机（万台）
1996	3854.7	67.1	918.9	105.0	9.6
1997	4201.6	68.9	1048.5	115.7	14.1
1998	4520.8	72.5	1122.1	120.4	18.3
1999	4899.6	78.4	1200.3	132.0	22.6
2000	5257.4	97.5	1264.4	140.0	26.3
2001	5517.2	83.0	1305.1	146.9	28.3
2002	5793.0	91.2	1339.4	157.9	31.0
2003	6038.7	98.1	1377.7	169.8	36.5
2004	6402.8	111.9	1454.9	188.7	41.1
2005	6839.8	139.6	1526.9	226.2	48.0
2006	7252.2	171.8	1567.9	261.5	56.6
2007	7659.0	206.3	1619.1	308.3	63.4
2008	8219.0	299.5	1722.4	435.4	74.4
2009	8749.6	351.6	1750.9	542.1	85.8
2010	9278.1	392.2	1785.8	612.9	99.2
2011	9773.5	440.7	1811.3	699.0	111.4
2012	10255.9	485.2	1797.2	763.5	127.9
2013	10390.7	527.0	1752.3	826.6	142.1
2014	10805.7	568.0	1729.8	889.6	158.5
2015	11172.8	607.3	1703.0	962.0	173.9
2016	9724.6	645.4	1671.6	1028.1	190.2
2017	9878.3	670.1	1634.2	1070.0	198.5
2018	10037.2	422.0	1818.3	422.6	205.9

注：自2000年起，大中型拖拉机、联合收获机统计口径变化，数字有调整；自2008年起取消渔用机动船指标；2018年大中型拖拉机和小型拖拉机的分类标准由发动机功率14.7千瓦改为22.1千瓦，大中型拖拉机配套农具口径改为"与58.8千瓦及以上拖拉机配套"。

资料来源：国家统计局农村社会经济调查司出版的《中国农村统计年鉴（2019）》。

（一）避免"资源要素剥夺"效应的同时加速农业科技进步

根据马克思主义理论，小土地所有制在其性质上是排斥机器与技术的，快速更迭的科学知识与技术手段只有在规模化的农业生产经营中才能得到有效利用①。实践表明，无论是二元经济模式下的农业"过密化"和"内卷化"状态，还是留守经济模式下的"老人农业"局面，均源于内部创新动力不足而不利于生产技术改进、采纳与扩散，唯有基于农村人口转移而形成必要农业作业规模，才能满足农业投入价值底线。同时，先进技术亦依托于劳动节约生产方式盛行而不断装备于农业领域，并促进农业生产要素市场发展壮大。农村人口转移背景下，资本对劳动的替代有益于农业生产稳定与农业全要素生产率增长，继而最大程度避免"资源要素剥夺"效应，这对于正处于投入激增期、建设提速期、发展关键期、改革攻坚期"四期叠加"新阶段的现代农业极其重要。

以农业机械化为例，全国农业耕种收综合机械化率由 1978 年的 20% 增长至 2018 年的超过 67%，年均增长 2.05%②。2017 年，全国正式登记成立的农机服务公司、作业队等农业机械化服务组织达到 187358 个，人员达到 2135990 人；农业机械户达到 41845496 个，人员达到 52677718 人；农业机械化中介服务组织达到 6355 个，人员达到 47084 人③。相关研究显示，农业劳动力占劳动力总量的比重每下降 1%，可促使农机总动力增长 1.85%；农业劳动力转移的收入效应和替代效应同样对农业机械化有显著促进作用，农户的工资性收入和农机投入每增加 1%，农机总动力将分别增加 0.2% 和 0.8%④。反过来，农业机械化亦进一步推动农村人口转移。1998~2012 年，农业机械化对农村劳动力转移的贡献度达到 21.59%⑤。据测算，农业耕种收综合机械化率每提高 1%，单位面积的小麦、水稻、玉米、大豆、棉花用工量将分别减少 3.12%、3.18%、2.58%、3.91%、

---

① 马克思：《论土地国有化》，《马克思恩格斯全集（第 18 卷）》，人民出版社 1964 年版，第 65 - 66 页。

② 龙新：《我国农作物耕种收综合机械化率超过 67%》，《中国农机化导报》2019 年 1 月 7 日第 001 版。

③ 数据来自中国机械工业年鉴编辑委员会、中国农业机械工业协会主编的《中国农业机械工业年鉴（2018）》。

④ 周晓时：《劳动力转移与农业机械化进程》，《华南农业大学学报（社会科学版）》2017 年第 3 期，第 49 - 57 页。

⑤ 周振、马庆超、孔祥智：《农业机械化对农村劳动力转移贡献的量化研究》，《农业技术经济》2016 年第 2 期，第 52 - 62 页。

2.42%，整体看，能够置换出大约 3% 的单位面积农业用工[1]。中国主要粮食作物全要素生产率的年均增长率长期位于世界前列，而技术进步正是农产品生产力增长的主要驱动力，对粮食增产贡献率高达 68%[2]。诚如陈开军等所言，"农村劳动力流动并不必然对农业发展造成负面影响，相反，农村劳动力流动与转移是农业技术进步和现代化发展的必要条件"[3]。

（二）推动生产成本上升的同时抬高农产品市场价格

农村人口转移引发农业生产方式转变，继而推动农业生产各类成本同步上扬。一是农民对务工机会成本愈发敏感，农业人工成本不断攀升。2000～2018 年，三种粮食（稻谷、小麦和玉米）平均每亩人工成本从126.35 元增长至 419.35 元、平均雇工日工资从 18.7 元增长至 122.93 元，年均分别增长 6.89% 与 11.03%，同时，平均每亩人工成本占总成本比重从 35.5% 增长至 38.3%，并自 2013 年起成为最大成本；两种油料（花生、油菜籽）平均每亩人工成本从 144.31 元增长至 619.57 元、平均雇工日工资从 17.7 元增长至 99.18 元，年均分别增长 8.43% 与 10.05%，同时，平均每亩人工成本占总成本比重从 42.2% 增长至 53.2%，并自 2012 年起超过总成本半数（如图 2-6 所示）。2018 年，稻谷、小麦、玉米平均每亩人工成本依次为 473.85 元、350.76 元、433.52 元，分别为美国同类产品的 3.95 倍、13.91 倍、12.05 倍，哈尔滨、上海、福州、南昌、长沙、广州、乌鲁木齐等地劳动力日工价已经超过 120 元[4]。二是农村土地经营权流动的市场化程度加深，土地成本开始上涨。2000～2018 年，三种粮食平均每亩土地成本从 46.96 元增长至 224.87 元，年均增长 9.09%，同时，平均每亩土地成本占总成本比重从 13.2% 增长至 20.6%；两种油料平均每亩土地成本从 47.54 元增长至 187.86 元，年均增长 7.93%，同时，平均每亩土地

---

[1] 杜学振：《我国农业劳动力转移与农业机械化发展研究》，中国农业大学出版社 2011 年版，第 101－102 页。

[2] 王济民、张灵静、欧阳儒彬：《改革开放四十年我国粮食安全：成就、问题及建议》，《农业经济问题》2018 年第 12 期，第 14－18 页。

[3] 陈开军、贺彩银、张永丽：《剩余劳动力转移与农业技术进步——基于拉—费模型的理论机制与西部地区八个样本村的微观证据》，《产业经济研究》2010 年第 1 期，第 1－8 页。

[4] 数据来自国家发展和改革委员会价格司出版的《全国农产品成本收益资料汇编（2018）》。

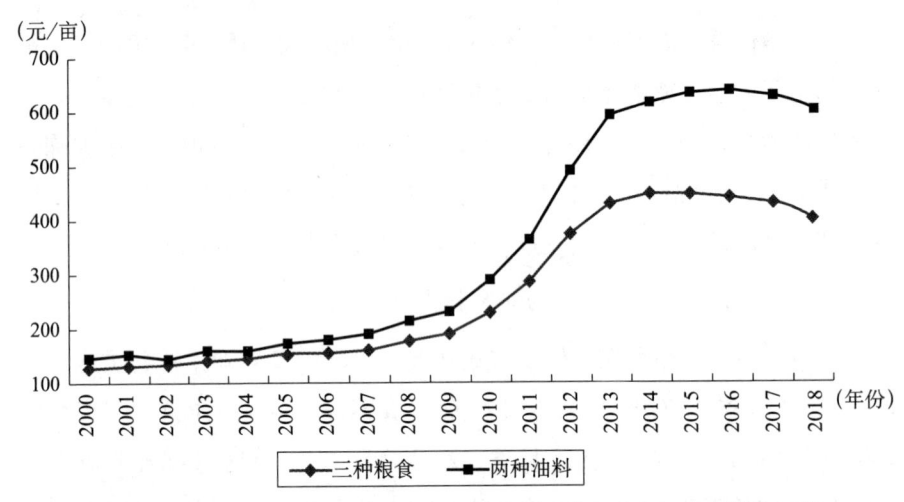

图 2-6　2000~2018 年三种粮食与两种油料平均每亩人工成本演变趋势

资料来源：根据国家发展和改革委员会价格司历年出版的《全国农产品成本收益资料汇编》相关数据整理而得。

成本占总成本比重从 13.9% 增长至 16.1%（如图 2-7 所示）。据研究，中国耕地租金已是美国 5 倍之上①。三是伴随着现代生产要素大量进入，农

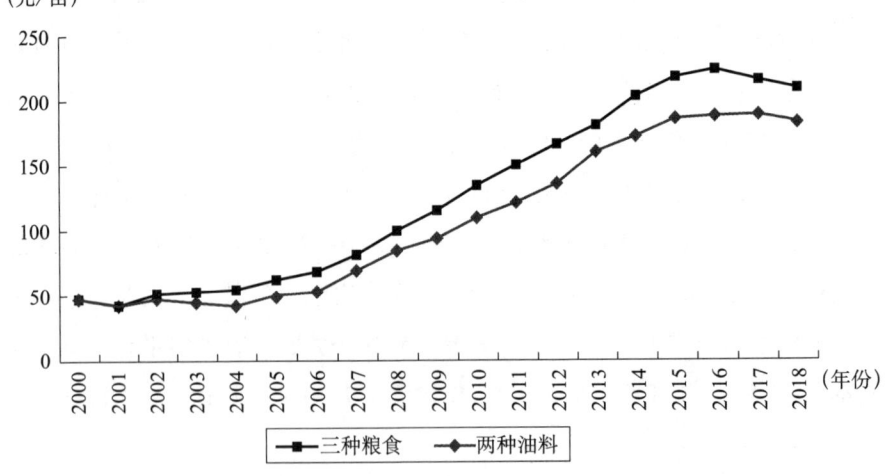

图 2-7　2000~2018 年三种粮食与两种油料平均每亩土地成本演变趋势

资料来源：根据国家发展和改革委员会价格司历年出版的《全国农产品成本收益资料汇编》相关数据整理而得。

---

① 农业部农产品贸易办公室、农业部农业贸易促进中心：《中国农产品贸易发展报告（2015）》，中国农业出版社 2015 年版，第 149-163 页。

业生产中机械化、化学化程度持续增加并抬升物质与服务费用。2000～2018年，三种粮食平均每亩物质与服务费用从182.87元增长至449.55元，年均增长5.12%；两种油料平均每亩物质与服务费用从150.28元增长至357.23元，年均增长4.93%（如图2-8所示）。以农业机械化推广为例，减轻农业劳动强度与提升农业生产成本相伴而生。1985～2018年，全国稻谷、小麦、玉米、大豆、花生、油菜籽、棉花平均每亩机械租赁作业费分别由1.81元、2.12元、0.97元、0.57元、0.63元、0.6元、1.01元快速增长至190.86元、138.29元、117.27元、85.33元、86.76元、77.53元、124.97元，占每亩现金成本的比重分别由3.7%、5.1%、2.8%、2.5%、1.3%、2.2%、1.6%大幅增长至29.4%、28%、27%、27%、17.2%、28.5%、12.1%。此背景下，国内稻谷、小麦、玉米、大豆、棉花单位产量成本分别在2011年、2010年、2001年、2004年、2012年超过美国。2018年，国内稻谷、小麦、玉米亩均成本依次为1223.64元、1012.94元、1044.82元，分别是美国的1.16倍、3.02倍、1.41倍（美元与人民币汇率按当年全年平均汇率计算）①。更为重要的是：基于农业加速步入高成本时代，农产品市场价格亦随之呈现刚性上涨态势。

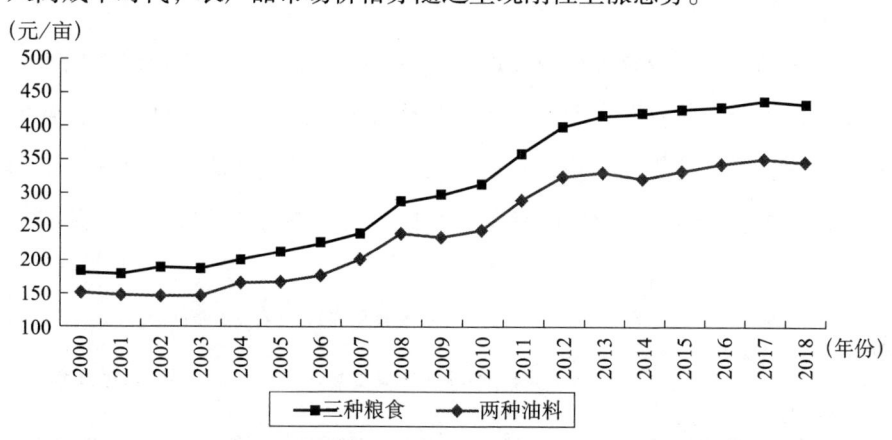

图 2-8　2000～2018年三种粮食与两种油料平均每亩物质与服务费用演变趋势

资料来源：根据国家发展和改革委员会价格司历年出版的《全国农产品成本收益资料汇编》相关数据整理而得。

---

① 数据来自国家发展和改革委员会价格司历年出版的《全国农产品成本收益资料汇编》。

三、基于石化产品盛行的农业资源利用方式变化

农村人口转移引发农业生产要素替代效应，虽然引起渐进累积的资本偏向型技术创新而推动农业现代化向纵深挺进，但同时呈现出农药、化肥、除草剂、地膜等石化产品大规模且不规范使用的客观事实。中国已经成为全球第一大化肥生产国和消费国，以及第二大农药生产国和第一大消费国①。1961～2013 年，中国农作物单位面积化肥施用量增长 45 倍，明显高于同期世界其他国家增幅②。中国农作物每公顷化肥施用量自 1984 年起长期高于 225 公斤的国际公认安全上限，更远高于 120 公斤的世界平均水平，约为美国的 2.6 倍、欧盟的 2.5 倍③。据联合国粮食及农业组织统计，2005～2009 年，中国每公顷耕地施用农药约为美国的 4.68 倍、印度的 51.5 倍④。以往小麦、玉米从苗期至收获期一般喷施大约 3 次农药，现在小麦、玉米从播种后就开始喷施苗前除草剂、粗缩病，生长期喷施苗后除草剂、控旺增产剂以及各类钻心虫、螨虫、蚜虫等灭虫剂、杀菌剂等⑤。此外，2015 年，全国农膜使用量为 260.4 万吨，相当于欧美各国和日本使用量总和⑥。

如上所述，农业资源利用方式已经由传统生态农业逐渐转向现代石化农业，过度依靠物资要素投入来弥补劳动力过度流失，并过度追求粮食增产的结果便是农业粗放经营、农地产能透支、生产成本增加、资源约束趋紧与环境过度超载。如此，既有碍农业社会与生态功能发挥，更危及农业

---

① 倪洪兴：《我国重要农产品产需与进口战略平衡研究》，《农业经济问题》2014 年第 12 期，第 18 – 24 页。
② 全世文、于晓华：《中国农业政策体系及其国际竞争力》，《改革》2016 年第 11 期，第 130 – 138 页。
③ 数据来自《农业部关于印发〈到 2020 年化肥使用量零增长行动方案〉和〈到 2020 年农药使用量零增长行动方案〉的通知》（农发〔2015〕2 号）。
④ FAO Statistical Yearbook: World Food and Agriculture. Rome, 2013.
⑤ 蒋辉、张康洁：《粮食供给侧结构性改革的当前形势与政策选择》，《农业经济问题》2016 年第 10 期，第 8 – 17 页。
⑥ 魏后凯、刘同山：《论中国农村全面转型——挑战及应对》，《政治经济学评论》2017 年第 5 期，第 84 – 115 页。

可持续性发展与农产品质量安全。

第三节 农村人口转移、传统农户生计模式改变与农户生存状态变革

立足国情,绝大多数农村转移人口已经成为职业与户籍非同步转换、城市工作与农村土地兼顾、家庭成员跨时空分离、代际更替不间断的特殊群体,类似"候鸟"一般迁徙于城乡间,标志着以务农为主业的传统农户生计模式正在向多元化方向演化,并在体现"非城非乡,亦工亦农"特征的同时促发自身生存状态变革。

一、基于农民分化的农户阶层结构变革

"三农"作为一个被各界普遍接受的政策概念,成功地将社会主体、社会空间、社会生产统合成一组具有内在关联的问题,以至于"农民"长期以一个同质性整体的面目呈现在世人面前[1]。事实上,伴随着经济社会快速转型,农民在地区之间、村庄之间、家庭之间、代际之间出现日趋明显的分化并愈发成为一个由不同类型行为主体构成并相互产生作用的"组合体",故将农民视作同质化概念并据此认识中国"三农"和城乡融合问题正在面临严峻挑战。农民分化意味着农村经济管制放松、农民经济自主权扩展、城乡要素流动性增强以及要素配置效率提高[2]。长期以来,"三农"取得的发展成就与整个国民经济的高速增长,均与农民分化高度相关。显然,农民群体分化势必导致农户阶层变革,即由一个相互之间无多区别的同质化社会群体演化为地位和发展前景迥然不同的异质化的多个社

---

[1] 严海蓉、陈航英:《农村合作社运动与第三条道路:争论与反思》,《开放时代》2015年第2期,第180–200页。
[2] 高帆:《中国乡村振兴战略视域下的农民分化及其引申含义》,《复旦学报(社会科学版)》2018年第5期,第149–158页。

会阶层[①]，并成为改革开放后农村经济社会的重大结构性变化。

（一）农户阶层结构的双向性变革：农内与农外

农户阶层结构变革具有双向性特征，一方面，因为部分农户兼业乃至离农而打破传统纯农户格局；另一方面，仍留守于农内的农户也逐渐在经营规模、生产方式、市场理念等方面呈现差异性，形成小农户与新型农业经营主体共存的现象。就上述两种变革而言，农村人口转移无疑均是重要致因之一，并且至少通过以下方式发挥影响作用。

1. 改变家庭财富积累速度

非农经营在拓展收入来源的同时加速家庭物质资本积累，继而强化农户向农外分化。农村人口转移的外因固然可归结于宏观发展环境变迁，内因则在于"大国小农"背景下广大小农户的超小规模经营特点决定其低下的劳动生产率已经难以适应社会工资率上升形势，以至于广大农民为实现家庭收入水平提升，选择通过非农就业来跳出西奥多·W. 舒尔茨所言的"有效率但贫穷"的小规模生存型农业。反过来，物质资本不断积累又会进一步固化农村转移人口的离农、弃农等意识和行为。事实上，部分农民作为精英群体之所以能够从农业劳动者阶层中脱离，多数是通过外出务工经商等渠道来"闯市场"而实现的。更有学者指出，继陆续形成全国性农产品市场与劳动力市场后，外出务工行为亦在客观上推动全国性婚姻市场形成，欠发达地区乡村青年女性跨区域外嫁较发达地区现象亦逐渐增多[②]。

2. 改变家庭成员就业结构

人口转移改变了农户家庭成员中务工生产者与务农生产者比例，间接导致处于不同家庭人口周期的农户具有非均衡收入水平。伴随着农民职业由以务农为主业转变为务农与务工并重，尤其是青壮年劳动力普遍外出务工，农户整体收入水平实际上取决于家庭成员的职业构成，更进一步讲，

[①] 郭剑雄：《劳动力转移、资本积累与农户的双向分化》，《内蒙古社会科学（汉文版）》2019年第1期，第112–118页。

[②] 贺雪峰：《三大全国性市场与乡村秩序》，《贵州社会科学》2019年第11期，第38–43页。

则取决于家庭成员的年龄结构①。换言之，农户家庭中越多成员属于青壮年，就会有越多成员可能成为外出务工的生产者，家庭收入就越可能增加；反之，农户家庭中越多成员属于极老极幼者，就会有越多成员可能成为留守务农的生产者以及纯消费者，家庭收入就越可能会相对增长滞后。尽管家庭人口周期存在循环性特征②，但农户收入来源多元化与家庭成员构成差别化这两项基本事实，仍然共同影响到农户在经济层面的阶层差异。

3. 改变发展要素配置格局

人口转移动摇了农村要素资源配置格局，致使农村劳动力、土地和资本的组合方式出现多样性。一方面，相当部分的家庭主要成员外出务工的兼业户与举家外出的离农户，倾向于通过将所承包土地短期或长期外租来减少甚至是放弃土地，并将家庭财富主要投向城镇购房等非农领域。有研究认为，大致从 2010 年甚至更早开始，农民（工）购房已经成为农村资金流出最大途径③。国家统计局发布的《2018 年农民工监测调查报告》显示，13506 万进城农民工中约 19% 购房，按套均购房款 30 万元计算，总额约为 76984.2 亿元，明显超出汇款回乡村的数额。另一方面，农村人地关系与农业开放程度皆因人口大量转移而开始松动，农户总体数量减少与部分农户发展壮大相伴而生。部分农户通过自发流转、市场租赁等各种方式转入土地，在扩大经营规模的同时也借助于生产资料商品化而不断增加农业资本投入，逐渐成长为有别于小农户的新型职业农民。

（二）农户阶层结构的三大主体现状：离农与留农

分化是创新的基础，变革是发展的前提。农民群体分化既是中国实现现代化、解决"三农"问题的必由之路，又是小农经济遭受冲击而开始解

---

① 20 世纪初期，恰亚诺夫便曾经强调过家庭人口周期对农民分化的重要影响，并将由此所形塑的农民分化模式称为"人口分化"。
② 即当前家庭成员多为青壮年的农户，随着时间消逝将可能也成为老年人居多的家庭；当前家庭成员多为极老极幼者的农户，未来也可能因生命周期而成为青壮年人口占多数的家庭。
③ 张玉林：《21 世纪的城乡关系、要素流动与乡村振兴》，《中国农业大学学报（社会科学版）》2019 年第 3 期，第 18–30 页。

体的表征，更在加剧乡土社会变迁的同时重塑农户阶层结构，这也引起理论界广泛关注。一方面，诸多学者聚焦于微观视角来解读具体农户阶层。例如，基于弱势群体角度，快速城镇化耕地流失造成的数千万失地农民、"离村进城"的数亿农民工，以及"上学靠贷款、毕业即待业"的数百万农家学子已经组成不容忽视的新"三农"群体[1]；基于农村中等收入群体角度，可划分出"半工半耕""家庭农场经营""兼业经商""非正规就业"四大群体[2]；基于全职型农户，划分为规模经营农户和老年型、弱能型、资源禀赋型小农户[3]。另一方面，更多学者侧重于从宏观视角出发来辨析农户阶层的整体性变革。例如，从农业经营专门化程度和农业生产要素投入强度两维度出发，当前小农户可分化为退出型小农、自给型小农、兼业型小农、发展型小农四种类型[4]；依据资源要素配置方式，当前农民可划分为传统农民、离乡农民、离土农民、内源式新型农民、外源式新型农民五种类型[5]；若就一般性农业地区而言，大致包括进城户、半工半耕户、中农、老弱病残户四种代表性农户，大体分别占据总量的 10%、70%、10%、10%[6]。结合已有文献，依托于农村人口转移与城乡融合发展的时代背景，以农户与农业、农村的联结程度为分析维度，以"谁还是农民"为基本导向，本书认为，当前中国农户阶层的大致结构如下。

1. 已分化的离农户

一方面，得益于经济发展与制度安排，相当部分农村转移人口在外出务工经商过程中，通过个体奋斗实现"全职非农"并举家搬离村庄，重新返回农村生产生活的可能性极低，已经成为市民化的重点对象。另一方面，以返乡农民工为主体，县乡"非正规就业"群体日渐成型，如企事业

---

[1] 刘彦随：《新型城镇化应治"乡村病"》，《人民日报》2013 年 9 月 10 日第 005 版。
[2] 杨华：《中国农村中等收入群体研究》，《经济学家》2017 年第 5 期，第 26–35 页。
[3] 吴业苗：《城镇化进程中的小农户分化与升级》，《社会科学》2019 年第 9 期，第 74–84 页。
[4] 郭晓鸣等：《中国小农的结构性分化：一个分析框架——基于四川省的问卷调查数据》，《中国农村经济》2018 年第 10 期，第 7–20 页。
[5] 高帆：《中国乡村振兴战略视域下的农民分化及其引申含义》，《复旦学报（社会科学版）》2018 年第 5 期，第 149–158 页。
[6] 贺雪峰：《论中坚农民》，《南京农业大学学报（社会科学版）》2015 年第 4 期，第 1–6 页。

单位中管理与营销人员，农村的厨师、司机、理发师、电工、电焊工、建筑师、装修工、汽车修理工等技术服务人员，此类离土半离乡农户同样已经完全脱离农业[①]。2008~2018年，全国举家外出农民工数量由2859万人增长至3760万人[②]。由此可知，离农户在中国普遍存在。

2. 半务农的兼业户

中国经济没有发展到能够为大多数进城农民提供在城市体面安居的就业与收入机会[③]，绝大多数外出人员所在家庭仍然需要仰仗"以代际分工为基础的半工半耕"模式来实现劳动力再生产，加之大量从事运输、饲养、商业服务等行业的本地农民工[④]与医生、教师等农村半公职人员仍然保有农业生产，以至于兼业户成为当前中国农户主体，包括以农业为主、兼业为辅的"Ⅰ兼农户"与以兼业为主、农业为辅的"Ⅱ兼农户"。目前，国内学术界基本认可全国农户总兼业率已经超过70%的事实[⑤]。

3. 未分化的纯农户

此类农户多数基于劳动力数量少、家庭生活负担重等原因而难以获得工资性收入，依然以务农为主业。作为中国经济史上长期的最基本经济单位，纯农户虽然自改革开放后比重不断下降且日趋沦为弱势阶层，但仍然与半务农的兼业户共同构成农业生产主力军。同时，尚有一类群体有少量兼业行为，却以务农收入为家庭主要经济来源，按职业属性可以近似归类于纯农户，即包括新型农业经营主体与新型农业服务主体在内的家庭农场主、农民合作社领办者、农业企业家、农业生产服务专业户等新型职业农民。该类群体一般脱胎于传统农户，或是通过土地流转来经营中小规模土地，或是围绕农业产前、产中、产后各环节提供专业化服务，并与小农户

[①] 杨华：《中国农村中等收入群体研究》，《经济学家》2017年第5期，第26-35页。
[②] 数据来自国家统计局历年发布的《全国农民工监测调查报告》以及国家统计局网站历年发布信息，http://www.stats.gov.cn/。
[③] 贺雪峰：《新一代农民工能否回到农村去》，《经济导刊》2015年第4期，第64-759页。
[④] 此类仍保留农业生产的本地农民工与上文中完全脱离农业的县乡"非正规就业"群体共同构成广义的本地农民工，人数为1亿多人。
[⑤] 王跃梅、姚先国、周明海：《农村劳动力外流、区域差异与粮食生产》，《管理世界》2013年第11期，第67-76页。

在务农权利、资源、收益的分配上产生竞争。此外,部分学者认为,农村还存在一类凭借自发土地流转而形成中等经营规模、完全依靠自家劳动力、以务农为主业的"中农"群体[①][②]。本书认为,目前国内学术界对"中农"的定义较为模糊,尤其是与小农、家庭农场的区别仍然有待廓清。据此,"中农"与小农户、家庭农场之间存在交叉现实和转化可能,具有过渡性质,故虽可视作"中坚农民"但暂时不宜单列分析。综上,内嵌于农村经济社会演变过程,农户阶层得以分化与整合。尽管当前农民分化存在非彻底性,但多数农户在社会资源、人际关系、家庭观念、消费习惯、生产生活方式、利益需要、资源配置方式等方面已经逐渐失去趋同性,并衍生出意愿诉求多元化与行为方式多样化,阶层变革在所难免。

二、基于半工半耕的农户收入结构变革

研究显示,中国农户兼业行为始于 1984 年[③]。鉴于经济发展水平仍待提升与制度功效发挥尚需时日,农村人口转移具有不稳定性,也决定了兼业经营作为一种农业经济形态将在较长时期内存在。事实上,不仅已经实现市民化的农村转移人口几乎都曾经历过兼业化阶段,而且在工业化背景下,兼业化也是许多国家和地区小农户的共性,而非中国特色。考虑到兼业常态化,立足于农村集体土地制度、城乡二元结构与农村传统家庭制度[④],半工半耕已经成为大多数农户普遍且稳定的就业模式,既宣告农村由"全耕时代"迈向"半耕时代",又昭示农户在获得务工与务农两类家庭收入的同时实现自身收入结构变革。

(一)农户整体收入水平逐年增加

较之于城乡居民人均可支配收入比最悬殊的 2009 年的 3.33∶1,2019

[①] 杨华:《"中农"阶层:当前农村社会的中间阶层——"中国隐性农业革命"的社会学命题》,《开放时代》2012 年第 3 期,第 71 - 87 页。
[②] 贺雪峰:《论中坚农民》,《南京农业大学学报(社会科学版)》2015 年第 4 期,第 1 - 6 页。
[③] 高强:《现阶段我国农户兼业经营特点及评价》,《中国经济问题》1998 年第 1 期,第 26 - 30 页。
[④] 杨华:《中国农村的"半工半耕"结构》,《农业经济问题》2015 年第 9 期,第 19 - 32 页。

年该比例下降至2.64∶1且相对差距连续第十年缩小，距离世界银行估测的全球平均经验数据2.5∶1更近一步①。随着农民所获得的市场机会不断增多与可自主利用市场机会的程度不断增强，现金工资性收入与工资性收入分别自2013年与2015年起超过现金经营净收入与经营净收入，开始成为农村居民人均现金可支配收入与人均可支配收入的第一大来源且所占比重不断提高（见表2-6）。此外，由于农村土地经营权流动加剧，由此所派生的农户财产性收入亦明显提高，而国家不断加大支农惠农力度也提高相关转移性收入。1978~2019年，农村居民恩格尔系数从67.7%迅速下降到28.2%②，而联合国对恩格尔系数划分标准为30%~40%属于相对富裕。2018年，农村居民人均可支配收入为14617.0元，其中，工资性收入为5996.1元且占比41%，经营净收入仅为5358.4元且占比36.7%③。然而，农户收入来源多元化也造就另一项基本事实，即农村生活消费商品化趋势日益加剧。以1978~2018年农村居民人均食品烟酒消费支出为例，支出额由78.59元增长至3645.6元，增长4538.8%；现金支出额由18.91元增长至3226.3元，增长16961.3%；现金支出比重则由24.1%增长至88.5%，增长64.4个百分点（如图2-9所示）。此外，2018年农村居民人均衣着、居住、生活用品及服务、交通通信、教育文化娱乐、医疗保健、其他用品及服务的支出额分别达到647.7元、2660.6元、720.5元、1690.0元、1301.6元、1240.1元、218.3元，现金支出额分别达到647.2元、1084.0元、709.0元、1685.0元、1300.5元、997.4元、212.7元，现金支出比重分别达到99.9%、40.7%、98.4%、99.7%、99.9%、80.4%、97.4%④。

---

① 彭超、刘合光：《"十四五"时期的农业农村现代化：形势、问题与对策》，《改革》2020年第2期，第20-29页。

② 刘伟：《疫情冲击下的经济增长与全面小康经济社会目标》，《管理世界》2020年第8期，第1-7页。

③ 魏后凯等：《中国农村经济形势分析与预测（2018-2019）》，社会科学文献出版社2019年版，第42-47页。

④ 数据来自国家统计局出版的《中国统计年鉴（2019）》。

表 2-6　　　　　　　　2013~2018 年农村居民人均收入情况　　　　　　单位：元

年份	可支配收入/现金可支配收入	工资性收入/现金工资性收入	经营净收入/现金经营净收入	财产净收入/现金财产净收入	转移净收入/现金转移净收入
2013	9429.6/8747.1	3652.5/3639.7	3934.9/3378.0	194.7/194.2	1647.5/1535.2
2014	10488.9/9698.2	4152.2/4137.5	4237.4/3620.1	222.1/224.7	1877.2/1715.9
2015	11421.7/10577.8	4600.3/4583.9	4503.6/3861.3	251.5/251.5	2066.3/1881.2
2016	12363.4/11600.6	5021.8/5000.8	4741.3/4203.9	272.1/272.1	2328.2/2123.8
2017	13432.4/12703.9	5498.4/5470.9	5027.8/4547.0	303.0/303.0	2603.2/2383.0
2018	14617.0/13912.8	5996.1/5961.3	5358.4/4969.5	342.1/342.1	2920.5/2639.9

资料来源：国家统计局历年出版的《中国统计年鉴》。

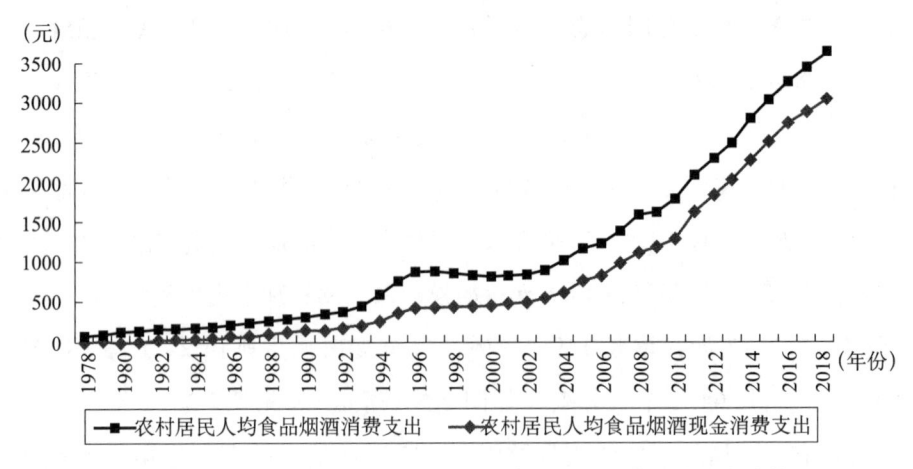

图 2-9　1978~2018 年农村居民人均食品烟酒消费支出演变趋势

注：因统计口径变更，"商品性消费"于 1993 年调整为"货币性消费"，2001 年又调整为"生活消费现金支出"，2011 年再次调整为"消费现金支出"；自 2011 年起，"生活消费支出"调整为"消费支出"；自 2014 年起，"食品"调整为"食品烟酒"。

资料来源：根据国家统计局历年出版的《中国统计年鉴》相关数据整理而得。

（二）农户之间收入差距不断拉大

无论是农民群体分化，还是农户阶层变革，职业和收入均是主要划分标准。伴随着市场经济体制完善与改革开放深入，均等化程度较高的传统农村社会逐渐瓦解，具有不同资源禀赋的异质性农户在收入水平上开始呈现出明显差距。2006~2018 年，全国收入排名前 20% 农村居民的人均收入增速与增长量分别是排名后 20% 农村居民的 143.7% 与 1029.4%。2018

年，全国收入排名前20%农村居民的人均可支配收入是排名后20%农村居民的928.6%（见表2-7）。某种意义上，在城乡收入差距缩减背景下，包括城镇内部和农村内部在内的结构反差加剧已经成为中国城乡差距问题的新形态[①]。

表2-7　2006~2018年农村居民按五等份分人均收入情况　　单位：元

年份	低收入户	中等偏下户	中等收入户	中等偏上户	高收入户
2006	1182.5	2222.0	3148.5	4446.6	8474.8
2007	1346.9	2581.8	3658.8	5129.8	9790.7
2008	1499.8	2935.0	4203.1	5928.6	11290.2
2009	1549.3	3110.1	4502.1	6467.6	12319.1
2010	1869.8	3621.2	5221.7	7440.6	14049.7
2011	2000.5	4255.8	6207.7	8893.6	16783.1
2012	2316.2	4807.5	7041.0	10142.1	19008.9
2013	2877.9	5965.6	8438.3	11816.0	21323.7
2014	2768.1	6604.4	9503.9	13449.2	23947.4
2015	3085.6	7220.9	10310.6	14537.3	26013.9
2016	3006.5	7827.7	11159.1	15727.4	28448.0
2017	3301.9	8348.6	11978.0	16943.6	31299.3
2018	3666.2	8508.5	12530.2	18051.5	34042.6

注：因统计口径变更，"人均纯收入"于2013年调整为"人均可支配收入"。
资料来源：国家统计局历年出版的《中国统计年鉴》。

需要特别指出的是，当前农户收入结构变动特点亦衍生出新思考：一是新常态下农民工资性收入增长不再可能继续保持以往速度，农民群体持续增收路在何方？二是鉴于经营净收入，尤其是第一产业经营净收入占农户总收入比重不断降低，依靠现有惠农政策来调动农民务农积极性的效果势必弱化，农业产业后续支持何去何从？三是伴随着农户之间收入差距愈发明显，农村社会未来稳定计将安出？上述疑问是农户在内化与重整中国一系列制度政策与社会安排的影响后，通过半工半耕模式来参与现代化进程的必然后果，理应成为决策层正视的紧迫现实，有待通过更加科学化、

[①] 高帆：《新时代我国城乡差距的内涵转换及其政治经济学阐释》，《西北大学学报（哲学社会科学版）》2018年第4期，第5-16页。

精细化地调整惠农政策来予以有效防范与妥善解决。

三、基于代际分工的农户家庭结构变革

作为一种农户经济模式，半工半耕以家庭成员分工为基础，在改革开放初期曾经表现为性别分工，当前主要体现为代际分工，即青壮年外出务工获取工资性收入，老年人留守务农继续获取家庭经营收入。代际分工是农户在市场经济浪潮下，回应城市劳动力市场需求等外部条件所开展的家庭内部人力资源优化配置行为，旨在实现经济收益与福利回报最优化，却不免造成家庭结构变革。核心家庭[①]、主干家庭[②]等中国农村传统家庭主要形式往往具有同代分家、成员确定、财产明晰、生活独立等显著特征，但在青壮年劳动力大规模外出务工背景下，各子代小家庭均积极主动与母家庭保持紧密联系，存在各子代通过形式上不分家而向父代靠拢的家庭整合趋势，意图仰仗父代来解决农业劳作、儿童抚养、看家守院等普遍性遗留问题并保留日后返乡退路，有学者将其形象地概括为一种新式的"三代家庭"[③]。此类家庭形式的核心功能在于提升子代小家庭应对城市化风险和参与农村社会性竞争的综合能力。所谓分工，事实上并非仅限于经济学概念中的职业范畴，更涉及社会学意义上的家庭职责重构，且由于家庭成员隔代分离而引发严峻的留守群体问题。

1. 留守老人的健康状况和生活质量双双下降

农村青壮年劳动力大量外流既减少了对老年人提供日常照料的可能性，也没有发现增加经济支持予以弥补的明显迹象[④]。同时，过多承担子代转移的生活压力，父代的权利与福利难以有效保障。甚至于在外出务工加剧、村庄竞争强化、子代压力增加、资源配置不均、代际关系变动的背

[①] 核心家庭是指两代人组成的家庭，其成员包括父母及未婚子女。
[②] 主干家庭即"三代家庭"，是指父母和一个已婚子女或未婚兄弟姐妹生活在一起所组成的家庭形式。
[③] 杨华：《中国农村的"半工半耕"结构》，《农业经济问题》2015 年第 9 期，第 19 - 32 页。
[④] 张胜荣、聂焱：《欠发达地区农村劳动力外流对老年人经济支持影响的实证研究——以贵州省大方县响水乡以堵村中寨队为例》，《清华大学学报（哲学社会科学版）》2012 年第 4 期，第 46 - 54 页。

景下，老年人在部分地区反而成为农村自杀高危群体①。农村代际关系出现严重失衡，尤见于广大中西部地区。简言之，人口流动对中国农村养老支持体系的影响已经引起各界前所未有的关注。

2. 留守儿童的成长情况不容乐观

早在2007年的一项调研发现，全国被拐卖儿童中，流动儿童比例占据第一位，留守儿童比例占据第二位②。丁继红等根据中国营养与健康调查（CHNS）1997~2011年六轮家庭数据，研究发现，父母外出务工对农村留守儿童的受教育情况造成显著的负面影响③。更有研究指出，留守儿童营养不良问题突出，且家庭收入提高对改善所有留守儿童营养状况并无明显作用④。2004年5月，教育部基础教育司召开"中国农村留守儿童问题研究"研讨会，标志着留守儿童问题正式进入政府工作日程。2016年3月，民政部、教育部、公安部联合印发通知，根据《国务院关于加强农村留守儿童关爱保护工作的意见》中"父母双方外出务工或一方外出务工另一方无监护能力，无法与父母正常共同生活的不满十六周岁农村户籍未成年人"的定义，在全国范围内首次组织开展农村留守儿童摸底排查工作，统计结果是902万人⑤。2018年，民政部最新统计数据显示，农村留守儿童总量下降至697万余人⑥。客观而言，代际分工尽管为农户经济改善与国民经济建设提供强有力支撑，却是以家庭的生活残缺、关系割裂与发展风险为代价，且在当前经济发展阶段极易形成"农民工的父母稳守农村后方，农民工的子女成为新农民工"的循环隐患。

---

① 杨华：《分化、竞争与压力的社会配置——对农村两类高危群体自杀行为的理解》，《人文杂志》2019年第4期，第117-128页。
② 全国妇联：《全国农村留守儿童状况研究报告（节选）》，《中国妇运》2008年第6期，第34-37页。
③ 丁继红、徐宁吟：《父母外出务工对留守儿童健康与教育的影响》，《人口研究》2018年第1期，第76-89页。
④ 田旭、黄莹莹、钟力、王辉：《中国农村留守儿童营养状况分析》，《经济学季刊》2017年第1期，第247-276页。
⑤ 事实上，若以"父母一方外出务工、不满十八周岁"为标准，普遍认为中国留守儿童约为6102万人。
⑥ 《2018年农村留守儿童数据》，民政部网站，2018-08-01，http://www.mca.gov.cn/article/gk/tjtb/201809/20180900010882.shtml。

第四节　农村人口转移、传统农村社会形态改变与农村社会环境变迁

中国农村人口率先转移的一般是承载着较高人力资本存量的优质劳动力。农村综合能力越强的群体往往也是越早、越主动从事非农经营的群体。据此，农村一代又一代的青年人外出务工和生活在客观上打破了劳动力空间布局的原始均衡状态，既是城市与发达地区持续获取"人口红利"并高速发展的过程，又是本就薄弱的农村人力资本进一步减少并逐渐改变传统农村社会形态的过程，乡村凋敝必然加剧农村社会环境变迁。

一、基于人口空心化的农村人居生活环境变迁

农村人口"空心化"泛指农村青壮年劳动力大量流入城市，导致农村人口和农村青壮年人口比例双双下降，农村剩余人口多数是老人、妇女和儿童[①]。农村青壮年劳动力转移在客观上导致以人口规模减小与结构失衡为表现、以社会秩序与管理规范趋于失效为结果的农村人口空心化局面，并因削弱生产生活活力而降低农村人居生活环境质量。

（一）村庄生态环境受农业生产要素替代影响

农村市场化改革取向对中国改革和经济增长意义重大。但是，这种农村改革在释放农民积极性和提高整个社会资源配置效率的同时，整体上呈现粗放发展轨迹。伴随着现代生产要素对劳动的替代，在普遍依靠各种设施和化学投入品来人为改变农作物生长环境的同时，也通过对土壤、水体、空气的立体交叉污染而极大损害村庄生态环境。2013~2018年，全国2591个县域中生态环境质量较差和差的县域面积占国土总面积的比重始终维持在30%以上（如图2-10所示）。在818个国家重点生态功能区县域中，较之于2016年，2018年生态环境质量变好的县域仅占比9.5%，而变

---

① 周祝平：《中国农村人口空心化及其挑战》，《人口研究》2008年第2期，第45-52页。

差的却占比 11.4%[①]。《全国农业可持续发展规划（2015—2030 年）》显示，当前全国水土流失面积为 295 万平方公里，年均土壤侵蚀量 45 亿吨，沙化土地为 173 万平方公里，石漠化面积为 12 万平方公里。正是高强度、粗放式的农业生产方式导致农田生态系统功能退化，亟待建立农林、农牧复合生态系统。自 2015 年起，农业已经超过工业成为全国范围内最大的面源污染产业。环境保护部发布的《2015 年环境统计年报》显示，2015 年全国废水中化学需氧量排放量与氨氮排放量分别达到 2223.5 万吨与 229.9 万吨，其中，来自农业的分别占比 48.1% 与 31.6%。早在 2005 年 8 月，习近平同志在浙江省安吉县余村调研时便已经提出著名的"两山理论"，即"我国过去讲既要绿水青山，又要金山银山。其实，绿水青山就是金山银山"。这既可理解为乡村振兴中"生态宜居"内涵的来源，也昭示出乡村发展应进一步重视生态、生活、生产价值的统一。

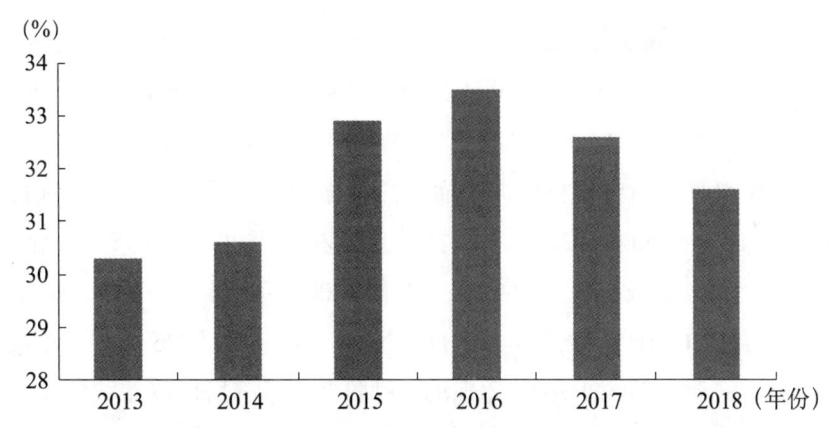

图 2-10 2013~2018 年全国生态环境质量较差和差的县域面积占国土面积的比重变化趋势

注：2017 年数据缺失，以 2016 年与 2018 年数据平均值来替代。

资料来源：根据环境保护部（现更名为生态环境部）历年发布的《中国生态环境状况公报》相关数据整理而得。

（二）社区设施环境受农村建设主体缺位影响

如果说家庭联产承包责任制实施后，农村组织化程度不断下滑成为基层治理的最大隐痛，农村人口转移则进一步恶化此趋势。无论是前期农业

[①] 数据来自生态环境部发布的《2018 年中国生态环境状况公报》。

税费征缴，还是当下惠农资源输入与支农项目落地，在由各级政府直接面对两亿多分散复杂小农户的情况下，难免因申报、筛选、核查、支付、评估、监督等管理成本过高而影响实际效果。大量优质劳动力转移导致村庄发展逐渐失去"主体性"，甚至有沦为非整个社会有机组成部门的危险，即村民之间以及村民与村庄组织之间源于空间距离拉大而明显减少联系，大大削弱了以血缘、亲缘、地缘为纽带而联结的传统乡土社会关系，以至于村社成员的集体感、协作力、向心力、凝聚力等均严重下滑。这在造成农村各阶层之间因为缺乏润滑剂与缓冲器而难以有效互动的同时，也决定社区的基础设施、公共服务、公益事业等因为丧失整合力量而缺少建设主体，突出表现在村级自筹公共投资规模偏小、社区公共品供给不足、农村公共生活退化等方面。有学者直言，中国10%的村庄终究会成为城市一部分，60%的村庄会逐渐凋敝，最终只剩下30%的中心村[①]。2006～2017年，农村行政村数量由549003个减少至533017个，年均减少约1453个；其中，2013～2017年，500人以下的行政村数量由109653个减少至94230个，年均减少约3856个，占总量比重从20.4%减少至17.7%，体现出"人走屋空村衰"背景下村庄搬迁撤并的整体趋势，同时，也倒逼农村发展思路再调整。2006～2017年，农村自然村数量由2709078个减少至2448785个，年均减少约23663个；其中，2007～2016年，200人以下的自然村数量由1280455减少至1200117个，年均减少约8926个，占总量比重从48.4%减少至45.9%[②]，体现出乡村凋敝背景下居民点缩减的客观状况，同时，也倒逼农村基本建设再规划（见表2-8）。

表2-8　　　　　　　2006～2017年全国村庄数量基本情况

年份	行政村数（个）	500人以下的行政村数（个）	500人以下的行政村占比（%）	自然村数（个）	200人以下的自然村数（个）	200人以下的自然村占比（%）
2006	549003	—	—	2709078	—	—
2007	571611	—	—	2647035	1280455	48.4

---

① 李昌平：《警惕乡村规划设计陷入城市化误区》，《文史博览》2014年第8期，第34页。
② 数据来自住房和城乡建设部历年出版的《中国城乡建设统计年鉴》。

续表

年份	行政村数（个）	500人以下的行政村数（个）	500人以下的行政村占比（%）	自然村数（个）	200人以下的自然村数（个）	200人以下的自然村占比（%）
2008	568779	—	—	2666455	1284940	48.2
2009	567507	—	—	2713893	1309180	48.2
2010	563542	—	—	2729820	1311448	48.0
2011	553677	—	—	2669494	1274660	47.7
2012	551453	—	—	2669596	1255199	47.0
2013	537195	109653	20.4	2649963	1229836	46.4
2014	546699	110065	20.1	2701828	1260017	46.6
2015	542080	102214	18.9	2644620	1212396	45.8
2016	526160	92575	17.6	2616837	1200117	45.9
2017	533017	94230	17.7	2448785	—	—

资料来源：根据住房和城乡建设部历年出版的《中国城乡建设统计年鉴》相关数据整理而得。

二、基于村庄原子化的农村文化传承环境变迁

乡村文化是相对于城市文化的区域性文化，是农民在长期生产生活过程中创造和形成的精神文明的总和，内容主要涉及理想、感情、信念、价值观、道德、风俗、生活方式、行为规范等方面[1]。农村人口大规模转移情况下，公共事务逐渐丧失整合主体与组织基础，尤其是具有突出领导力与广泛号召力的"乡村贤达"，继而造成集体成员归属感与村级组织治理力双双弱化，村庄原子化现象日益凸显，即村庄因村落社区这一社会结构基本单元解体而呈现失序状态。此背景下，农村传统文化面临迷失与解构的严重危机，因被忽视、被破坏、被取代而身处传承困境。

（一）缺乏必要延续者导致农村文化发展后劲削弱

农村公共人物缺失引发农村文化内生力量缺失，加之以经济利益和物质消费为主流价值导向的城市文化不断冲击以及传统文化传承保障体系欠缺，衍生出包括理想、感情、信念、价值观、道德、风俗、生活方式、行

---

[1] 孙天雨、张素罗：《农村劳动力转移对乡村文化转型的影响及对策》，《河北学刊》2014年第4期，第164-167页。

为规范等在内的农村文化传统退化现象，突出表现在多样化且精耕细作的农业难以为继、农村婚姻家庭关系维系难度加大、大量区域性乡土文化形式灭绝、农村日常文化生活渐趋物质化、乡村文化阵地不断流失等。简言之，具有韧性特质的乡土性已经逐渐消减，农村既逐渐丢掉原来的"壳"，也逐渐丢掉原来的"魂"，有沦落为"记忆中的故园"的危险。

（二）缺乏足够参与者导致农村文化服务供给乏力

农村中坚阶层外流引发农村公共文化活动因为缺少必要的群众参与而日益弱势化，突出表现为文化服务供给因缺乏有效抓手而"错位"甚至是"缺位"，反过来又在精神生活层面上进一步刺激青壮年劳动力转移。2004～2017年，县以下文化市场经营机构数量占全国总量的比重基本维持在20%左右；从业人员数量大体在20万人上下徘徊，且存在稳中有降趋势；营业收入与利润总额整体上升，但占全国总量的比重却在低位波动下滑。2017年，农村文化市场经营机构的个数、从业人员、营业收入、利润总额分别仅占全国总量的23.1%、10.3%、5.0%、5.1%（见表2-9）。

表2-9　2004～2017年全国县以下文化市场经营机构基本情况

年份	机构数（个）	全国占比（%）	从业人员（人）	全国占比（%）	营业收入（亿元）	全国占比（%）	利润总额（亿元）	全国占比（%）
2004	56726	18.3	211684	11.6	—	—	10.58	15.10
2005	59399	18.1	234875	16.9			11.14	10.9
2006	60956	19.1	205772	14.9			15.1	12.1
2007	64044	20.2	197313	14.3			19.87	11.8
2008	60642	19.8	176503	12.5			22.65	11.8
2009	48496	20.2	170514	13.2			37.58	10.7
2010	49897	20.4	177416	12.8			41.89	11.2
2011	50775	20.7	194100	12.3			50.04	9.2
2012	51561	21.4	188409	11.7	—	—	47.29	7.7
2013	51808	22.9	196849	13.6	242.75	17.8	50.87	13.9
2014	52126	23.7	188250	14.2	345.22	21.4	118.37	25.3
2015	54883	23.7	190508	12.2	146.13	4.9	43.83	4.4
2016	58207	24.0	197503	12.3	274.61	6.1	40.99	4.0
2017	59508	23.1	178059	10.3	483.95	5.0	62.09	5.1

资料来源：根据文化和旅游部历年出版的《中国文化文物统计年鉴》相关数据整理而得。

客观而言，农村人口转移所带来的许多消极效应，很大程度上均是以诱致农村文化传统断裂为引线而衍生且扩散开来的，传统文化价值体系逐步崩溃势必导致以"安土重迁""熟人社会""重视传统""差序格局""礼治秩序""无为政治"等为统合规则的农村社会发生重大变化，继而潜移默化地通过干预到农民的价值观、生活观、认同感等而影响到其心态、意识与行为，以至于在生产生活各方面产生各类负面问题。这也决定了当前加强农村文化建设的必要性和紧迫性，尤其是不能再出现"农民上楼"等之类破坏农耕文化、乡土文化的事情。正如 2017 年 12 月习近平总书记在江苏省徐州市马庄村调研中，针对实施乡村振兴战略所言，"实施乡村振兴战略，不能光看农民口袋里的票子有多少，更要看农民的精神风貌怎么样"。

三、基于产业空洞化的农村经济发展环境变迁

正是数十年来大量高素质、高技能的劳动力不断集中于城市与发达地区，进而有力支撑了中国低成本工业化之路。然而，其背后却是以剥夺农村与欠发达地区的劳动力资源与经济发展机会为代价，最终呈现为人口输出地产业空洞化，即产业层面上承接、集聚、调整、辐射、转型等能力持续降低。此背景下，部分城市急剧膨胀与多数乡村快速凋敝共存，部分城市凸显繁荣与多数乡村活力锐减并行，凸显出农村经济发展环境极其艰难。

（一）农村可持续发展因"虹吸"效应强化而难以积聚动能

乡村衰落归根结底在于因产业长期不旺而经济收益甚微，既削弱农户务农动力，又无法阻挡难以过上体面生活的年轻人和村庄经济精英外流。换言之，若难以增加劳动回报率，无论是农业作为一个产业，还是农民作为一个群体，又或者农村作为一个区域，都无法保证发展可持续性。脆弱的产业基础决定农村产业往往具有规模有限、定位同质、结构雷同、层次低下、竞争乏力等特征，愈发强化农村人力资本向中心区域聚拢的"虹吸"效应，并衍生出乡村衰败向外围地带扩散与蔓延的现象，突出表现在

因缺乏足够产业支撑以至于小城镇往往沦为纯消费的"空心型"城镇,其衰落亦逐渐具有普遍性,尤见于中西部主要劳务输出地。如此,势必加剧城乡不平衡发展态势,既因影响农村人口有序转移而干扰新型城镇化空间布局,又因周边经济萧条区域扩大而进一步削弱乡村振兴所需的人力、财力、物力等发展力量。

(二)农村赶超式发展因"回流"效应弱化而难以形成新的经济支撑点

以"输出打工者、引回创业者、带动就业者"为特征的回流劳动力返乡创业一直是各界所关注的农村赶超式发展模式,也得到国家相关政策的鼓励与支持[1],并由此引发"回家工程""归雁经济"等众多学术讨论。理论上讲,外出务工经历有利于回流劳动力的视野开拓、技术提升、创业融资和人力资本积累,并有助于破解乡村经济活力低下困局以及缓解基层人才匮乏、"三留守"群体、农村人口老龄化、村庄衰落、乡土文化凋零等一系列"乡村病",继而缩小城乡发展差距,但现实进程却难以乐观。根据2016年11月全国农村固定观察点调查数据,2012年以来,仅有3.1%的农户有家庭成员返乡创业,其中从事农业及相关行业比重达到47.3%[2]。国家发展和改革委员会发布的《农村一二三产业融合发展年度报告(2017年)》显示,2017年,全国返乡创业人员超过740万,其中返乡农民工约536.5万,仅占当年外出农民工总量的3.1%。换言之,当前返乡创业的农民工规模极为有限,仍然无法达到真正的"主体性回归"效果。究其根源,主要原因在于衰败已久的乡村缺乏稳定的投资平台、就业岗位、建设项目、收入来源和获利机会,难以坚定农民工尤其是新生代农民工返乡创业成功的信心并调动其回流的欲望,继而难以在短期内塑造新的乡村经济增长点,并达到学者们所期待的"乡村新的人口红利""乡村人力资本革命"等高度[3]。

---

[1] 国务院办公厅先后于2015年6月和2016年11月颁布《关于支持农民工等人员返乡创业的意见》和《关于支持返乡下乡人员创业创新促进农村一二三产业融合发展的意见》。

[2] 彭超:《我国农业补贴基本框架、政策绩效与动能转换方向》,《理论探索》2017年第3期,第18-25页。

[3] 厉以宁:《"城归"将成为新的人口红利》,《理论与当代》2017年第2期,第33-37页。

第三章 "三农"转型对惠农政策效果的影响分析

农村人口转移是当前讨论中国农村经济社会变革的特定背景与必要前提。惠农政策实施于此环境中，其效果亦应置于相应外部约束条件下予以考察与判断[①]。换言之，有待以农村人口转移改变"三农"格局为研究的逻辑起点，思考"三农"转型对惠农政策效果的具体影响。近十余年，中央决策层积极借鉴国际经验，以项目推动与转移支付为主要抓手而不断提高介入"三农"的广度与深度，凸显政府惠农态度并激发社会爱农之心。2004~2020年，全国粮食生产连年丰收与农民增收连年加快的事实有力彰显出惠农成效，但繁荣背后亦暴露出发展短板不断凸显、产品结构不甚合理、生产成本居高不下、资源环境不堪重负、乡村活力日趋低下、政策边际效益递减等紧迫问题，既彼此之间交叉影响，更与宏观经济环境及国际市场环境相联系，共同导致"三农"发展面临一系列新挑战。这同时昭示出连续执行多年的惠农政策已经在一定程度上出现模式偏差与效果弱化。究其根源，主因之一在于："三农"转型提速期与国家惠农关键期的"双期叠加"营造出另一番局面，即动态演变的"三农"格局导致惠农政策运行环境面临极大不确定性，极易干扰顶层设计者对政策实施客体的评估，并延误对政策构成要件的调试，继而妨碍政策有序执行，最终影响政策效果。

[①] 经济问题本质上便是约束条件下的目标最大化。

第一节 "三农"转型与惠农政策模式偏差

农业农村现代化进程中，任何惠农政策及其工具手段、表现形式、核心内容等都具有特殊时代背景与阶段性使命，同时，存在正面效应即刻产生并逐渐衰减、负面效应滞后出现且累积放大的基本规律。当前，中国惠农政策体系虽然日趋成型，但相当比例的主体性政策出台于 21 世纪之初，尤其是党的十六大之后，如农业补贴与农产品价格支持两大惠农举措均实施于 2004 年，这也决定惠农政策模式构建主要以制定期"三农"发展的基本状况、客观环境、主要矛盾、社会期盼等为依据。考虑到世纪之交"三农"发展的艰难处境，惠农政策侧重于弥补历史欠账及满足发展所需，致力于增强惠农事业的动力与保障，落脚于提升惠农工作的组织水平与推进程度。据此，借助于充分调动行政资源，尽力拓展支持范围，尽早出台政策举措，尽先实现农民受益，继而尽快构建政策框架成为彼时惠农工作重心。国际经验表明，农业政策需要及时总结及创新，才能不断顺应时势。以美国为例，自 20 世纪 30 年代大萧条实施农业保护政策以来，大致每五年更新一次农业法案[1]。再以日本为例，自 2000 年 3 月基于《食物农业农村法》而制定《食物农业农村基本计划》后，每五年会对《基本计划》进行一次修订[2]。立足于当前农村人口转移以及由此引发的农村经济社会转型新形势，相当部分早期惠农政策的操作平台、实施对象、执行手段、交易成本涌现诸多新变数，但基本模式却缺乏足够调整，所暴露出一系列相关问题亟待重视。

一、惠农政策操作平台模糊

惠农政策需要以操作平台为支撑来凸显切入点，开展以任务为导向的

---

[1] 程国强：《我国粮价政策改革的逻辑与思路》，《农业经济问题》2016 年第 2 期，第 4 – 9 页。
[2] 马红坤、毛世平：《从防御到进攻：日本农业支持政策转型对中国未来选择的启示》，《中国软科学》2019 年第 9 期，第 18 – 30 页。

分工与整合，继而保证配置性财政资源、权威性组织资源、配套性社会资源的集中使用与重点投放。传统惠农政策平台连续运行多年，时效性逐渐弱化。其中，现代农业支持政策平台偏好于围绕农户家庭生产架构，难以应对源于农村社会流动频繁的土地流转盛行、农业经营主体变革、农业社会化服务兴起等新情况，且相对忽视对农业规模经营、新型职业农民扶持、农业生产结构调整、农业国际竞争力增强等新问题的充分考虑；农民收益保障政策平台侧重于围绕农民务农收入架构，难以适应源于农户生计模式转变的农村生产生活资料商品化、农户家庭结构变化、农户收入结构变化等新特征，且相对忽视对农村产业融合、资源激活、观念创新等增收新路径的综合辨析；农村经济社会发展政策平台缺乏稳定性，一般性公共服务与非生产性支持有所不足，既相对忽视对村庄整治规划、资源环境保护等新焦点的足够关注，又愈发面临源于人力资本流失激化、传统文化传承受挫等负面因素的农村公共品供给不足窘境。概括而言，基于对粮食安全与农民增收两大基本目标的长期重视，以往惠农政策平台架构多以广大农民的生产动力激发与生活福利改善为主要标准，面对由农村人口转移所形塑的新的村域经济关系、要素配置方式、社会阶层结构而应对不足，继而难以在新时期充分聚合惠农资源并发挥助力乡村振兴的功效。据此，理应在乡土社会加剧变迁的同时重新厘定惠农政策执行载体，引领农业农村在解决新矛盾的条件下实现以产业体系完备、市场竞争力增强、资源配置趋优、产能结构合理、主体活力十足等为主要标志的更高质量发展。

二、惠农政策实施对象分化

惠农政策对象无疑应该是惠农工作的关键抓手，并成为惠农资源的承接实体。以往惠农政策实施对象选择存在惯性思维，相对忽视农村人口转移所引发的相关分化状况。一是静态性。农村人口转移由来已久，但真正意义上的土地大规模流转与农户阶层明显分化却主要发生于近十余年，也直接导致农业经营主体逐渐产生由单一农户转向多元并存的重大变化。总体看，中国未来将大致形成以小农户为基础、以家庭农场为骨干、以农民合作社为中坚、以农业企业为引领、以农业社会化服务组织为支撑的新型农业经营体系。事实上,广大小农户和新型农业经营主体将长期共存,这也正是人多地少型国家的农业发展普遍规律。二是孤立性。局限于"三农"领域内部而缺乏外部融合及市场联系。大量实践表明,"三农"整体呈现的弱质性决定了若继续坚持"就农论农"的传统理念,发展及支持效应将极为有限。21世纪以来,在先后经历"城乡统筹""城乡一体化"等不同阶段后,中国已经进入"城乡融合"的发展新时期,并加快形成工农互促、城乡互补、全面融合、共同繁荣的新型工农城乡关系。据此,亟待"跳出农内看农外",以更为开放眼光与开阔视野来看待符合市场发展规律、强调城乡互惠共生、有助资源优化配置、代表未来发展走向的涉农群体、村落类型及产业形式,继而更好地锁定惠农政策的主要群体对象、重点地域对象及关键产业对象。三是同质性。将"三农"整体视作帮扶客体而未能凸显重点,在农村已经由"总体性社会"转向"分化型社会"的现实情境下,相对忽视当前农业供给侧矛盾凸显、农业经营主体多元化、农户阶层分化、村落非均衡演变等既有事实,以及由此产生的不同个体在发展贡献与支持诉求上的差异性,继而造成资源使用的效率不高与潜力难以完全释放。

三、惠农政策执行手段失灵

惠农工作是长期化、系统性、协同性事业,在由框架构建进一步转向体系完善的过程中,其政策执行手段亦理应结合经济社会演变趋势而递进转变。然而,针对当前农业农村在发展方式、经营体系、市场特征、建设基础、动力机制、效益特点等方面的动态变化,惠农方式却在很大程度上存在"路径依赖"与"决策时滞"弊端,即惯性沿袭前期工作思路,缺乏主动调整而产生失灵状况,以至于部分惠农政策陷入执行困境。例如,农业补贴渐成普惠制,加上源于土地流转与农业经营主体变化的补贴对象错位,生产刺激效应严重下滑;村级公益事业一事一议、财政奖补政策因农村人口空心化而造成运行平台失灵、议事效果弱化与筹资能力不足。换言之,惠农政策往往会因缺乏稳定性和持续性而弱化承载力和合理性,以财力不济、资源错配、效率丧失、活力下降、信号扭曲等为表现的政策效应衰减及产生负面效果只是一定且迟早发生的事情。近年来，国内农业发展中暴露出农产品安全格局失衡、生产质量失信、市场价格失真等突出问题，既导致所有农产品都有待从整体上提高国际竞争力，又宣示农业施政核心目标应相机转变。据此，有待在推动政府—市场关系良性化的基础上，挖掘惠农政策着力点并创新政策执行手段。

四、惠农政策交易成本上涨

近年来，财政惠农资金支出的争议焦点不在规模而在效率。按照不完全数据，2014年各级政府"三农"投入若依据同一口径比较，约为欧盟与美国总和的3倍[①]。2010~2017年，全国平均转移性收入占农民人均总收入比重由7.65%增长至19.4%，有学者通过国别比较分析指出中国此类转移性收入已经接近天花板[②]。但同时，政策交易成本不断上涨亦严重影响到惠农资金使用效率。农业行政管理成本是指农业行政管理部门在管理和解决农业经济和社会、文化问题时所发生的全部成本[③]。惠农政策系统中的问题构建系统、制定系统、执行系统、评价系统、监督系统等各子系统的责任主体、管理主体与落实主体分别属于不同政策部门与执行机构，相互之间缺乏足够沟通与协作，加之个体有限理性、机会主义行为与部门主义倾向，导致农业行政管理成本始终居高不下。这一特征在农村人口转移背景下被进一步放大。具体而言，农村人口流动性加剧势必不断干扰惠农政策执行环境的稳定性，势必增加惠农政策的预研、设计、执行、评估、监管、纠错等领域的管理难度及执行费用，并提高在项目申报、项目审批、项目立项、资金拨付、预算管理、运行控制等方面的中间成本，以至于中央决策层一直期望通过整合涉农资金、简化运行流程、完善项目对

[①] 党国英：《中国农业发展的战略失误及其矫正》，《中国农村经济》2016年第7期，第2-14页。

[②] 崔红志：《乡村振兴与精准脱贫的进展、问题与实施路径——"乡村振兴战略与精准脱贫研讨会暨第十四届全国社科农经协作网络大会"会议综述》，《中国农村经济》2018年第9期，第1-9页。

[③] 张梅、刘国民：《基于现代农业视角的农业行政管理体制创新研究》，中国农业出版社，2012年，第62-63页。

接、明确政策指向等举措来强化惠农工作的主体激励、内部协调、产出评价与内外监督，继而在保障惠农效果的同时有效控制政策交易成本。

第二节 "三农"转型与惠农政策效果弱化

农村人口转移作为决定变量，与其衍生的农业发展方式变化、农户生存状态变革、农村社会环境变迁等一系列中间变量，在共同推动"三农"产生深刻且复杂的结构性转型的同时，亦给惠农政策执行带来诸多不可控因素，很大程度上弱化政策效果。据此，有必要根据各类惠农政策的影响差异性与效应异质性，择定代表性政策进行分类考察。当前，国家惠农政策类型较多、规模较大、用途较广，为分析惠农政策效果增加难度。本书从必要性与可行性角度出发，以政策功能为划分依据，大致将现行惠农政策划分为现代农业支持、农民收益保障、农村经济社会发展三大类，并力图透视"三农"转型对惠农政策效果的影响机理（如图3-1所示）。

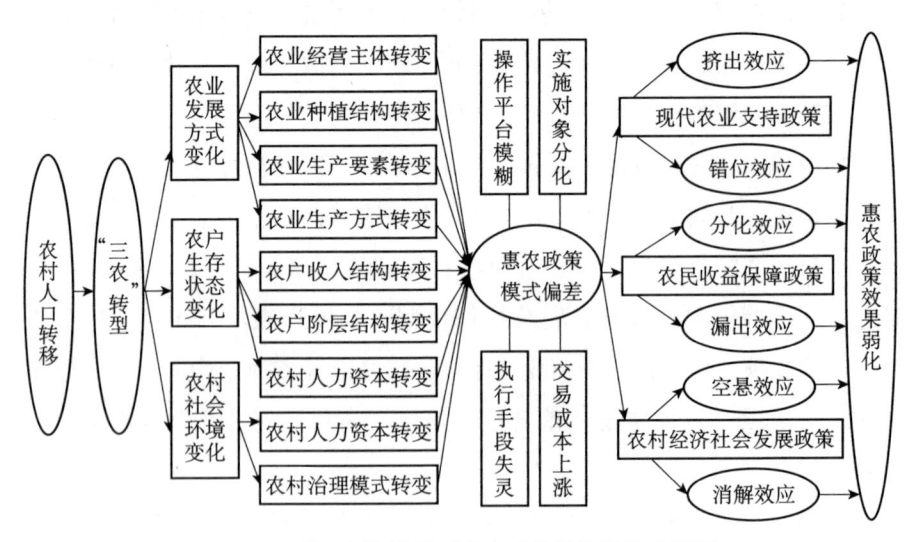

图3-1 "三农"转型对惠农政策效果的影响机理

一、现代农业支持政策的"挤出效应"与"错位效应"

现代农业支持政策旨在以提升农业现代化水平来增强农业综合生产能

力，强调技术装备现代化与经营管理现代化，继而在保障粮食安全与农产品有效供给的基础上，稳步推进农业经济持续、健康、协调发展。实践表明，基于农村人口转移，农业经营主体、农业种植结构、农业生产要素等转变明显，致使现代农业支持政策一定程度上凸显"挤出效应"与"错位效应"。

以种粮直补、良种补贴、农资综合补贴三项农业补贴政策为例。一方面，存在对农业经营者的挤出并引发支持对象错位。农业补贴长期以家庭承包面积为依据、以小农户为对象、以资金管理效率为核心、以直接补贴为方式，最关键的是以普惠性为特点，并未充分考虑到近年耕地利用方式变动与农业经营主体变革的客观状况。既在土地承包者与真正务农者相分离的环境下，因近似于"凭地领钱"的"大锅饭"而有违公平；又在补贴受益者与农业经营者相脱钩的环境下，因近似于"撒胡椒面"的"毛毛雨"，尤其是缺失对新型农业经营主体的倾斜性支持而有违效率，继而难以有效刺激生产与促进增收。研究显示，2004年农业补贴增量与粮食增产量相关系数一度高达0.52，2007年则下降至0.06，此后更趋近于0[1]。另一方面，存在对非粮农产品与传统生产要素的挤出并引发支持方式错位。农业补贴的政策设计初衷在于保障粮食安全与降低农户生产资料成本开支，但并非意味着要以牺牲农产品多样性为代价和以鼓励过度依赖化学投入品为手段。但实践中，农业补贴因路径依赖而惯性瞄准于促进粮食生产与弥补农药、化肥等农业生产资料成本上涨所造成损失，在持续加大政策支持力度且早早失去政策弹性与调整空间的同时，相对忽视因务农人员老弱化而加重农业种植结构向粮食作物单一倾斜和因农业生产要素替代而加剧农业生产中资本—劳动投入比刚性上升的现实情境，继而引发农产品多样性受损和农业资源环境恶化的弊端。实证研究指出，农业补贴政策在发挥农业规模效应的同时亦显著加重农业面源污染[2]。

---

[1] 彭超：《我国农业补贴基本框架、政策绩效与动能转换方向》，《理论探索》2017年第3期，第18-25页。
[2] 吴银豪、苗长虹：《我国农业支持政策的环境效应研究：理论与实证》，《现代经济探讨》2017年第9期，第101-107页。

上述多种因素综合作用下，农业补贴的实践效果备受争议，且因干扰农产品品种、品质、成本的安全而强化农业供给侧矛盾。据此，2016年国家果断将连续执行12年的种粮直补、良种补贴、农资综合补贴三项农业补贴合并成为农业支持保护补贴，并在2017年再度将农业支持保护补贴合并入新设置的农业生产发展资金，整合后资金将重点投向耕地地力保护、适度规模经营、优势特色主导产业发展、农业结构调整、农村一二三产业融合、绿色高效技术推广服务、新型职业农民培育等领域。

二、农民收益保障政策的"分化效应"与"漏出效应"

农民收益保障政策意在以健全源于农业和农村的农民收入内生增长机制来强化农业产业发展源动力，强调提高农业经济回报率，继而在防止城乡居民收入差距持续扩大的前提下避免农业发展停滞。实践表明，基于农村人口转移，农业生产方式、农户收入结构等转变明显，致使农民收益保障政策一定程度上凸显"分化效应"与"漏出效应"。

以农产品价格支持政策为例。国家继2004年与2006年分别出台稻谷与小麦最低收购价政策之后，又在2008~2012年先后执行玉米、大豆、油菜籽、棉花、食糖临时收储政策，政策设计初衷在于解决卖粮难题、维持市场价格并稳定增加农民收入水平。然而，伴随着农村人口转移，农业生产要素禀赋格局中呈现劳动等农户自有生产要素比例下降而化肥、农药、机械、种子、大棚等非自有生产要素比例上升的同步置换现象，继而导致农业生产收益分配格局中农资等部门所占比重不断提高而农户所得份额则不断萎缩。例如，在农业社会化服务过程中，"外包"生产环节尽管为小农户带来方便，但也因支付机械、技术、营销等服务费用而稀释、降低农户经济收益。根据占取主义理论，工业资本正是依托于技术进步，不断加强对农业领域渗透、控制，通过对农业不同环节改造、重组，从农业中不断占取剩余以形成资本积累，并造成广大小农户被不断排斥与边缘化[①]。

---

① Goodman D, Sorj B, Wilkinson J. From Farming to Biotechnology: A Theory of Agro-industrial Development. Basil Blackwell, 1987: 1-2.

换言之，农业生产要素替代与农业生产方式转化相伴而生，且进一步因农业生产要素各自贡献度变化而影响农业最终收益分配比例关系。据此，源于农产品价格支持的政策性增收果实事实上在农业生产资料日益商品化、市场化的进程中，被"分化"给各类生产要素所有者，而本应是主要获益者的农民在农产品价格上涨中反倒获益甚少[①]，政策性保障福利严重"漏出"。研究表明，最终农产品价格中生产者所得比例已经由1999年的56%下降至2010年的43%[②]。考虑到农业生产纯利润相对有限，加之家庭收入来源日趋多元化，农户对于务农增收与政策增收的信心下降。

此外，鉴于粮食连年增产但农民增收仍不明显，突出体现在2009年城乡居民人均可支配收入比达到历史最高点的3.33∶1以及2010年基尼系数达到历史最高点的0.437，这便倒逼农产品支持价格累年循环上涨，继而勉强维持广大农户生产积极性。2008～2014年，早籼稻、中晚籼稻、粳稻、白小麦、红小麦最低收购价在"七连增"后分别提高92.9%、91.7%、106.7%、63.9%、71%，而玉米、大豆、油菜籽临时收储价同期亦分别提高49.3%、24.3%、15.9%[③]。

三、农村经济社会发展政策的"空悬效应"与"消解效应"

农村经济社会发展政策重在以完善生产生活条件来改善农村发展基础与农民生活环境，强调加大基础设施建设与公共服务供给，继而推动农业农村现代化并缩小城乡发展差距。实践表明，基于农村人口转移，农户阶层结构、农户家庭结构、农村人力资本、农村治理模式等转变明显，致使农村经济社会发展政策一定程度上凸显"空悬效应"与"消解效应"。

一方面，农村经济社会发展扶持资源极易因农村人口空心化而"空

---

① 赵文、程杰：《农业生产方式转变与农户经济激励效应》，《中国农村经济》2014年第2期，第4-19页。
② 武广汉：《"中间商+农民"模式与农民的半无产化》，《开放时代》2012年第3期，第100-111页。
③ 数据来自国家发展和改革委员会历年公布信息。

悬"。以村级公益事业一事一议、财政奖补政策为例，政策设计初衷在于破解农村税费改革之后村级公益事业建设难题。然而，农村高素质、高技能人员大量流失情况下，村庄发展"空壳"、集体经济"空心"、农户家庭"空巢"成为普遍现象，村庄因组织基础动摇而难以有效发挥集体职能，突出体现在乡土秩序濒临瓦解、社会管理趋于失效、社区建设日渐式微、传统文化传承受挫、公共生活不免虚置、干群合作意识淡薄等方面，也直接导致村级公益事业一事一议制度时常面临议事组织职能弱化、议事交易成本高涨、议事主体集结困难、民主参与程度不佳等困扰，始终无法摆脱"事难议、议难决、决难行"的践行怪圈。据此，一事一议制度的筹资筹劳能力长期在低水平徘徊，但相关财政奖补又恰恰以农民筹资筹劳总额度为直接补助依据，以至于既难以通过正规渠道来充分利用国家惠农资源，更难以有效撬动农村公共品供给。

另一方面，农村经济社会发展扶持善意极易因乡村精英俘获利益而"消解"。当前正值国家惠农资源大量输入农业农村之际，但普通农户的获利性却饱受质疑。以农民合作社发展政策为例，政策设计初衷在于通过整合惠农资源来推动小农户合作与互助，继而实现运营交易成本降低、市场谈判能力增强、生产规模经济获取、产品营销渠道拓展等既定目标。然而，由于留守人员普遍欠缺自组织能力，以"大农"为代表的留守乡村精英既不时从保证项目落地、便于行政管理、节约中间费用等角度被政府及企业选择为外部扶持资源对接主体[1]，又极易因多数村落缺乏良性治理而成为自利性、寡头式人物，并在日常代理工作中不断俘获公共利益，进一步加剧各方矛盾和治理难度。据此，源于乡村精英不断巩固控制地位与追求"超额收益"，农民合作社内部充斥着"大农吃小农"现象，发展质量因利益纠葛而难以认同，所谓民主控制与盈余按惠顾额返还往往停留于表面，"以私侵公""以公肥私"等问题大量存在，小农户反而处于备受挤压与排斥的从属地位且正当利益诉求难以及时满足。例如，小农户"被参

---

[1] 国家社科基金重点项目课题组：《部门和资本"下乡"与农民专业合作经济组织的发展》，《经济理论与经济管理》2009年第7期，第5–12页。

与"情况广泛存在、政府补助资金时常转化为合作社领办人收入、农村能人每每能够在合作社土地倒包时直接变身为经营大户并获取优质土地、大量合作社本质上是小型农业企业的换牌组织并由企业主掌控等。同时，许多农业企业凭借强大资本力量与政府抓手地位，也存在俘获各类帮扶项目和专项资金的现象，既阻塞国家与农民之间制度性联通渠道，又不愿与农民公平分享收入，更倒逼水利、道路、电力等基本生产设施建设向其有利领域倾斜，已经引起政府和社会的高度关注。

第四章　农村人口转移背景下惠农政策效果的跟踪分析

农村人口转移对于惠农政策效果的具体影响，既需要理论思考予以立论，更有待实证分析予以验证。据此，本书以2009~2018年十年跨度的三次实地调研活动为研究基础，以时间上继起与空间上集中为观察原则，以政策制定主体、执行主体、受益主体为关注对象，以累计2028份有效样本农户问卷与374份有效样本村庄问卷为数据支撑，侧重于重点区域、典型农户、主体农民与代表政策，从农户基本情况与村庄发展概况两层面出发，结合各类访谈资料，跟踪分析农村人口转移背景下惠农政策效果的实际情况，以期为后续政策效果评价与需求判断而提供关键依据。

第一节　农村人口转移趋势与影响的跟踪分析

从整体发展趋势看，农村人口转移现象日益突出，且对于农户生存状态、农地利用模式、农业生产局面、农村发展情况等影响不断增强。各类相关衍生效应引发政府广泛关注、集体高度共鸣与农民强烈反响。

一、农村人口转移情况的调查与思考

调研结果显示，农村人口转移既大幅减少村庄人口总体规模，又深刻改变农户家庭人员结构；既间接折射出城乡劳动力市场一体化条件下农村剩余劳动力增加家庭经济收益的强烈诉求，更直接催生相对于外出人员而言的农村留守人员这一特殊群体。

(一) 村庄人口转移情况

根据村庄人口转移比例（村庄常年外出人口数量/村庄人口总量），可将样本村庄按照20%以下人口转移、21%~40%人口转移、41%~60%人口转移、61%~80%人口转移、80%以上人口转移的五等份标准划分为五种类型，即低转移村、中等偏下转移村、中等转移村、中等偏上转移村、高转移村。纵观2009~2018年十年演变，村庄人口转移程度显著提高。就低转移村与高转移村两类村庄而言，2009年高达57.6%的村庄属于前者，后者仅占1.2%，低转移村与中等偏下转移村合计占76.4%，反映出彼时村庄人口转移并非普遍化现象；但2018年，却仅剩5.9%的村庄属于前者，后者占比则上升至19.8%，中等偏上转移村与高转移村合计占比接近一半，反映出当前村庄人口转移已经常态化。就不同经济水平村庄而言，2009年各类村庄的人口转移程度均极为有限，且占村庄总量的比重均随人口转移比例升序而递减。其中，中等以下经济水平的低转移村占比最高，为27.1%，一定程度上反映出经济水平低下与人口转移比例低下互为表里。2018年，各类村庄的人口转移程度均明显提升。其中，中等以下经济水平的低转移村占比急剧减少至2.1%，不足十年前的1/10；而同属于中等及以上经济水平与中等及以上转移比例的村庄则占52.2%，超过半数，很大程度上反映出外出非农就业有助于村庄经济水平提升，且反向推动农村人口进一步转移。就不同地形村庄而言，十年间各类村庄的人口转移程度均明显提升。在山地、丘陵、平原地形中，低转移村与中等偏下转移村合计占各自地形村庄总量的比重，分别从2009年的90.8%、68.0%、71.4%下降至2018年的34.6%、30.7%、23.0%（见表4-1）。

表4-1　　　　　样本村庄人口转移的基本情况　　　　　单位：%

分类指标	调研年份	低转移村	中等偏下转移村	中等转移村	中等偏上转移村	高转移村
总体情况	2009	57.6	18.8	15.3	7.1	1.2
	2018	5.9	18.3	28.0	28.0	19.8

续表

分类指标		调研年份	低转移村	中等偏下转移村	中等转移村	中等偏上转移村	高转移村
村庄经济水平	中等以下	2009	27.1	9.4	7.1	4.7	0.0
		2018	2.1	5.9	7.3	9.0	7.3
	中等	2009	25.9	8.2	7.1	2.4	1.2
		2018	2.4	10.7	18.3	18.3	11.8
	中等以上	2009	4.7	1.2	1.2	0.0	0.0
		2018	1.4	1.7	2.4	0.7	0.7
村庄地形	山地	2009	18.9	4.7	2.4	0.0	0.0
		2018	0.7	2.1	1.4	3.5	1.4
	丘陵	2009	12.9	7.1	8.2	1.2	0.0
		2018	1.0	2.1	2.8	2.8	1.4
	平原	2009	22.4	7.1	4.7	5.9	1.2
		2018	4.2	13.8	22.5	21.8	15.9
	其他	2009	3.5	0.0	0.0	0.0	0.0
		2018	0.0	0.3	1.4	1.0	

注：2009年与2018年样本村庄总量分别为85个与289个。

2018年调研结果显示，村庄常年外出人口就业去向比重与地理空间距离呈现显著的正相关，即"外省＞省内本市外＞市内本县外＞本县内"。其中，外省就业高达70.9%，且呈现出越是人口转移比例较高的村庄越明显的情况（见表4-2）。一方面，印证了乡村衰落向外围地带扩散与蔓延所引发的小城镇衰落具有普遍性，难以提供足够的就业支撑。另一方面，从侧面反映出亲友之间"传帮带"是当前农村人口外出就业的重要渠道。相关访谈也表明，老乡之间群聚打工状况大量存在，并形成部分学者所言的"打工簇"现象[①]。

表4-2　样本村庄常年外出人口就业的最主要去向情况　　　　　单位:%

分类指标	本县内	市内本县外	省内本市外	外省	其他	合计
总体情况	3.1	6.3	13.8	70.9	5.9	100

[①] 高更和、陈淑兰、李小建：《中部农区农户打工簇研究——以河南省三个样本村为例》，《经济地理》2008年第2期，第313-317页。

续表

分类指标	本县内	市内本县外	省内本市外	外省	其他	合计
低转移村	0.0	5.9	29.4	58.8	5.9	100
中等偏下转移村	7.5	17.0	15.1	54.7	5.7	100
中等转移村	1.2	1.2	17.3	72.9	7.4	100
中等偏上转移村	2.5	4.9	12.3	74.1	6.2	100
高转移村	3.5	5.3	5.3	82.4	3.5	100

注：数据来自2018年调研活动，低转移村、中等偏下转移村、中等转移村、中等偏上转移村、高转移村分别为17个、53个、81个、81个、57个，样本村庄总量289个。

（二）农户人口转移情况

根据农户人口转移比例（农户常年外出人口数量/农户人口总量），可将样本农户按照20%以下人口转移、21%~40%人口转移、41%~60%人口转移、61%~80%人口转移、80%以上人口转移的五等份标准划分为五种类型，即低转移户、中等偏下转移户、中等转移户、中等偏上转移户、高转移户。聚焦于近五年农户人口转移情况可知，2014年与2018年低转移户占比分别为2.7%与4.1%。同时，中等转移户、中等偏上转移户、高转移户合计占比均在60%以上，且中等及以上经济水平的中等及以上转移比例农户合计占比均在半数左右，分别为57.6%与47.5%，一定程度上也反映出家庭成员外出就业有助于提高农户收入（见表4-3）。

表4-3 样本农户人口转移的基本情况 单位：%

分类指标		调研年份	低转移户	中等偏下转移户	中等转移户	中等偏上转移户	高转移户
总体情况		2014	2.7	22.7	31.6	20.8	22.1
		2018	4.1	35.5	28.6	15.4	16.5
家庭生活水平	中等以下	2014	0.9	6.9	6.4	5.1	5.5
		2018	0.9	8.2	6.4	3.1	3.4
	中等	2014	0.9	11.3	19.0	11.5	11.0
		2018	2.4	23.8	18.7	10.3	10.9
	中等以上	2014	0.9	4.4	6.2	4.2	5.7
		2018	0.8	3.4	3.3	2.1	2.1

注：2014年与2018年样本农户总量分别为547个与1179个。

增收无疑是农户家庭成员外出就业的最主要原因，2014年与2018年只为增收而外出就业的农户占比均超过60%，且从60.9%微升至61.5%。此外，值得关注的是：一是最主要因农活少而外出就业的农户比重由12.8%上升至18.5%。所有类型农户的比重均明显提升，体现出劳动节约生产方式进一步释放农村剩余劳动力。二是最主要因脱离农村而外出就业的农户比重由6.9%微升至7.0%。中等偏下转移户、中等转移户、中等偏上转移户的比重分别由2.4%、4.6%、8.8%上升至5.5%、8.6%、9.3%，反映出仍有相当比例农户希望通过外出就业而改变生活状态。三是最主要因学技术与开阔眼界而外出就业的农户比重分别由7.2%与9.3%下降至5.4%与2.9%，体现出城乡一体化发展水平已经不断提升（见表4-4）。

表4-4　　　样本农户家庭成员外出就业的最主要原因情况　　　　单位：%

分类指标	调研年份	农活少	脱离农村	学技术	开阔眼界	只为增收	其他	合计
总体情况	2014	12.8	6.9	7.2	9.3	60.9	2.9	100
	2018	18.5	7.0	5.4	2.9	61.5	4.7	100
低转移户	2014	6.7	6.7	0.0	6.7	73.2	6.7	100
	2018	12.5	0.0	10.4	6.3	62.5	8.3	100
中等偏下转移户	2014	12.1	2.4	7.3	8.9	66.1	3.2	100
	2018	17.2	5.5	4.3	2.6	65.8	4.6	100
中等转移户	2014	14.5	4.6	7.5	8.7	63.0	1.7	100
	2018	19.0	8.6	6.2	3.6	57.3	5.3	100
中等偏上转移户	2014	12.3	8.8	7.0	13.2	57.0	1.7	100
	2018	18.1	9.3	3.3	2.3	62.1	4.9	100
高转移户	2014	12.4	13.2	7.4	7.4	54.5	5.1	100
	2018	22.2	6.7	7.2	2.1	58.8	3.0	100

注：2014年与2018年低转移户、中等偏下转移户、中等转移户、中等偏上转移户、高转移户分别为15个、124个、173个、114个、121个与48个、418个、337个、182个、194个，样本农户总量分别为547个与1179个。

调研结果显示，农户外出就业家庭成员的城镇定居意愿持续增强。一方面，明确表达出定居城镇意愿的农户占比从2014年的26.9%增长至2018年的30.9%，接近1/3，且几乎在所有类型农户中均呈现上升趋势，而倾向于定居城镇的农户占比亦由39.8%增长至45.7%。另一方面，明确表达出年老返乡意愿的农户占比则从33.3%下降至23.4%，但低转移户的比重有所增加,对家庭留守人员的牵挂是其主要原因,也表明在关注农村转移人口市民化进程不断加速的同时应正视其渐进性特征(见表4-5)。

表4-5　　样本农户外出就业家庭成员的城镇定居意愿情况　　单位:%

分类指标	调研年份	愿意,想在城镇定居	还没考虑,但依目前情况会留在城里	若在城里生活状况好转,会定居下来	不愿意,年纪大了就返乡	合计
总体情况	2014	26.9	18.8	21.0	33.3	100
	2018	30.9	22.0	23.7	23.4	100
低转移户	2014	20.0	26.7	33.3	20.0	100
	2018	27.1	27.1	22.9	22.9	100
中等偏下转移户	2014	21.8	12.9	19.3	46.0	100
	2018	25.8	23.2	24.7	26.3	100
中等转移户	2014	32.4	16.2	21.4	30.1	100
	2018	31.5	23.1	24.6	20.8	100
中等偏上转移户	2014	23.7	21.9	25.5	28.9	100
	2018	40.7	18.1	21.4	19.8	100
高转移户	2014	28.1	24.8	16.5	30.6	100
	2018	32.5	19.6	22.7	25.2	100

注:2014年与2018年低转移户、中等偏下转移户、中等转移户、中等偏上转移户、高转移户分别为15个、124个、173个、114个、121个与48个、418个、337个、182个、194个,样本农户总量分别为547个与1179个。

(三)农村留守人员情况

庞大的留守群体是农村人口大规模转移的必然产物。调研结果显示,2014年与2018年分别有78.6%与60.3%的农户家庭有留守老人,45.2%与53.9%的有留守妇女,63.6%与44.5%的有留守儿童(见表4-6)。相关访谈获知,受社会舆论关注、经济条件好转、城镇站稳脚跟、公共服务改善等因素影响,外出家庭成员逐渐提高对老人赡养及儿童教育的重视程度,以至于留守老人与留守儿童比重大幅下降,但仍有相当比例妇女要承担农业劳作、看家守院等留守职责。总体而言,农户家庭生活完整的重要性在提升,举家外出的离农户数量不断增加。

表4-6   样本农户留守人员的基本情况   单位:%

调研年份	家庭有留守老人	家庭有留守妇女	家庭有留守儿童
2014	78.6	45.2	63.6
2018	60.3	53.9	44.5

注：2014年与2018年样本农户总量分别为547个与1179个。

二、农村土地利用情况的调查与思考

调研结果显示，农村人口转移深刻改变了农村土地利用模式，既助长紧迫的土地撂荒问题，又催生显著的土地流转现象，更带来严峻的农村宅基地闲置与浪费局面；既推动农业发展方式变化，又引发农业经营体系变更，更倒逼农村土地制度改革。

（一）农村土地撂荒情况

农村土地撂荒的主要原因在于大量人口外出就业，以至于无力兼顾农业生产。对于中国这样一个人多地少的发展中农业大国与人口大国而言，农村土地撂荒导致本就稀缺的农业生产要素进一步丧失效率，并不利于国家粮食安全与农产品有效供给。调研结果显示，农村土地撂荒形势紧迫。调研结果显示，10%及以下比例土地撂荒的村庄占比由2009年的94.1%下降至2018年的83.4%；但同时，30%以上比例土地撂荒的村庄占比则由2.4%增长至3.8%（见表4-7）。整体而言，越是人口转移比例较低的村庄，土地撂荒程度越是相对较轻；越是人口转移比例较高的村庄，情况越是相对较严峻，也反映出农村人口转移与农村土地撂荒之间存在很大关联性。通过访谈获知，部分农户选择撂荒土地而非流转土地的原因在于，担心土地经营权一旦失去便不易获取，为保障日后返乡退路而宁可暂时荒废土地，也暴露出农户对于农村土地流转制度尚未建立起足够信任。

表4-7   样本村庄土地撂荒的基本情况   单位:%

分类指标	调研年份	10%及以下比例土地撂荒	11%~20%比例土地撂荒	21%~30%比例土地撂荒	30%以上比例土地撂荒	合计
总体情况	2009	94.1	3.5	0.0	2.4	100
	2018	83.4	9.0	3.8	3.8	100

续表

分类指标	调研年份	10%及以下比例土地撂荒	11%~20%比例土地撂荒	21%~30%比例土地撂荒	30%以上比例土地撂荒	合计
低转移村	2009	91.8	6.2	0.0	2.0	100
	2018	94.1	5.9	0.0	0.0	100
中等偏下转移村	2009	100.0	0.0	0.0	0.0	100
	2018	92.4	1.9	1.9	3.8	100
中等转移村	2009	100.0	0.0	0.0	0.0	100
	2018	80.2	13.6	3.7	2.5	100
中等偏上转移村	2009	100.0	0.0	0.0	0.0	100
	2018	81.5	8.7	4.9	4.9	100
高转移村	2009	0.0	0.0	0.0	100	100
	2018	78.9	10.5	5.3	5.3	100

注：2009年与2018年低转移村、中等偏下转移村、中等转移村、中等偏上转移村、高转移村分别为49个、16个、13个、6个、1个与17个、53个、81个、81个、57个，样本村庄总量分别为85个与289个。

（二）农村土地流转情况

1. 村庄土地流转情况

随着农村人口大规模转移，农村土地流转速度加快。2018年调研结果显示，除低转移村外，其他类型村庄的土地流转面积比例平均值与人口转移比例呈现显著正相关，反映出农村人口转移与农村土地流转之间存在很大关联性（见表4-8）。

表4-8　　　　样本村庄土地流转的基本情况　　　　单位：%

低转移村	中等偏下转移村	中等转移村	中等偏上转移村	高转移村
34.9	13.3	19.3	21.6	25.3

注：数据来自2018年调研活动，数值表示土地流转面积的比例平均值。低转移村、中等偏下转移村、中等转移村、中等偏上转移村、高转移村分别为17个、53个、81个、81个、57个，样本村庄总量289个。

针对村庄土地流转去向的调研结果显示，土地流转行为主要发生于农户之间，尤其是集体经济组织内部农户之间。流转入土地的农户大多数属于家庭农场及农业大户，其通过扩大经营规模而逐渐获得不低于外出务工的经济回报并成为乡村精英。低转移村、中等偏下转移村、中等转移村、中等偏上转移村、高转移村中，土地流转入本村村民的比重平均值分别为

37.4%、53.1%、52.9%、59.0%、55.6%，若再加上流转入外村村民的部分，合计分别占71.0%、69.6%、67.9%、79.9%、76.7%。值得关注的是，低转移村土地流入外村村民的比重明显较高（见表4-9）。通过访谈获知，外村能人在跨村流转土地后，从提高生产效率、巩固社会关系、强化感情维系、鼓励土地流转等角度考虑，往往通过"订单农业"、外包农户、雇工经营等方式与本村村民重新建立生产联系，这既在一定程度上解释了上文中低转移村土地流转面积比例平均值意外地反倒成为最高的34.9%的事实，又部分解释了低转移村人口转移比例之所以"低"的原因。

表4-9　　　　样本村庄土地流转的去向情况　　　　单位:%

分类指标	本村村民	外村村民	村集体和合作社	农业企业	其他	合计
低转移村	37.4	33.6	8.2	6.6	14.2	100
中等偏下转移村	53.1	16.5	12.4	8.2	9.8	100
中等转移村	52.9	15.0	10.9	9.6	11.6	100
中等偏上转移村	59.0	20.9	5.4	6.9	7.8	100
高转移村	55.6	21.1	8.3	8.1	6.9	100

注：数据来自2018年调研活动，数值表示土地流转去向的比例平均值。低转移村、中等偏下转移村、中等转移村、中等偏上转移村、高转移村分别为17个、53个、81个、81个、57个，样本村庄总量289个。

针对村庄土地流转方式的调研结果显示，民间自发联系协商仍然是最主要方式，占比高达61.9%，且基本呈现出越是人口转移比例较高的村庄越明显的趋势；借助于村社集体以及市场化方式的比重则极为有限（见表4-10）。通过访谈获知，兼业户在人口转移比例较低的村庄中仍占据主流，常见于视家庭劳动力情况而部分流转出承包地；但人口转移比例较高的村庄中举家外出的离农户数量较多，更倾向于整体性流转承包地，自然更容易成为民间土地流转大户的积极争取对象。

表4-10　　　　样本村庄土地流转的最主要方式情况　　　　单位:%

分类指标	自发联系协商	村里统一组织	土地转让平台	土地股份合作社	村里备案	其他	合计
总体情况	61.9	13.1	3.5	1.7	3.9	15.9	100

续表

分类指标	自发联系协商	村里统一组织	土地转让平台	土地股份合作社	村里备案	其他	合计
低转移村	58.8	17.6	0.0	0.0	5.9	17.7	100
中等偏下转移村	56.6	13.2	1.9	3.8	0.0	24.5	100
中等转移村	59.3	11.1	6.2	1.2	4.9	17.3	100
中等偏上转移村	65.4	12.3	0.0	1.2	4.9	16.2	100
高转移村	66.7	15.8	7.0	1.8	3.5	5.2	100

注：数据来自2018年调研活动，低转移村、中等偏下转移村、中等转移村、中等偏上转移村、高转移村分别为17个、53个、81个、81个、57个，样本村庄总量289个。

调研结果显示，农村土地流转用途应引起深思与警惕。一是"非粮化"情况不容乐观。土地流转后种植粮食的比重不足半数，而种植经济作物的比重则超过1/3。一方面，低转移村甚至出现土地流转后种植粮食的比重低于种植经济作物的局面。种植经济作物对于劳动力的需求更大，也间接印证了上文中所谈及的低转移村村民因受雇于土地流入者而减少外出就业的情况。另一方面，人口转移比例较高的村庄土地流转后种植粮食的比例相对较高。可能的原因在于，土地流转规模较大与质量较高，规模经营条件相对较好，农业大户从标准生产、风险规避等角度出发而偏好于粮食生产。二是"非农化"情况较为严重。非农使用与暂时荒废合计占比已经达到11.0%，反映出部分土地流入者，尤其是资本下乡者的土地流转动机不纯，或是企图套取国家补贴，或是以转变农地用途、策动土地增值等商业目标为行事准则，均严重偏离农业发展主题（见表4-11）。

表4-11　　样本村庄土地流转的最主要用途情况　　单位:%

分类指标	种植粮食	种植经济作物	非农使用	暂时荒废	其他	合计
总体情况	49.8	34.3	10.4	0.6	4.9	100
低转移村	41.2	47.1	11.7	0.0	0.0	100
中等偏下转移村	47.2	28.3	11.3	1.9	11.3	100
中等转移村	48.1	35.8	12.3	0.0	3.8	100
中等偏上转移村	53.1	35.8	7.4	0.0	3.7	100
高转移村	52.6	31.6	10.5	1.8	3.5	100

注：数据来自2018年调研活动，低转移村、中等偏下转移村、中等转移村、中等偏上转移村、高转移村分别为17个、53个、81个、81个、57个，样本村庄总量289个。

2. 农户土地流转情况

2018年调研结果显示，全部1179户样本农户中，共计248户农户存在土地流出情况，占21.0%。其中，土地流转比例在25%及以下的相关农户仅占8.9%，高达50.8%的相关农户的土地流转比例在75%以上，超过半数，且相关中等偏上转移户与高转移户中75%以上比例土地流转的比重分别高达60.3%与56.8%，反映整体性流转承包地的农户数量较多，尤其是人口转移比例较高的农户（见表4-12）。

表4-12 样本农户土地流转的总体情况 单位:%

分类指标	25%及以下比例土地流转	26%~50%比例土地流转	51%~75%比例土地流转	75%以上比例土地流转	合计
总体情况	8.9	21.8	18.5	50.8	100
低转移户	0.0	0.0	75.0	25.0	100
中等偏下转移户	10.4	27.3	18.2	44.1	100
中等转移户	8.5	22.0	19.5	50.0	100
中等偏上转移户	6.3	14.6	18.8	60.3	100
高转移户	10.8	21.6	10.8	56.8	100

注：数据来自2018年调研活动，有土地流出的低转移户、中等偏下转移户、中等转移户、中等偏上转移户、高转移户分别为4个、77个、82个、48个、37个，样本农户总量248个。

针对农户土地流转对象的调研结果显示，主要流向本村村民和亲戚的相关农户占62.9%，也对应于前文关于村庄土地流转去向的分析结论。值得关注的是，流向村集体以及农民合作社、农业企业等新型农业经营主体的土地规模十分有限，部分类型相关农户甚至为零，既昭示农村土地流转范围仍有待拓宽，也彰显新型农业经营主体的规模经营需求尚难以充分满足（见表4-13）。

表4-13 样本农户土地流转的最主要对象情况 单位:%

分类指标	本村村民和亲戚	外村村民	村集体和合作社	农业企业	其他	合计
总体情况	62.9	11.3	10.5	8.1	7.2	100
低转移户	75.0	25.0	0.0	0.0	0.0	100
中等偏下转移户	48.1	7.8	16.9	13.0	14.2	100
中等转移户	62.2	13.3	9.8	9.8	4.9	100

续表

分类指标	本村村民和亲戚	外村村民	村集体和合作社	农业企业	其他	合计
中等偏上转移户	81.3	8.3	4.2	2.1	4.1	100
高转移户	70.3	16.2	8.1	2.7	2.7	100

注：数据来自2018年调研活动，有土地流出的低转移户、中等偏下转移户、中等转移户、中等偏上转移户、高转移户分别为4个、77个、82个、48个、37个，样本农户总量248个。

针对农户土地流转时间的调研结果显示，1~2年、3~5年和5年以上的占比分别为26.2%、36.3%和37.5%，较为平均，土地流转时间的不确定性也反映出土地流转周期的不稳定性。通过访谈获知，相当比例的民间自发土地流转行为往往停留于口头约定，流转时间具有很大随意性，导致土地流入者缺乏稳定的耕作经营权预期且不利于农村土地资源重组。此外，相关高转移户中土地流转时间在3年以上的比重高达81.1%，体现出相当比例的离农户不太可能重返农业农村且该趋势将不断加剧（见表4-14）。

表4-14　　　　样本农户土地流转的时间情况　　　　单位：%

分类指标	1~2年	3~5年	5年以上	合计
总体情况	26.2	36.3	37.5	100
低转移户	25.0	75.0	0.0	100
中等偏下转移户	24.6	37.7	37.7	100
中等转移户	28.0	30.5	41.5	100
中等偏上转移户	31.3	35.4	33.3	100
高转移户	18.9	43.2	37.9	100

注：数据来自2018年调研活动，有土地流出的低转移户、中等偏下转移户、中等转移户、中等偏上转移户、高转移户分别为4个、77个、82个、48个、37个，样本农户总量248个。

调研结果显示，农村土地流转绝大多数有平均200~700元/亩的经济回报，占67.3%，若再加上非经济回报，合计占74.6%，体现出土地经营权商品化趋势加剧。相关高转移户获取土地流转经济回报的概率最高，表明相对稳定且规模较大的土地流转更受土地流入者青睐且愿意支付经济成本（见表4-15）。需要指出的是，土地租金上涨趋势明显，部分土地的流转租金已经接近农业经济收益与规模经营成本所能承担的上限，有必要予以适度控制，继而推动农村土地流转长远发展。

表 4-15　　　　　　　样本农户土地流转的经济回报情况

分类指标	有（%）	每亩平均多少钱（元）	无（%）	有其他非经济回报（%）
总体情况	67.3	—	25.4	7.3
低转移户	50.0	200	50.0	0.0
中等偏下转移户	68.8	700	26.0	5.2
中等转移户	63.4	662	29.3	7.3
中等偏上转移户	68.8	473	18.7	12.5
高转移户	73.0	552	21.6	5.4

注：数据来自2018年调研活动，"每亩平均多少钱"数值表示土地租金的数额平均值。有土地流出的低转移户、中等偏下转移户、中等转移户、中等偏上转移户、高转移户分别为4个、77个、82个、48个、37个，样本农户总量248个。

农村土地流转过程必须充分尊重农民意愿与市场准则。针对农户土地流出意愿的调研结果显示，有62.9%的相关农户明确表示纯属自愿，有19.4%的相关农户明确表示内心其实不愿意，有17.7%的相关农户表示说不清楚。其中，越是人口转移比例较高的农户，出于综合考虑而自愿流转的比例相对越大（见表4-16）。许多人口转移比例较低的兼业户则表示，即便是在劳动力减少情况下家庭仍保有一定农作能力，尤其是可借力于农业社会化服务体系，家庭承包地介于可流转与可不流转之间。

表 4-16　　　　　　　样本农户土地流出的意愿情况　　　　　　　单位:%

分类指标	愿意	不愿意	说不清	合计
总体情况	62.9	19.4	17.7	100
低转移户	50.0	0.0	50.0	100
中等偏下转移户	50.6	22.1	27.3	100
中等转移户	67.1	22.0	11.0	100
中等偏上转移户	64.6	20.8	14.6	100
高转移户	78.4	8.1	13.5	100

注：数据来自2018年调研活动，有土地流出的低转移户、中等偏下转移户、中等转移户、中等偏上转移户、高转移户分别为4个、77个、82个、48个、37个，样本农户总量248个。

针对农户流入土地的调研结果显示，全部1179户样本农户中，共计113户农户存在土地流入情况，占9.6%，多数为家庭农场及农业大户。其中，明确表达希望退回已流转土地的相关农户占13.3%，高于明确表达希望进一步扩大流转规模的相关农户（11.5%）；尚有15.9%的相关农户处于犹豫之中。总体而言,农户流入土地的意愿总体上处于停滞状态。根据访谈获知,土地流入户存在多方面顾虑:一方面,近年来物质与生产费用、土地租金、雇工价格等农业生产成本持续上涨,不断压缩经营利润空间。另一方面,现阶段土地规模、信贷融资、农技研发等支撑条件不足,严重制约规模效应形成(见表4-17)。

表4-17　　　　　样本农户土地流入的意愿情况　　　　　单位:%

不愿意,已流转耕地想退回	维持现状	希望进一步扩大流转规模	说不清	合计
13.3	59.3	11.5	15.9	100

注:数据来自2018年调研活动,有土地流入的样本农户总量为113个。

(三) 农村宅基地利用情况

农村转移人口外出就业的重要目标之一便是改善家庭住房条件。但2018年调研结果却显示出两个值得关注的现象:一是19.4%的村庄很少建新宅,反映出在新型城镇化浪潮下,已经有不少农户以城镇住宅而非农村住宅为主要投资方向,既包括已经定居城镇的离农户,也包括部分正在积极准备常住城镇的人口转移比例较高的农户。二是建新宅却不拆旧宅的比重达26.3%,且在各类村庄中占比均在20.0%以上(见表4-18)。宅基地固然是农户依据集体成员资格所无偿获取的资源,但若任由建新不拆旧、一户多宅等现象泛滥,无疑是对农村稀缺土地资源的浪费,也从侧面反映出当下农村宅基地管理困境,已经成为近年来农村土地关注焦点。通过访谈可知,人口大规模转移背景下农村新建住宅的利用率其实并不高。

表4-18　　　　　样本村庄住宅建设的最主要形式情况　　　　　单位:%

分类指标	很少建新宅	建新不拆旧	建新拆旧	合计
总体情况	19.4	26.3	54.3	100
低转移村	23.5	23.5	52.9	100
中等偏下转移村	28.3	26.4	45.3	100
中等转移村	22.2	23.5	54.3	100
中等偏上转移村	17.3	28.4	54.3	100
高转移村	8.8	28.1	63.2	100

注:数据来自2018年调研活动,低转移村、中等偏下转移村、中等转移村、中等偏上转移村、高转移村分别为17个、53个、81个、81个、57个,样本村庄总量289个。

调研结果显示，农村存在大量未加以有效改造的闲置旧宅，占据村庄总面积的比例普遍在10%以上，数量不容小觑。并且，越是人口转移比例较高村庄，闲置旧宅的集中连片现象越突出，一定程度上反映出人口外出就业明显的村庄普遍存在增收后攀比住房情况，在扎堆建设新宅的同时也造成旧宅大量荒废弃置。但应关注的是，旧宅集中连片状况同样有助于统一治理与集中复垦，有待重视（见表4-19）。

表4-19　　　　　样本村庄旧宅闲置的基本情况　　　　　单位：%

分类指标	低转移村	中等偏下转移村	中等转移村	中等偏上转移村	高转移村
闲置旧宅面积占村庄总面积比例	15	12	19	16	14
集中连片闲置旧宅面积占村庄总面积比例	3	6	5	8	8

注：数据来自2018年调研活动，数值表示相关面积的比例平均值。低转移村、中等偏下转移村、中等转移村、中等偏上转移村、高转移村分别为17个、53个、81个、81个、57个，样本村庄总量289个。

（四）农村土地处置设想情况

2018年调研结果显示，农户不仅不会轻易放弃土地承包权，反而愈发重视承包地的财产功能。关于未来承包地处置设想，在有效回应的全部818户样本农户中，34.8%的相关农户强调传统生活保障功能，选择保留自用，即便是人口转移比例较高的农户也极为顾虑日后返乡退路；43.4%的相关农户选择保留流转且各类型农户占比均在40.0%以上，反映出受农村土地市场化流转盛行影响，广大农户普遍存在通过出租土地而获取经济收益的心理预期；随着新型农业经营体系不断发展壮大，入股分红作为一种新兴的经营方式与获利手段也受到13.9%的相关农户关注，且越是人口转移比例较高的相关农户越倾向于依靠"权利在村"来选择此途径获取财产性收入（见表4-20）。简言之，考虑到农村实际情况，仍需以推动和完善农村土地"三权分置"制度为切入点，渐进摸索包括农地退出在内的新时代农村土地制度改革路径。

表 4-20　　　　样本农户未来承包地处置的设想情况　　　　单位:%

分类指标	保留自用	保留流转	入股分红	放弃	其他	合计
总体情况	34.8	43.4	13.9	2.4	5.5	100
低转移户	32.5	47.5	10.0	2.5	7.5	100
中等偏下转移户	33.3	44.6	15.0	2.0	5.1	100
中等转移户	35.7	42.4	14.7	2.3	4.9	100
中等偏上转移户	41.7	42.5	7.5	3.3	5.0	100
高转移户	31.4	42.1	17.1	2.9	6.5	100

注：数据来自 2018 年调研活动，回答此问题的低转移户、中等偏下转移户、中等转移户、中等偏上转移户、高转移户分别为 40 个、294 个、224 个、120 个、140 个，样本农户总量 818 个。

调研结果显示，较之承包地，农户同样重视宅基地财产功能，但对其未来处置持有更为开放态度。35.8%的相关农户在保留宅基地资格权的前提下愿意出售住房，且在各类相关农户中占比均在 30.0% 以上，分别有 22.9% 与 7.1% 的相关农户选择出租与入股分红，更有 8.2% 的相关农户直接选择转让宅基地资格权与住房，既体现出相当数量的相关农户有未来定居城镇想法而未将农村住宅视作不可或缺，也表明相关农户对于盘活包括宅基地在内的各类闲置资源的强烈意愿（见表 4-21）。

表 4-21　　　　样本农户未来宅基地和住房处置的设想情况　　　　单位:%

分类指标	出租	保留宅基地资格权，卖房	入股分红	转让	其他	合计
总体情况	22.9	35.8	7.1	8.2	26.0	100
低转移户	30.0	37.5	5.0	5.0	22.5	100
中等偏下转移户	23.5	34.7	7.1	8.2	26.5	100
中等转移户	17.9	39.3	8.5	8.0	26.3	100
中等偏上转移户	26.7	30.0	6.6	9.2	27.5	100
高转移户	24.3	37.1	5.7	8.6	24.3	100

注：数据来自 2018 年调研活动，回答此问题的低转移户、中等偏下转移户、中等转移户、中等偏上转移户、高转移户分别为 40 个、294 个、224 个、120 个、140 个，样本农户总量 818 个。

三、农业生产影响情况的调查与思考

调研结果显示，农村人口转移尽管尚未动摇粮食生产的主体地位，但对未来农业生产尤其是粮食生产已经产生影响；且农户为适应转型趋势而采取多种方式来调整农业生产活动。

(一) 农业生产结构情况

2018年调研结果显示，92.4%的村庄在农业生产中仍以粮食种植为主（见表4-22）。如上文所述，人口转移比例较低村庄的土地流出者与流入者保留生产联系且以经济作物种植为主，继而影响全村粮食生产比重；人口转移比例较高村庄的土地流转情况与规模经营条件较好，土地流入者的"趋粮化"特征更明显，继而强化全村粮食生产形势。

表4-22　　　　样本村庄粮食种植的基本情况　　　　单位:%

总体情况	低转移村	中等偏下转移村	中等转移村	中等偏上转移村	高转移村
92.4	88.2	84.9	96.3	92.6	94.7

注：数据来自2018年调研活动，数值表示农业生产以粮食种植为主的样本村庄比例。低转移村、中等偏下转移村、中等转移村、中等偏上转移村、高转移村分别为17个、53个、81个、81个、57个，样本村庄总量289个。

从农户角度看，同样可印证粮食生产仍在农业生产结构中占据主流的事实。调研结果显示，以粮食生产为主的农户占比从2014年的86.5%微升至2018年的87.5%，且几乎所有类型农户的比例均在提升（见表4-23）。

表4-23　　　　样本农户粮食种植的基本情况　　　　单位:%

调研年份	总体情况	低转移户	中等偏下转移户	中等转移户	中等偏上转移户	高转移户
2014	86.5	80.0	87.1	87.9	87.7	83.5
2018	87.5	85.4	87.1	87.2	89.0	88.1

注：数值表示农业生产以粮食种植为主的样本农户比例。2014年与2018年低转移户、中等偏下转移户、中等转移户、中等偏上转移户、高转移户分别为15个、124个、173个、114个、121个与48个、418个、337个、182个、194个，样本农户总量分别为547个与1179个。

(二) 农业生产动力情况

随着收入渠道日益多元化，农业生产在农户家庭经济活动中的地位逐渐下降。2018年调研结果显示，仅有64%的农户将解决生活用粮视作维持农业生产的原因之一，表明在农村人口大规模转移与农村生活资料日益商品化背景下，相当比例的农户不再完全依靠农业生产来满足口粮需要与弥补家计成本，且人口转移比例较高的农户更明显；仅有65.3%的农户强调增加经济收入的作用，表明"就业增收系于农"的传统观念已经且正在被打破，同样是人口转移比例较高的农户更明显；11.4%的农户将维持农业生产视作寄托感情的一种手段，多见于存在年老农民与返乡第一代农民工的家庭。值得关注的：一是21%的农户看重以维持农业生产来维持耕地承包权，实质上是对未来土地政策调整仍持有疑虑；二是53.6%的农户还存在其他考虑，尤见于人口转移比例较高的农户。通过访谈获知，此两类群体均极为看重承包地，其中固然考虑到预留外出人员返乡退路、保留家庭生活保障渠道等多重因素，但也涉及对土地财产功能的强调（见表4-24）。

表4-24　　　　样本农户继续从事农业生产的原因情况　　　　单位：%

分类指标	解决生活用粮	增加经济收入	维持耕地承包权	寄托感情	其他
总体情况	64.0	65.3	21.0	11.4	53.6
低转移户	72.9	70.8	20.8	14.6	47.9
中等偏下转移户	64.6	67.9	19.1	9.1	50.7
中等转移户	62.9	63.5	22.8	12.2	55.8
中等偏上转移户	61.0	64.8	22.0	9.9	52.7
高转移户	64.9	61.9	21.1	15.5	58.2

注：数据来自2018年调研活动，本体设计为多选题，数值表示该类原因占该类型样本农户总量的比例，各行之和不为100。低转移户、中等偏下转移户、中等转移户、中等偏上转移户、高转移户分别为48个、418个、337个、182个、194个，样本农户总量1179个。

（三）农业生产意见情况

从2018年农户角度的调研结果看，71.9%的农户认为农村人口大规模转移已经影响到农业正常生产，49.8%的农户认为影响一般，且另有28.1%的农户认为不存在影响。通过访谈获知，农村人口转移无疑恶化了农业生产条件，并造成诸多不便，以至于22.1%的农户认为农业生产活动遭遇很大影响。然而，伴随着农业科技进步、农业生产节约劳动倾向增强，尤其是农业社会化服务能力提升，已经最大限度地削弱了劳动力短缺的负面效应。总体而言，接受能力更强的30岁及以下青年农民、学习能力更强的男性、善于运用农业科技的中等以上生活水平"富裕户"，相对更能够适应并迎合当下农业生产方式变化；而人力资本较低的小学及以下文化程度农民与不熟悉现代农业理念的低转移户，则受劳动力流失的影响相对更甚（见表4-25）。

表4-25 样本农户视角下农村人口大规模转移对农业生产的当前影响情况 单位：%

分类指标		影响很大	影响一般	无影响	合计
总体情况		22.1	49.8	28.1	100
年龄	30岁及以下	17.8	48.6	33.6	100
	31~40岁	26.9	52.0	21.1	100
	41~50岁	22.4	49.0	28.5	100
	50岁以上	21.3	50.1	28.6	100
性别	男	21.6	52.5	25.9	100
	女	23.4	46.4	30.2	100
文化程度	小学及以下	28.0	46.3	25.7	100
	初中	20.6	50.2	29.2	100
	高中或中专	17.6	52.5	29.4	100
	大专及以上	22.7	52.3	25.0	100
家庭生活水平	中等以下水平	27.7	48.8	23.5	100
	中等水平	21.1	50.2	28.7	100
	中等以上水平	18.8	48.6	32.6	100
人口转移水平	低转移户	25.0	54.2	20.8	100
	中等偏下转移户	17.5	50.2	32.3	100
	中等转移户	22.6	50.1	27.3	100
	中等偏上转移户	28.0	47.3	24.7	100
	高转移户	26.3	49.0	24.7	100

注：数据来自2018年调研活动，分类指标中年龄、性别、文化程度为受访农户家庭成员情况。男性与女性分别为726名与453名；30岁及以下、31~40岁、41~50岁、50岁以上的分别为146名、171名、459名、403名；具有小学及以下文化、初中文化、高中或中专文化、大专及以上文化的分别为307名、506名、238名、128名；家庭生活中等以下水平、中等水平、中等以上水平的分别为260名、781名、138名；低转移户、中等偏下转移户、中等转移户、中等偏上转移户、高转移户分别为48个、418个、337个、182个、194个，样本农户总量1179个。

村干部既是农村基层管理者、治理者与组织者，又是兼顾家庭农业生产的务农者[1]；既熟悉农事活动与村庄事务，又相对于普通农户而言具有更理性的思维与更严谨的判断，往往对农业农村发展有着更长远的思考。据此，从村干部视角来观察农村人口大规模转移对农业生产的影响情况，

---

[1] 就当前情况看，全国范围内全脱产的村干部数量极其有限。

更加客观真实。从2018年村干部角度调研结果看，其关于农村人口大规模转移对农业生产影响的看法，与普通农户大致相同，所不同的是，认为影响很大的比重仅为17.3%，表明其基本认可如今农业农民在外部发展环境变化的情境下所展开的适应性调节。需要警惕的是，人口转移比例越高村庄的村干部，表示影响很大的比重相对越高，且表示无影响的比重相对越低，表明其对人口过度转移而影响农业正常生产的忧虑（见表4-26）。

表4-26　样本村庄村干部视角下农村人口大规模转移对农业生产的影响情况　单位：%

分类指标	影响很大	影响一般	无影响	合计
总体情况	17.3	54.7	28.0	100
低转移村	0.0	58.8	41.2	100
中等偏下转移村	7.5	49.1	43.4	100
中等转移村	18.5	50.6	30.9	100
中等偏上转移村	18.5	59.3	22.2	100
高转移村	28.1	57.9	14.0	100

注：数据来自2018年调研活动，每个样本村庄均选择一名样本村干部。低转移村、中等偏下转移村、中等转移村、中等偏上转移村、高转移村分别为17个、53个、81个、81个、57个，样本村庄与样本村干部总量均为289个。

较之于农业生产，村干部明显更为担心农村人口大规模转移对未来农业生产的影响。调研结果显示，高达46.0%的村干部认为相关影响很大，其中，"非粮化"与"非农化"两大顾虑分别占21.8%与24.2%，但同时，另有39.4%的村干部具有"趋粮化"的判断，认为无影响的仅占14.6%。通过访谈获知，一方面，人口持续转移情况下，标准化程度较高、劳动力需求较低的粮食生产更受小农户及规模经营者青睐，但部分土地流入者从经济利益考虑而倾向于进一步联合农户扩大经济作物种植规模，尤见于具有相关基础的低转移村，整体看，前者的趋势将强于后者。另一方面，资本下乡加速与农村集体产权结构开放性增强的背景下，将会有更多农户因盲目逐利而擅用财产权利，以至于变更土地用途并危及农业生产，尤见于人口转移比例较高的村庄（见表4-27）。

113

表4-27 样本村庄村干部视角下农村人口大规模转移对农业生产的未来影响情况

单位:%

分类指标	影响很大,更多耕地用于种植经济作物	影响很大,更多耕地退出农业生产	影响不大,反而会有更多耕地用于粮食生产	保持现状,无影响	合计
总体情况	21.8	24.2	39.4	14.6	100
低转移村	29.4	5.9	23.5	41.2	100
中等偏下转移村	15.1	24.5	45.3	15.1	100
中等转移村	23.5	28.4	34.6	13.5	100
中等偏上转移村	23.5	24.7	42.0	9.8	100
高转移村	21.1	22.8	42.1	14.0	100

注：数据来自2018年调研活动，每个样本村庄均选择一名样本村干部。低转移村、中等偏下转移村、中等转移村、中等偏上转移村、高转移村分别为17个、53个、81个、81个、57个，样本村庄与样本村干部总量均为289个。

（四）农业生产调整情况

面对农村人口转移对于农业生产的冲击，农户亦积极通过多种方式进行有效化解。调研结果显示，除13.9%的农户暂时未采取任何措施外，分别有15.2%、9.3%、34.0%、9.1%、14.6%及3.9%的农户通过改变种植结构、加大农药化肥用量、花钱购买部分服务、联耕联种、土地流出及其他方式来调整农业生产活动（见表4-28）。通过访谈获知，一是伴随着农业社会化服务体系健全与农村"全要素购买时代"来临，越来越多的农户倾向于通过"花钱买服务"方式将播种、收割等劳动强度较大的生产环节外包，甚至是借助于农民合作社等平台开展联耕联种。二是部分农户通过生产向粮食作物倾斜或者流出土地，以抵消劳动力不足影响。三是农业生产中资本替代劳动的趋势愈发明显，农药、化肥等石化产品大量使用。

表4-28 样本农户调整农业生产的最主要方式情况

单位:%

未采取任何措施	改变种植结构	加大农药化肥用量	花钱买部分服务	联耕联种	土地流出	其他	合计
13.9	15.2	9.3	34.0	9.1	14.6	3.9	100

注：数据来自2018年调研活动，样本农户总量1179个。

四、农村发展影响情况的调查与思考

调研结果显示，人口大规模转移对农村发展的影响全面且深远，部分情况已经造成农户家庭危机、社会治理窘境与生存环境困局，亟待引起足够重视。

（一）农村发展意见情况

2018年调研结果显示，83.8%的农户认为农村人口大规模转移已经影响到农村发展（高于上文中71.9%的农户认为影响到农业生产），43.3%的农户甚至认为影响很大且引致乡村衰败，仅有16.2%的农户认为不存在影响。总体而言，熟悉村落生活且心态更为平静的50岁以上"农一代"相对更为安于现状；洞察力更强的女性、视野更为开阔且人力资本更高的大专及以上文化程度农民、对生存环境更为敏感的中等以下生活水平"不宽裕户"、家庭成员多数继续生活在农村的低转移户，对农村发展现状的不满相对更甚（见表4-29）。

表4-29 样本农户视角下农村人口大规模转移对村庄发展的总体影响情况 单位：%

分类指标		影响很大	影响一般	无影响	合计
总体情况		43.3	40.5	16.2	100
年龄	30岁及以下	42.5	37.7	19.8	100
	31~40岁	46.2	43.9	9.9	100
	41~50岁	44.9	43.1	12.0	100
	50岁以上	40.7	37.0	22.3	100
性别	男	39.4	41.2	19.4	100
	女	47.0	39.5	13.5	100
文化程度	小学及以下	41.4	40.7	17.9	100
	初中	40.5	42.1	17.4	100
	高中或中专	41.6	43.7	14.7	100
	大专及以上	55.5	32.0	12.5	100
家庭生活水平	中等以下水平	48.5	34.6	16.9	100
	中等水平	40.3	44.2	15.5	100
	中等以上水平	42.8	38.4	18.8	100
人口转移水平	低转移户	43.8	45.8	10.4	100
	中等偏下转移户	40.4	39.5	20.1	100
	中等转移户	43.0	41.2	15.8	100
	中等偏上转移户	46.2	39.6	14.2	100
	高转移户	41.8	46.4	11.8	100

注：数据来自2018年调研活动，分类指标中年龄、性别、文化程度为受访农户家庭成员情况。男性与女性分别为726名与453名；30岁以下、31~40岁、41~50岁、50岁以上的分别为146名、171名、459名、403名；具有小学及以下文化、初中文化、高中或中专文化、大专及以上文化的分别为307名、506名、238名、128名；家庭生活中等以下水平、中等水平、中等以上水平的分别为260名、781名、138名；低转移户、中等偏下转移户、中等转移户、中等偏上转移户、高转移户分别为48个、418个、337个、182个、194个，样本农户总量1179个。

(二) 农村发展影响情况

2018年调研结果显示，26.6%的农户强调人口空心化背景下，农村基础设施供给缺失，致使城乡发展差距拉大与村庄生活质量不高；63.8%的农户指出，鉴于传统乡村养老模式逐渐瓦解而现代乡村养老模式尚未建立，家庭养老陷入困境并成为影响农村社会稳定的重要问题；67.8%的农户指出，青壮年家庭成员大量外流情况下，农村儿童缺乏照顾并将导致农村人力资本水平持续在低水平徘徊；34.5%的农户认为，随着人口不断流失，村庄事务缺乏足够关注，村庄原子化现象凸显；16.6%的农户指出，农村的公共人物与文化内生力量双双缺失，农村文化面临传承乏力境况；28%的农户表达出对亲情淡薄的担心，认为人员流动性加剧将加速亲缘、乡缘、血缘等乡土情感断裂；14%的农户认为，生存环境恶化已经严重干扰到农村可持续发展。总体而言，使命感更强的30岁及以下青年农民、主导生活事务的家庭女性，对于农户家庭危机相对更为关注；农村能人属性更强的中等以上生活水平"富裕户"、家庭成员多数继续生活在农村的低转移户，对于社会治理窘境的不满相对更甚；视野更为开阔且人力资本更高的大专及以上文化程度农民，对于生存环境困局的忧虑相对更强（见表4-30）。

表4-30 样本农户视角下农村人口大规模转移对村庄发展的具体影响情况

单位：%

分类指标		农村基础设施供给缺失	农村养老受困	儿童缺乏照顾	村庄事务缺乏关心	传统文化传承乏力	亲情淡薄	农村环境恶化	其他
总体情况		26.6	63.8	67.8	34.5	16.6	28.0	14.0	4.6
年龄	30岁及以下	28.8	76.0	76.7	37.7	21.9	37.7	18.5	5.5
	31~40岁	23.4	55.6	63.2	30.4	15.8	22.8	8.8	4.1
	41~50岁	26.8	63.6	69.7	33.8	13.9	30.7	14.6	4.1
	50岁以上	27.0	63.0	64.3	36.0	18.1	23.6	13.9	5.0
性别	男	27.3	64.3	65.6	34.8	16.1	27.7	13.6	4.5
	女	25.6	62.9	71.3	34.0	17.4	28.5	14.6	4.6

续表

分类指标		农村基础设施供给缺失	农村养老受困	儿童缺乏照顾	村庄事务缺乏关心	传统文化传承乏力	亲情淡薄	农村环境恶化	其他
文化程度	小学及以下	27.0	61.2	65.5	30.9	14.0	24.4	10.4	4.2
	初中	28.7	66.4	69.6	35.8	17.4	28.7	13.4	4.2
	高中或中专	22.3	61.3	63.4	34.5	16.4	28.6	15.1	5.0
	大专及以上	25.8	64.1	74.2	38.3	20.3	32.8	22.7	6.3
家庭生活水平	中等以下水平	28.1	63.8	66.2	33.5	16.9	30.0	17.7	4.2
	中等水平	25.6	63.9	68.6	33.9	16.8	27.5	13.2	4.2
	中等以上水平	29.7	63.0	65.9	39.9	15.2	26.8	11.6	7.2
人口转移水平	低转移户	33.3	68.8	66.7	35.4	25.0	33.3	16.7	2.1
	中等偏下转移户	24.6	59.1	64.8	33.3	15.3	29.2	14.6	3.8
	中等转移户	27.6	67.4	71.5	35.3	16.3	26.4	13.1	4.7
	中等偏上转移户	24.2	64.3	68.7	32.4	17.0	25.3	12.1	4.9
	高转移户	29.9	66.0	67.0	37.6	17.5	29.4	15.5	6.2

注：数据来自2018年调研活动，分类指标中年龄、性别、文化程度为受访农户家庭成员情况，本题设计为多选题，数值表示该类影响占该类型样本农户总量的比例，各行之和不为100。男性与女性分别为726名与453名；30岁以下、31~40岁、41~50岁、50岁以上的分别为146名、171名、459名、403名；具有小学以下文化、初中文化、高中或中专文化、大专及以上文化的分别为307名、506名、238名、128名；家庭生活中等以下水平、中等水平、中等以上水平的分别为260名、781名、138名；低转移户、中等偏下转移户、中等转移户、中等偏上转移户、高转移户分别为48个、418个、337个、182个、194个，样本农户总量1179个。

第二节 农村人口转移背景下现代农业支持政策效果的跟踪分析

现代农业支持政策有效引导农业生产活动，并不断推动农业发展方式变化。然而，鉴于农村人口转移引发耕地利用方式变动与农业经营主体变革，也在客观上动摇了部分现代农业支持政策的实施依据，很大程度上影响政策整体效应发挥，尤其以农业补贴政策最为明显。

117

一、农业发展方式变化的调查与思考

(一) 粮食生产去向情况

近年来,现代农业生产要素不断发挥作用,在逐步提升综合生产能力的同时也大幅提高粮食产量,有力保障国家粮食安全。调研结果显示,2009~2018年,粮食产量中用于自家消费的比重明显下降,而用于商业用途的比重则明显提升,体现出相对宽松的粮食供给状态。需要指出的是,规模经营情况较好的高转移村中政府收购比重提高最为明显,既反映出规模经营者是政策性粮食收购的重要来源,又在一定程度上昭示出国家以畅通销售渠道等方式来积极培育新型农业经营主体(见表4-31)。

表4-31　样本村庄粮食生产的去向情况　　单位:%

分类指标	调研年份	自家消费	市场销售	政府收购	其他	合计
低转移村	2009	74.0	20.0	5.5	0.5	100
	2018	23.5	64.6	4.1	7.7	100
中等偏下转移村	2009	57.5	36.9	5.6	0.0	100
	2018	35.7	51.8	8.5	4.0	100
中等转移村	2009	42.7	46.2	11.2	0.0	100
	2018	30.4	51.0	12.5	6.1	100
中等偏上转移村	2009	36.8	63.2	0.0	0.0	100
	2018	30.9	52.0	9.0	8.2	100
高转移村	2009	20.0	80.0	0.0	0.0	100
	2018	27.7	48.7	17.8	5.8	100

注:数值表示粮食生产去向的比例平均值。2009年与2018年低转移村、中等偏下转移村、中等转移村、中等偏上转移村、高转移村分别为49个、16个、13个、6个、1个与17个、53个、81个、81个、57个,样本村庄总量分别为85个与289个。

(二) 土地有效灌溉情况

土地灌溉长期是中国农业生产的重要短板,"望天收"曾经是多数地区农业生产的真实写照。伴随着国家加大现代农业支持力度,农村小型农田水利工程建设绩效斐然,土地有效灌溉状况极大改善。调研结果显示,2009年各类村庄有效灌溉土地面积的比例在50%左右,2018年均已经提升到65%以上,也吻合于同期国家整体水平(见表4-32)。

表4-32　　　　样本村庄土地有效灌溉的基本情况　　　　　单位:%

调研年份	低转移村	中等偏下转移村	中等转移村	中等偏上转移村	高转移村
2009	37.5	46.5	52.2	56.7	50.0
2018	74.7	66.5	66.3	67.3	68.7

注：数值表示有效灌溉土地面积的比例平均值。2009年与2018年低转移村、中等偏下转移村、中等转移村、中等偏上转移村、高转移村分别为49个、16个、13个、6个、1个与17个、53个、81个、81个、57个，样本村庄总量分别为85个与289个。

（三）土地测土施肥情况

土地测土配方施肥是针对化肥不科学施用现象的一种资源环境保护、作物品质提升手段，具有较高的现代科技含量，被视作现代农业发展的重要指标之一。2018年调研结果显示，在全部289个样本村庄中，已经有81个样本村庄开展土地测土施肥，占28.0%，且在各类村庄中占比均超过20.0%，表明国家对于农业生产中石化产品不合理、不规范投放情况的关注（见表4-33）。

表4-33　　　　样本村庄土地测土配方施肥的基本情况　　　　单位:%

总体情况	低转移村	中等偏下转移村	中等转移村	中等偏上转移村	高转移村
28.0	29.4	34.0	30.9	22.2	26.3

注：数据来自2018年调研活动，数值表示开展土地测土配方施肥的样本村庄比例。低转移村、中等偏下转移村、中等转移村、中等偏上转移村、高转移村分别为17个、53个、81个、81个、57个，样本村庄总量289个。

二、现代农业支持政策效果的调查与思考

种粮直补、良种补贴、农资综合补贴三项农业补贴政策是近十余年来备受瞩目的惠农政策，也是笔者长期追踪的代表性现代农业支持政策。2018年调研结果显示，农业补贴政策已经难以完全适应土地流转、农业生产成本上涨等发展形势。

（一）农业补贴去向情况

伴随着土地大规模流转，在土地承包者与真正务农者已然分离的情况下，农业补贴受益者明显偏离于农业实际从业者。调研结果显示，高达55.0%的村庄仍然主要由土地承包者惯性接受农业补贴，而主要由实际经营者获得补贴的村庄比例仅为41.2%。通过访谈获知，即便是部分地区的

新型农业经营主体在名义上领取到拨付给实际经营者的农业补贴资金,也已经在当初土地流转时被土地承包者考虑入租金价格中,并随着地租抬高而被稀释。简言之,农业补贴事实上已经被广大农户理解成为一种凭借集体成员资格以及土地承包权而获取的财产权利(见表4-34)。

表4-34　　　　　　样本村庄农业补贴的最主要去向情况　　　　　　单位:%

土地承包者	实际经营者	其他	合计
55.0	41.2	3.8	100

注:数据来自2018年调研活动,样本村庄总量289个。

(二)农业补贴满意度情况

针对农业补贴满意度的调研结果显示,大多数农户因上文提及的普惠福利性质而认同国家实施的农业补贴政策,表示满意的农户合计占69.3%,表示非常满意的占15.9%。总体而言,倾向于扩大经营规模并成为新型职业农民的30岁及以下青年农民、经济回报敏感性更强的家庭女性、更为强调传统土地财产权利的初中以下文化程度农民、更为看重家庭财产性收入的中等以下生活水平"不宽裕户"、家庭成员多数继续生活在农村的低转移户,对于农业补贴的异议相对更大(见表4-35)。

表4-35　　　　　　样本农户对于农业补贴的满意度情况　　　　　　单位:%

分类指标		非常满意	基本满意	无意见	不太满意	非常不满意	合计
总体情况		15.9	53.4	18.7	9.8	2.2	100
年龄	30岁及以下	14.4	40.4	25.3	16.4	3.5	100
	31~40岁	11.1	59.6	19.9	7.6	1.8	100
	41~50岁	14.6	56.6	17.9	10.2	0.7	100
	50岁以上	20.6	52.4	16.3	7.7	3.0	100
性别	男	17.9	53.0	18.2	9.0	1.9	100
	女	12.6	54.1	19.6	11.3	2.4	100
文化程度	小学及以下	12.1	55.0	23.5	8.1	1.3	100
	初中	13.8	52.4	20.0	11.3	2.5	100
	高中或中专	23.5	53.4	12.2	8.8	2.1	100
	大专及以上	19.5	53.1	15.6	10.2	1.6	100

续表

分类指标		非常满意	基本满意	无意见	不太满意	非常不满意	合计
家庭生活水平	中等以下水平	14.6	50.4	20.4	12.3	2.3	100
	中等水平	15.4	56.0	17.3	9.9	1.4	100
	中等以上水平	21.0	44.9	26.1	5.8	2.2	100
人口转移水平	低转移户	18.7	52.1	14.6	14.6	0.0	100
	中等偏下转移户	15.6	52.2	19.1	12.0	1.1	100
	中等转移户	17.2	54.6	19.0	7.4	1.8	100
	中等偏上转移户	13.2	56.0	19.2	9.3	2.3	100
	高转移户	16.0	52.1	19.5	9.3	3.1	100

注：数据来自2018年调研活动，分类指标中年龄、性别、文化程度为受访农户家庭成员情况。男性与女性分别为726名与453名；30岁及以下、31~40岁、41~50岁、50岁以上的分别为146名、171名、459名、403名；具有小学及以下文化、初中文化、高中或中专文化、大专及以上文化的分别为307名、506名、238名、128名；家庭生活中等以下水平、中等水平、中等以上水平的分别为260名、781名、138名；低转移户、中等偏下转移户、中等转移户、中等偏上转移户、高转移户分别为48个、418个、337个、182个、194个，样本农户总量1179个。

（三）农业补贴作用的意见情况

针对农业补贴促进农业生产作用的调研结果显示，认为作用很大的农户仅占27.6%。通过访谈获知，农业补贴在逐渐演变为农民补助的同时，一定程度上背离了激励生产的政策初衷。农民是理性经济人，在务农与非农、种植粮食与种植经济作物的资源分配上，会考虑比较利益大小与机会成本高低，普惠性质且金额有限的农业补贴难以有效调动农业生产积极性。总体而言，长期习惯农事活动的50岁以上"农一代"、身为家庭成员主体与农村社会主体的男性、视野更为开阔且熟悉国家惠农政策的大专及以上文化程度农民、涉农收益较高的中等以上生活水平"富裕户"，相对更为认同农业补贴对农业生产的重要促进作用；而家庭成员多数继续生活在农村的低转移户，则对于农业补贴促进农业生产的作用相对不敏感（见表4-36）。

表4-36　样本农户视角下农业补贴促进农业生产的作用情况　　　　单位:%

分类指标		作用很大	一般	作用很小	说不清	合计
总体情况		27.6	53.3	13.0	6.1	100
年龄	30岁及以下	26.7	47.9	19.2	6.2	100
	31~40岁	26.3	55.6	11.7	6.4	100
	41~50岁	26.6	56.6	10.9	5.9	100
	50岁以上	30.5	51.4	14.4	3.7	100
性别	男	29.1	51.8	13.0	6.1	100
	女	25.2	55.6	13.0	6.2	100
文化程度	小学及以下	24.1	56.7	13.7	5.5	100
	初中	25.7	54.5	13.8	6.0	100
	高中或中专	31.5	52.9	10.5	5.1	100
	大专及以上	36.7	42.2	16.4	4.7	100
家庭生活水平	中等以下水平	27.3	51.5	15.8	5.4	100
	中等水平	26.2	56.2	12.4	5.2	100
	中等以上水平	29.7	47.1	16.7	6.5	100
人口转移水平	低转移户	20.8	50.0	22.9	6.3	100
	中等偏下转移户	26.1	53.5	14.1	6.3	100
	中等转移户	27.0	57.2	10.9	4.9	100
	中等偏上转移户	29.1	52.7	14.3	3.9	100
	高转移户	27.8	52.2	14.4	5.6	100

注：数据来自2018年调研活动，分类指标中年龄、性别、文化程度为受访农户家庭成员情况。男性与女性分别为726名与453名；30岁以下、31~40岁、41~50岁、50岁以上的分别为146名、171名、459名、403名；具有小学及以下文化、初中文化、高中或中专文化、大专及以上文化的分别为307名、506名、238名、128名；家庭生活中等以下水平、中等水平、中等以上水平的分别为260名、781名、138名；低转移户、中等偏下转移户、中等转移户、中等偏上转移户、高转移户分别为48个、418个、337个、182个、194个，样本农户总量1179个。

针对农业补贴促进农民增收作用的调研结果显示，认为作用很大的农户仅占21.6%（低于上文中27.6%的农户认为促进农业生产作用很大）。通过访谈获知，普惠性质的亩均不足百元农业补贴在农民收入整体性提高背景下显得微不足道。简言之，无论是促进农业生产，还是促进农民增收，农业补贴的效果均不容乐观。总体而言，长期习惯农事活动的50岁以上"农一代"、身为家庭成员主体与农村社会主体的男性、经济收入来源有限且仍以务农为主业的中等以下生活水平"非宽裕户"、土地流转收益较高的高转移户，仍相对更为认同农业补贴对农民增收的重要促进作用；而视野更为开阔且熟悉国家惠农政策的大专及以上文化程度农民则相对更认为农业补贴方式需调整，继而更好地促进实际经营者收入增加（见表4-37）。

表4-37 样本农户视角下农业补贴促进农民增收的作用情况 单位:%

分类指标		作用很大	一般	作用很小	说不清	合计
总体情况		21.6	53.2	19.9	5.3	100
年龄	30岁及以下	20.5	46.6	25.3	7.6	100
	31~40岁	20.5	56.7	16.4	6.4	100
	41~50岁	20.0	55.6	20.0	4.4	100
	50岁以上	25.8	52.1	19.1	3.0	100
性别	男	23.6	54.0	17.6	4.8	100
	女	18.5	51.9	23.6	6.0	100
文化程度	小学及以下	20.5	53.7	19.5	6.3	100
	初中	20.9	53.8	21.3	4.0	100
	高中或中专	24.4	55.0	16.4	4.2	100
	大专及以上	21.9	48.4	23.4	6.3	100
家庭生活水平	中等以下水平	24.2	51.5	19.6	4.7	100
	中等水平	20.9	54.3	20.2	4.6	100
	中等以上水平	21.7	51.4	20.3	6.6	100
人口转移水平	低转移户	16.7	43.8	35.4	4.1	100
	中等偏下转移户	20.6	51.9	21.8	5.7	100
	中等转移户	20.8	57.3	18.4	3.5	100
	中等偏上转移户	20.9	58.5	16.5	3.8	100
	高转移户	27.8	46.9	19.1	6.2	100

注：数据来自2018年调研活动，分类指标中年龄、性别、文化程度为受访农户家庭成员情况。男性与女性分别为726名与453名；30岁及以下、31~40岁、41~50岁、50岁以上的分别为146名、171名、459名、403名；具有小学及以下文化、初中文化、高中或中专文化、大专及以上文化的分别为307名、506名、238名、128名；家庭生活中等以下水平、中等水平、中等以上水平的分别为260名、781名、138名；低转移户、中等偏下转移户、中等转移户、中等偏上转移户、高转移户分别为48个、418个、337个、182个、194个，样本农户总量1179个。

（四）农业补贴模式的意见情况

针对农业补贴模式意见的调研结果显示，46.4%的农户认为补贴金额始终过小，16.5%的农户认为补贴方式不合理，17.6%的农户认为农业生产重要性下降而不敏感。通过访谈获知，一是在经济水平不断提升与消费价格不断上涨的情况下，农业补贴规模难以满足农民心理预期。相关研究指出，尽管"三项补贴"不断扩大资金规模，2015年已经达到1415亿元[1]，但2016年平均每亩仍仅约85.1元[2]。二是仍旧以土地承包者为发放对象，等同于将农业补贴视作"补贴土地"的"大锅饭"，且忽视实际农业经营者之于保障农业生产的贡献。三是伴随着农业生产在农户家庭经济活动中重要性下降，部分农户已经不再在意农业补贴具体模式，实质上反映出对政策善意的漠视。总体而言，类似于上文分析，长期习惯农事活动的50岁以上"农一代"、经济收入来源有限且仍以务农为主业的中等以下生活水平"非宽裕户"，尽管极为认同农业补贴的经济效益，但依旧与家庭成员多数继续生活在农村的低转移户、对国家惠农支持依赖较高的小学及以下文化程度农民一起，相对更为期盼农业补贴标准进一步提高；倾向于扩大经营规模并成为新型职业农民的30岁及以下青年农民、视野更为开阔且熟悉国家惠农政策的大专及以上文化程度农民，则对农业补贴方式变革的呼吁相对更为激烈（见表4－38）。

表4－38　　　　　样本农户对于农业补贴的意见情况　　　　　单位：%

分类指标		补贴金额始终过小	补贴方式不合理	农业生产重要性下降而不敏感	其他	合计
总体情况		46.4	16.5	17.6	19.5	100
年龄	30岁及以下	43.2	21.9	13.0	21.9	100
	31~40岁	38.0	18.1	21.6	22.3	100
	41~50岁	45.3	16.3	18.3	20.1	100
	50岁以上	52.9	12.4	16.4	18.3	100
性别	男	45.7	16.7	19.4	18.2	100
	女	47.5	16.1	14.8	21.6	100

---

[1] 张天佐、郭永田、杨洁梅：《基于价格支持和补贴导向的农业支持保护制度改革回顾与展望》，《农业经济问题》2018年第11期，第4－10页。

[2] 汤敏：《中国农业补贴政策调整优化问题研究》，《农业经济问题》2017年第12期，第17－21页。

续表

分类指标		补贴金额始终过小	补贴方式不合理	农业生产重要性下降而不敏感	其他	合计
文化程度	小学及以下	53.7	14.0	16.3	16.0	100
	初中	44.5	16.2	16.4	22.9	100
	高中或中专	42.4	14.3	22.3	21.0	100
	大专及以上	38.3	24.2	16.4	21.1	100
家庭生活水平	中等以下水平	50.0	16.9	15.8	17.3	100
	中等水平	47.1	15.1	18.2	19.6	100
	中等以上水平	30.4	20.3	17.4	31.9	100
人口转移水平	低转移户	58.3	20.8	8.3	12.6	100
	中等偏下转移户	42.8	16.5	18.9	21.8	100
	中等转移户	45.7	16.3	21.1	16.9	100
	中等偏上转移户	48.4	12.6	14.8	24.2	100
	高转移户	46.9	17.0	13.4	22.7	100

注：数据来自2018年调研活动，分类指标中年龄、性别、文化程度为受访农户家庭成员情况。男性与女性分别为726名与453名；30岁及以下、31~40岁、41~50岁、50岁以上的分别为146名、171名、459名、403名；具有小学及以下文化、初中文化、高中或中专文化、大专及以上文化的分别为307名、506名、238名、128名；家庭生活中等以下水平、中等水平、中等以上水平的分别为260名、781名、138名；低转移户、中等偏下转移户、中等转移户、中等偏上转移户、高转移户分别为48个、418个、337个、182个、194个，样本农户总量1179个。

针对农业补贴对象意见的调研结果显示，分别有41.6%与40.5%的农户认为应给予原有土地承包户与实际种植者；但还有17.9%的农户表态在不给予农民合作社、农业企业等新型农业经营主体的前提下，土地流转双方农户均有资格获取。通过访谈获知，一是越是经济回报敏感性更强的家庭女性、经济收入来源有限且仍以务农为主业的中等以下生活水平"非宽裕户"、土地流转收益较高的高转移户，越是相对强调农业补贴权应以土地承包权为判断标准。二是越是倾向于扩大经营规模并成为新型职业农民的30岁及以下青年农民、视野更为开阔且熟悉国家惠农政策的大专及以上文化程度农民，越是相对强调应重视实际种植户的惠农支持权利。三是相当比例的农户仍对民主性不佳与分配机制不健全的农民合作社以及外来的农业企业持有不信任态度，认为其侵占了本属于自身的发展资源；只要是土地流转任何一方农户获取农业补贴，都至少意味着国家福利补助保留在农民群体内部,可做日后调整(见表4-39)。

表4-39　　　　样本农户对于农业补贴对象的意见情况　　　　单位:%

分类指标		原有承包户	实际种植户	只要农户就行,不能给合作社、企业等	合计
总体情况		41.6	40.5	17.9	100
年龄	30岁及以下	35.6	43.8	20.6	100
	31~40岁	43.9	41.5	14.6	100
	41~50岁	44.7	39.4	15.9	100
	50岁以上	42.2	41.2	16.6	100
性别	男	40.4	42.3	17.3	100
	女	43.7	37.7	18.6	100
文化程度	小学及以下	42.7	37.8	19.5	100
	初中	42.5	41.5	16.0	100
	高中或中专	43.7	42.4	13.9	100
	大专及以上	34.4	46.1	19.5	100
家庭生活水平	中等以下水平	48.1	36.2	15.7	100
	中等水平	40.8	41.9	17.3	100
	中等以上水平	37.0	46.4	16.6	100
人口转移水平	低转移户	39.6	45.8	14.6	100
	中等偏下转移户	40.4	43.5	16.1	100
	中等转移户	43.3	36.2	20.5	100
	中等偏上转移户	38.5	44.5	17.0	100
	高转移户	46.9	40.2	12.9	100

注:数据来自2018年调研活动,分类指标中年龄、性别、文化程度为受访农户家庭成员情况。男性与女性分别为726名与453名;30岁及以下、31~40岁、41~50岁、50岁以上的分别为146名、171名、459名、403名;具有小学及以下文化、初中文化、高中或中专文化、大专及以上文化的分别为307名、506名、238名、128名;家庭生活中等以下水平、中等水平、中等以上水平的分别为260名、781名、138名;低转移户、中等偏下转移户、中等转移户、中等偏上转移户、高转移户分别为48个、418个、337个、182个、194个,样本农户总量1179个。

(五)农业生产成本的意见情况

针对农业生产成本上涨的调研结果显示,19.5%的农户持有上涨非常快的观点,以至于因难以承受而丧失务农动力;58.1%的农户持有上涨比较快的观点,勉强能够承受且该干还得干;而认为上涨正常并可以承受的农户仅占 15.1%。总体而言，长期习惯农事活动的 50 岁以上"农一代"、经济回报敏感性更强的家庭女性、经济收入来源有限且仍以务农为主业的中等以下生活水平"非宽裕户"，对于农业生产成本上涨的意见相对更为激烈；人力资本较低的初中以下文化程度农民、家庭成员多数继续生活在农村的低转移户，无奈忍受农业生产成本上涨的色彩相对更为浓厚（见表 4-40）。

表 4-40　样本农户对于农业生产成本上涨幅度的意见情况　　　单位:%

分类指标		上涨非常快，难以承受，没务农动力	上涨比较快，勉强承受，该干还得干	上涨正常，可以承受	说不清	合计
总体情况		19.5	58.1	15.1	7.3	100
年龄	30 岁及以下	21.9	48.6	15.8	13.7	100
	31~40 岁	19.9	57.9	17.5	4.7	100
	41~50 岁	18.5	61.0	15.3	5.2	100
	50 岁以上	22.8	58.3	13.4	5.5	100
性别	男	18.0	59.9	15.8	6.3	100
	女	21.9	55.2	13.8	9.1	100
文化程度	小学及以下	17.3	63.2	11.4	8.1	100
	初中	20.4	60.1	13.4	6.1	100
	高中或中专	20.2	54.6	21.4	3.8	100
	大专及以上	22.7	47.7	21.1	8.5	100
家庭生活水平	中等以下水平	27.3	57.3	11.5	3.9	100
	中等水平	18.1	61.1	14.1	6.7	100
	中等以上水平	15.2	45.7	29.7	9.4	100
人口转移水平	低转移户	18.8	64.6	16.6	0.0	100
	中等偏下转移户	18.7	58.9	15.3	7.1	100
	中等转移户	19.6	59.3	15.1	6.0	100
	中等偏上转移户	17.1	60.4	15.9	6.6	100
	高转移户	25.3	52.6	14.9	7.2	100

注：数据来自 2018 年调研活动，分类指标中年龄、性别、文化程度为受访农户家庭成员情况。男性与女性分别为 726 名与 453 名；30 岁及以下、31~40 岁、41~50 岁、50 岁以上的分别为 146 名、171 名、459 名、403 名；具有小学及以下文化、初中文化、高中或中专文化、大专及以上文化的分别为 307 名、506 名、238 名、128 名；家庭生活中等以下水平、中等水平、中等以上水平的分别为 260 名、781 名、138 名；低转移户、中等偏下转移户、中等转移户、中等偏上转移户、高转移户分别为 48 个、418 个、337 个、182 个、194 个，样本农户总量 1179 个。

农业生产成本上涨势必带来支出负担并挤压盈利空间,继而影响到农户的农业投入意愿。调研结果显示,20.8%的农户认为成本上涨导致农业生产不划算并将减少农业投入,59.1%的农户表态必要开销仍需维持,12.0%的农户则持有无影响的乐观态度。通过访谈获知,一是农业生产成本上涨影响到部分农户的家庭经营收入与农业投入积极性,并推动土地流转与人员外流,这在人力资本更高且更易外出就业的大专及以上农民、家庭成员多数已经外出就业的高转移户中体现得相对更为明显。二是相当比例农民因各种原因而留守农村,既是农业生产重要主体,自身务农依赖性又较强,物质上与精神上均是农业生产成本上涨相关影响最沉重的承担主体,这在长期习惯农事活动的50岁以上"农一代"、身为家庭成员主体与农村社会主体的男性、经济收入来源有限且仍以务农为主业的中等以下生活水平"非宽裕户"中体现得相对更为明显(见表4-41)。

表4-41　样本农户视角下农业生产成本上涨对农业投入的影响情况　　单位:%

分类指标		不划算,减少投入	没办法,该花钱还是要花钱	没影响,务农本来就需要支出	说不清	合计
总体情况		20.8	59.1	12.0	8.1	100
年龄	30岁及以下	21.9	56.2	10.3	11.6	100
	31~40岁	23.4	55.0	14.6	7.0	100
	41~50岁	23.3	58.8	10.2	7.7	100
	50岁以上	17.9	63.3	13.2	5.6	100
性别	男	19.8	59.4	13.5	7.3	100
	女	21.9	55.2	13.8	9.1	100
文化程度	小学及以下	15.6	65.1	10.5	8.8	100
	初中	22.9	59.7	11.3	6.1	100
	高中或中专	20.6	54.6	16.0	8.8	100
	大专及以上	25.0	53.9	12.5	8.6	100
家庭生活水平	中等以下水平	24.2	62.7	7.7	5.4	100
	中等水平	20.2	60.2	12.0	7.6	100
	中等以上水平	17.4	49.3	21.0	12.3	100

续表

分类指标		不划算，减少投入	没办法，该花钱还是要花钱	没影响，务农本来就需要支出	说不清	合计
人口转移水平	低转移户	20.8	64.6	12.5	2.1	100
	中等偏下转移户	20.6	51.9	21.8	5.7	100
	中等转移户	20.8	57.3	18.4	3.5	100
	中等偏上转移户	20.9	58.8	16.5	3.8	100
	高转移户	27.8	46.9	19.1	6.2	100

注：数据来自2018年调研活动，分类指标中年龄、性别、文化程度为受访农户家庭成员情况。男性与女性分别为726名与453名；30岁及以下、31~40岁、41~50岁、50岁以上的分别为146名、171名、459名、403名；具有小学及以下文化、初中文化、高中或中专文化、大专及以上文化的分别为307名、506名、238名、128名；家庭生活中等以下水平、中等水平、中等以上水平的分别为260名、781名、138名；低转移户、中等偏下转移户、中等转移户、中等偏上转移户、高转移户分别为48个、418个、337个、182个、194个，样本农户总量1179个。

针对农业补贴能否弥补农业生产成本上涨影响的调研显示，76.8%的农户表示有益，认为很大弥补与部分弥补的分别占18.6%与58.2%，但另有23.2%的农户认为完全不能弥补。通过访谈获知，受农村人口大规模转移的冲击，在农业物质与服务费用、土地租金、农业雇工价格"三本齐升"背景下，有限补贴金额难以有效缓解农户困难。总体而言，倾向于扩大经营规模并成为新型职业农民的30岁及以下青年农民、身为家庭成员主体与农村社会主体的男性、视野更为开阔且熟悉国家惠农政策的大专及以上农民、经济收入来源有限且仍以务农为主业的中等以下生活水平"非宽裕户"，对于农业补贴难以弥补农业生产成本上涨影响的不满相对更甚（见表4-42）。

表4-42 样本农户视角下农业补贴弥补农业生产成本上涨影响的意见情况 单位：%

分类指标		完全不能弥补	可以部分弥补	很大弥补	合计
总体情况		23.2	58.2	18.6	100
年龄	30岁及以下	19.9	76.7	3.4	100
	31~40岁	15.8	77.2	7.0	100
	41~50岁	17.4	80.4	2.2	100
	50岁以上	18.9	78.1	3.0	100

续表

分类指标		完全不能弥补	可以部分弥补	很大弥补	合计
性别	男	24.1	60.1	15.8	100
	女	21.9	55.1	23.0	100
文化程度	小学及以下	19.5	76.2	4.3	100
	初中	16.4	81.2	2.4	100
	高中或中专	17.2	79.9	2.9	100
	大专及以上	21.9	71.1	7.0	100
家庭生活水平	中等以下水平	23.1	73.1	3.8	100
	中等水平	16.5	80.3	3.2	100
	中等以上水平	16.7	79.0	4.3	100
人口转移水平	低转移户	16.7	79.2	4.1	100
	中等偏下转移户	17.9	78.8	3.3	100
	中等转移户	17.2	81.0	1.8	100
	中等偏上转移户	19.8	75.3	4.9	100
	高转移户	18.0	76.8	5.2	100

注：数据来自2018年调研活动，分类指标中年龄、性别、文化程度为受访农户家庭成员情况。男性与女性分别为726名与453名；30岁及以下、31~40岁、41~50岁、50岁以上的分别为146名、171名、459名、403名；具有小学及以下文化、初中文化、高中或中专文化、大专及以上文化的分别为307名、506名、238名、128名；家庭生活中等以下水平、中等水平、中等以上水平的分别为260名、781名、138名；低转移户、中等偏下转移户、中等转移户、中等偏上转移户、高转移户分别为48个、418个、337个、182个、194个，样本农户总量1179个。

第三节　农村人口转移背景下农民收益保障政策效果的跟踪分析

农民收益保障政策固然有益于稳定农民收入。然而，鉴于农村人口转移引发农业生产方式、农户收入结构等变化，也在客观上削弱了以保障家庭经营收入为导向的传统农民收益保障政策功效，尤其以农产品价格支持政策最为明显。

一、农户收入结构变动的调查与思考

根据农户非农收入比例（农户非农收入总量/农户收入总量），可将样

本农户按照20%以下收入来自非农、21%~40%收入来自非农、41%~60%收入来自非农、61%~80%收入来自非农、80%以上收入来自非农的五等份标准划分为五种类型,即低非农收入户、中等偏下非农收入户、中等非农收入户、中等偏上非农收入户、高非农收入户。纵观2009~2018年十年演变,农户非农收入水平显著提高。就低非农收入户与高非农收入户两类农户而言,2009年,18.5%的农户属于前者,后者仅占9.3%,低非农收入户与中等偏下非农收入户合计占38.7%,反映出当时农户非农收入仍较为有限;但2014年与2018年,却分别仅剩8.0%与5.8%的农户属于前者,后者占比则分别上升至38.2%与21.7%,低非农收入户与中等偏下非农收入户合计占比分别仅有13.7%与14.7%,而中等偏上非农收入户与高非农收入户合计占比则分别达到65.8%与63.8%,反映出非农收入已经构成农户最重要的收入来源。2014年与2018年调研结果均显示,各类型农户的非农收入比例大致随着人口转移比例提高而提高。其中,高转移户中中等偏上非农收入户与高非农收入户合计占比分别达78.5%与72.2%,反映出家庭成员外出就业与农户非农收入之间关系密切(见表4-43)。

表4-43　　　　　样本农户非农收入的基本情况　　　　　　　单位:%

分类指标	调研年份	低非农收入户	中等偏下非农收入户	中等非农收入户	中等偏上非农收入户	高非农收入户	合计
总体情况	2009	18.5	20.2	26.2	25.8	9.3	100
	2014	8.0	5.7	20.5	27.6	38.2	100
	2018	5.8	8.9	21.5	42.1	21.7	100
低转移户	2014	6.7	0.0	33.3	26.7	33.3	100
	2018	14.6	14.6	25.0	35.4	10.4	100
中等偏下转移户	2014	11.3	7.3	21.0	24.1	36.3	100
	2018	8.9	11.0	21.1	41.5	17.5	100
中等转移户	2014	8.1	5.8	22.0	31.2	32.9	100
	2018	2.1	11.0	24.6	38.3	24.0	100
中等偏上转移户	2014	10.5	7.9	20.2	25.4	36.0	100
	2018	4.4	3.8	18.7	49.5	23.6	100

续表

分类指标	调研年份	低非农收入户	中等偏下非农收入户	中等非农收入户	中等偏上非农收入户	高非农收入户	合计
高转移户	2014	2.5	2.5	16.5	28.1	50.4	100
	2018	4.6	4.6	18.6	44.3	27.9	100

注：2009 年、2014 年与 2018 年样本农户总量分别为 302 个、547 个与 1179 个。其中，2014 年与 2018 年低转移户、中等偏下转移户、中等转移户、中等偏上转移户、高转移户分别为 15 个、124 个、173 个、114 个、121 个与 48 个、418 个、337 个、182 个、194 个。

二、农民收益保障政策效果的调查与思考

以最低收购价政策与临时收储政策为主体的农产品价格支持政策是中国惠农政策体系的重要组成部分，也是笔者长期追踪的代表性农民收益保障政策。2018 年调研结果显示，伴随着家庭经营收入占农户总收入比重逐渐下降，农产品价格支持的收益保障功能不断削弱。

（一）农产品最主要销售渠道情况

调研结果显示，民间私人仍是农户最重要的农产品销售渠道，占 50.6%，若再加上 22.7% 的集贸市场比重，则超过七成的农户主要依靠民间渠道来销售农产品。尽管近年来政府收购农产品的比重有所提升，但仍仅占 12.8%（见表 4-44）。

表 4-44　　　　样本农户农产品的最主要销售渠道情况　　　　单位：%

政府粮站	集贸市场	农民合作社	民间私人	农业企业	其他	总计
12.8	22.7	3.8	50.6	3.4	6.7	100

注：数据来自 2018 年调研活动，样本农户总量 1179 个。

（二）农产品销售价格满意度情况

针对农产品销售价格满意度的调研结果显示，满意与不满意的农户比例大致均衡，分别合计占 41.4% 与 38.6%，而非常满意与非常不满意的分别仅为 5.7% 与 7.0%。总体而言，长期习惯农事活动的 40 岁以上年长农民、经济回报敏感性更强的家庭女性、视野更为开阔且熟悉国家惠农政策的大专及以上文化程度农民、经济收入来源有限且仍以务农为主业的中等以下生活水平"非宽裕户"、家庭成员多数继续生活在农村的低转移户，对于农产品销售价格的不满相对更甚（见表 4-45）。

表 4-45　　　　样本农户对于农产品销售价格的满意度情况　　　　单位:%

分类指标		非常满意	基本满意	无意见	不太满意	非常不满意	合计
总体情况		5.7	35.7	20.0	31.6	7.0	100
年龄	30 岁及以下	6.2	32.8	24.0	31.5	5.5	100
	31~40 岁	2.9	45.0	21.6	26.9	3.6	100
	41~50 岁	6.1	35.9	19.6	31.8	6.6	100
	50 岁以上	8.2	33.5	18.6	33.2	6.5	100
性别	男	5.8	35.3	20.4	32.9	5.6	100
	女	5.5	36.4	19.4	29.6	9.1	100
文化程度	小学及以下	4.9	34.5	25.1	31.3	4.2	100
	初中	5.3	34.6	20.4	32.4	7.3	100
	高中或中专	7.1	35.3	16.8	36.1	4.7	100
	大专及以上	6.3	45.3	16.4	23.4	8.6	100
家庭生活水平	中等以下水平	4.2	28.5	19.2	34.6	13.5	100
	中等水平	6.3	37.3	21.3	30.9	4.2	100
	中等以上水平	5.8	39.9	20.3	29.7	4.3	100
人口转移水平	低转移户	4.2	31.3	18.8	33.2	12.5	100
	中等偏下转移户	4.1	30.6	20.6	35.6	9.1	100
	中等转移户	8.0	37.7	17.5	32.3	4.5	100
	中等偏上转移户	7.7	37.9	21.4	29.1	3.9	100
	高转移户	4.1	41.8	26.3	23.2	4.6	100

注：数据来自 2018 年调研活动，分类指标中年龄、性别、文化程度为受访农户家庭成员情况。男性与女性分别为 726 名与 453 名；30 岁及以下、31~40 岁、41~50 岁、50 岁以上的分别为 146 名、171 名、459 名、403 名；具有小学及以下文化、初中文化、高中或中专文化、大专及以上文化的分别为 307 名、506 名、238 名、128 名；家庭生活中等以下水平、中等水平、中等以上水平的分别为 260 名、781 名、138 名；低转移户、中等偏下转移户、中等转移户、中等偏上转移户、高转移户分别为 48 个、418 个、337 个、182 个、194 个，样本农户总量 1179 个。

（三）政府收购农产品满意度情况

针对政府收购农产品满意度的调研结果显示，51.8% 的农户持有满意态度（高于上文中 41.4% 的农户满意农产品销售价格），认为非常满意的占比为 8.7%（高于上文中 5.7% 的农户非常满意农产品销售价格），另有 26.0% 的农户无意见。通过访谈获知，基于推动农民增收的考虑，国家自 2008 年开始逐步提高最低收购价与临时收储价，在短期内部分弥补了农民因生产价格上涨而造成的利益损失以及城乡居民收入差距。总体而言，长期习惯农事活动的年长农民、身为家庭成员主体与农村社会主体的男性、人力资本更高且熟悉国家惠农政策的高中或中专以上文化程度农民、涉农收益较高的中等以上生活水平"富裕户"、人口转移比重较高的农户，相对更为认同政府收购农产品的举措（见表4-46）。

表4-46　　样本农户对于政府收购农产品的满意度情况　　单位：%

分类指标		非常满意	基本满意	无意见	不太满意	非常不满意	合计
总体情况		8.7	43.1	26.0	18.2	4.0	100
年龄	30岁及以下	9.6	41.1	30.8	16.4	2.1	100
	31~40岁	8.2	50.9	22.8	15.2	2.9	100
	41~50岁	8.3	42.0	28.8	17.2	3.7	100
	50岁以上	10.4	41.9	22.3	21.3	4.1	100
性别	男	9.0	43.1	26.7	17.8	3.4	100
	女	8.2	43.3	24.7	19.0	4.8	100
文化程度	小学及以下	6.8	40.7	27.4	20.8	4.3	100
	初中	8.3	41.7	29.1	17.2	3.7	100
	高中或中专	10.1	47.9	17.2	22.7	2.1	100
	大专及以上	11.7	46.1	28.9	8.6	4.7	100
家庭生活水平	中等以下水平	8.8	36.2	26.2	21.5	7.3	100
	中等水平	8.6	44.4	26.4	18.2	2.4	100
	中等以上水平	10.9	47.1	27.5	11.6	2.9	100
人口转移水平	低转移户	6.3	39.6	25.0	25.0	4.1	100
	中等偏下转移户	7.2	36.8	29.7	21.8	4.5	100
	中等转移户	11.0	48.0	22.0	16.0	3.0	100
	中等偏上转移户	9.9	41.2	29.1	16.5	3.3	100
	高转移户	8.8	50.0	24.7	13.9	2.6	100

注：数据来自2018年调研活动，分类指标中年龄、性别、文化程度为受访农户家庭成员情况。男性与女性分别为726名与453名；30岁及以下、31~40岁、41~50岁、50岁以上的分别为146名、171名、459名、403名；具有小学及以下文化、初中文化、高中或中专文化、大专及以上文化的分别为307名、506名、238名、128名；家庭生活中等以下水平、中等水平、中等以上水平的分别为260名、781名、138名；低转移户、中等偏下转移户、中等转移户、中等偏上转移户、高转移户分别为48个、418个、337个、182个、194个，样本农户总量1179个。

（四）政府收购农产品作用的意见情况

针对政府收购农产品促进农业生产作用的调研结果显示，认为作用很大的农户仅占 19.7%。通过访谈获知，基于农业具有比较收益劣势与农民是理性经济人的事实，即便政府收购农产品有助于稳定销售渠道，仍难以动摇农户从机会成本角度考虑而作出的生产决策。总体而言，较为重视务农收入的 31~50 岁中间农民、经济收入来源有限且仍以务农为主业的中等以下生活水平"非宽裕户"、人力资本更高且熟悉国家惠农政策的高中或中专以上文化程度农民，相对更为认同政府收购农产品对农业生产起到重要促进作用；而家庭成员多数继续生活在农村的低转移户、主导生活事务的家庭女性，则对于政府收购农产品促进农业生产的作用相对不敏感（见表 4-47）。

表 4-47 样本农户视角下政府收购农产品促进农业生产的作用情况　　　单位：%

	分类指标	作用很大	一般	作用很小	说不清	合计
	总体情况	19.7	55.1	15.8	9.4	100
年龄	30 岁及以下	20.5	52.7	21.9	4.9	100
	31~40 岁	21.6	56.7	11.1	10.6	100
	41~50 岁	19.6	58.6	13.1	8.7	100
	50 岁以上	21.3	51.9	19.1	7.7	100
性别	男	21.2	54.3	16.1	8.4	100
	女	17.2	56.5	15.2	11.1	100
文化程度	小学及以下	17.9	55.4	16.0	10.7	100
	初中	18.8	57.3	16.0	7.9	100
	高中或中专	23.9	51.3	17.2	7.6	100
	大专及以上	21.1	57.8	15.6	5.5	100
家庭生活水平	中等以下水平	19.2	54.2	17.3	9.3	100
	中等水平	19.3	57.2	15.5	8.0	100
	中等以上水平	24.6	50.7	16.7	8.0	100
人口转移水平	低转移户	18.8	50.0	29.2	2.0	100
	中等偏下转移户	15.6	59.1	16.5	8.8	100
	中等转移户	22.6	57.0	14.2	6.2	100
	中等偏上转移户	20.9	54.9	15.4	8.8	100
	高转移户	24.2	49.0	15.5	11.3	100

注：数据来自 2018 年调研活动，分类指标中年龄、性别、文化程度为受访农户家庭成员情况。男性与女性分别为 726 名和 453 名；30 岁及以下、31~40 岁、41~50 岁、50 岁以上的分别为 146 名、171 名、459 名、403 名；具有小学及以下文化、初中文化、高中或中专文化、大专及以上文化的分别为 307 名、506 名、238 名、128 名；家庭生活中等以下水平、中等水平、中等以上水平的分别为 260 名、781 名、138 名；低转移户、中等偏下转移户、中等转移户、中等偏上转移户、高转移户分别为 48 个、418 个、337 个、182 个、194 个，样本农户总量 1179 个。

针对政府收购农产品促进农民增收作用的调研结果显示，认为作用很大的农户仅占比 17.3%（低于上文中 19.7% 的农户认为促进农业生产作用很大）。通过访谈获知，鉴于农民收入渠道拓展，即便政府收购农产品有助于保证务农基本收益与防止市场价格波动，仍难以改变农业生产在农户家庭经济活动中重要性与务农收入在农户总收入中比重双双下降的事实。总体而言，倾向于扩大经营规模并成为新型职业农民的 30 岁及以下青年农民、人力资本较高且熟悉国家惠农政策的高中或中专以上文化程度农民、土地流转收益较高的高转移户，相对更为认同政府收购农产品对农民增收的重要促进作用（见表 4-48）。

表 4-48　样本农户视角下政府收购农产品促进农民增收的作用情况　　单位:%

分类指标		作用很大	一般	作用很小	说不清	合计
总体情况		17.3	54.0	19.9	8.8	100
年龄	30 岁及以下	22.6	47.3	25.3	4.8	100
	31~40 岁	19.9	52.6	17.0	10.5	100
	41~50 岁	15.7	60.3	14.6	9.4	100
	50 岁以上	17.6	50.9	24.6	6.9	100
性别	男	17.9	54.0	20.4	7.7	100
	女	16.3	54.1	19.2	10.4	100
文化程度	小学及以下	14.7	58.6	17.9	8.8	100
	初中	14.4	55.5	20.6	9.5	100
	高中或中专	22.3	54.6	12.6	10.5	100
	大专及以上	25.8	46.9	21.1	6.2	100
家庭生活水平	中等以下水平	17.7	52.7	21.1	8.5	100
	中等水平	17.0	56.0	18.7	8.3	100
	中等以上水平	18.8	50.0	24.6	6.6	100
人口转移水平	低转移户	10.4	60.4	18.8	10.4	100
	中等偏下转移户	14.4	55.7	21.1	8.8	100
	中等转移户	20.5	55.2	18.7	5.6	100
	中等偏上转移户	14.8	54.4	23.6	7.2	100
	高转移户	22.7	49.5	16.5	11.3	100

注：数据来自 2018 年调研活动，分类指标中年龄、性别、文化程度为受访农户家庭成员情况。男性与女性分别为 726 名与 453 名；30 岁及以下、31~40 岁、41~50 岁、50 岁以上的分别为 146 名、171 名、459 名、403 名；具有小学及以下文化、初中文化、高中或中专文化、大专及以上文化的分别为 307 名、506 名、238 名、128 名；家庭生活中以下水平、中等水平、中等以上水平的分别为 260 名、781 名、138 名；低转移户、中等偏下转移户、中等转移户、中等偏上转移户、高转移户分别为 48 个、418 个、337 个、182 个、194 个，样本农户总量 1179 个。

(五) 政府收购农产品模式的意见情况

针对政府收购农产品模式意见的调研结果显示，53.9%的农户对于收购价格持有异议，其中认为过低与不能动态变化的分别占比38.8%与15.1%，另有26.2%的农户认为收购手续烦琐。通过访谈获知，一方面近年国际市场价格低而国内生产成本高，以至于政策库存大与财政补贴重，加之WTO相关规则约束，农产品支持价格上涨空间有限；另一方面，多数农户从节省交易成本角度考虑，并非在规定时间内，通过繁杂的手续将农产品直接销往政府粮站，而是在综合参考政府收购价与市场销售价的基础上，在价格上做出部分让步而选择民间私人商贩及职业经纪人来进行入户快捷交易，后者再将收购农产品集中销往政府粮站、工商企业等部门。总体而言，长期习惯农事活动的50岁以上"农一代"、人力资本较高且熟悉国家惠农政策的高中或中专以上文化程度农民、经济收入来源有限且仍以务农为主业的中等以下生活水平"非宽裕户"、家庭成员多数继续生活在农村的低转移户，相对更为期盼政府收购农产品价格进一步提高；而主导生活事务的家庭女性，则对简化政府收购农产品手续的呼吁相对更为激烈（见表4-49）。

表4-49　　样本农户对于政府收购农产品模式的意见情况　　单位：%

分类指标		收购价格过低	收购价格不能动态变化	收购手续烦琐	其他	合计
总体情况		38.8	15.1	26.2	19.9	100
年龄	30岁及以下	37.7	16.4	9.6	36.3	100
	31~40岁	38.0	21.6	13.5	26.9	100
	41~50岁	37.7	14.2	9.1	39.0	100
	50岁以上	40.7	12.9	8.2	38.2	100
性别	男	39.4	15.6	24.9	20.1	100
	女	38.0	14.3	28.0	19.7	100
文化程度	小学及以下	33.9	15.3	7.2	43.6	100
	初中	40.1	13.2	10.7	36.0	100
	高中或中专	45.0	13.0	8.0	34.0	100
	大专及以上	31.3	25.8	10.2	32.7	100

续表

分类指标		收购价格过低	收购价格不能动态变化	收购手续烦琐	其他	合计
家庭生活水平	中等以下水平	45.4	14.6	6.9	33.1	100
	中等水平	37.4	14.3	9.7	38.6	100
	中等以上水平	31.2	19.6	10.9	38.3	100
人口转移水平	低转移户	50.0	8.3	12.5	29.2	100
	中等偏下转移户	37.1	12.4	8.2	42.3	100
	中等转移户	40.4	18.1	8.0	33.5	100
	中等偏上转移户	37.4	14.8	9.9	37.9	100
	高转移户	36.1	17.0	12.4	34.5	100

注：数据来自2018年调研活动，分类指标中年龄、性别、文化程度为受访农户家庭成员情况。男性与女性分别为726名与453名；30岁及以下、31~40岁、41~50岁、50岁以上的分别为146名、171名、459名、403名；具有小学及以下文化、初中文化、高中或中专文化、大专及以上文化的分别为307名、506名、238名、128名；家庭生活中等以下水平、中等水平、中等以上水平的分别为260名、781名、138名；低转移户、中等偏下转移户、中等转移户、中等偏上转移户、高转移户分别为48个、418个、337个、182个、194个，样本农户总量1179个。

针对政府是否取消农产品收购政策的调研显示，仅有43.1%的农户表示担心，而表示不担心与无所谓的却分别占比25.6%与31.3%，反映出三个层面重要的政策含义。一是政策价值层面。尽管农产品价格支持政策具有保障农民务农收益功能，但面对快速变化的农业农村发展环境，其适用性已经下滑。二是政策需求层面。政策失去价格支持的价值性，自然也就失去了保障收益的需求性。部分农户甚至认为，与其在销售环节进行间接价格补贴，不如在生产环节强化直接收入补贴。三是政策改革层面。政策实施困局也预示着政策改革契机。鉴于农产品价格支持政策效果难以引起农户共鸣，有助于在不引发农民强烈反响与不触动农民既得利益的条件下，以调整支农方式等为取向，积极开展新一轮农民收益保障政策改革。总体而言，长期习惯农事活动的50岁以上"农一代"、身为家庭成员主体与农村社会主体的男性、对国家惠农支持依赖较高的小学及以下文化程度农民、经济收入来源有限且仍以务农为主业的中等及以下生活水平农户、家庭成员多数继续生活在农村的低转移户，相对更为忧虑政府取消农产品收购政策（见表4-50）。

表 4-50　　样本农户对于政府取消农产品收购政策的忧虑情况　　单位:%

分类指标		担心	不担心	无所谓	合计
总体情况		43.1	25.6	31.3	100
年龄	30 岁及以下	40.4	30.8	28.8	100
	31~40 岁	42.1	29.2	28.7	100
	41~50 岁	44.0	21.8	34.2	100
	50 岁以上	44.7	26.3	29.0	100
性别	男	43.8	24.5	31.7	100
	女	41.9	27.4	30.7	100
文化程度	小学及以下	44.3	26.1	29.6	100
	初中	41.9	22.9	35.2	100
	高中或中专	44.1	26.9	29.0	100
	大专及以上	43.0	35.2	21.8	100
家庭生活水平	中等以下水平	43.1	23.1	33.8	100
	中等水平	43.9	25.6	30.5	100
	中等以上水平	39.9	30.4	29.7	100
人口转移水平	低转移户	45.8	18.8	35.4	100
	中等偏下转移户	41.4	23.2	35.4	100
	中等转移户	44.2	29.4	26.4	100
	中等偏上转移户	45.1	24.2	30.7	100
	高转移户	43.3	27.3	29.4	100

注:数据来自 2018 年调研活动,分类指标中年龄、性别、文化程度为受访农户家庭成员情况。男性与女性分别为 726 名与 453 名;30 岁及以下、31~40 岁、41~50 岁、50 岁以上的分别为 146 名、171 名、459 名、403 名;具有小学及以下文化、初中文化、高中或中专文化、大专及以上文化的分别为 307 名、506 名、238 名、128 名;家庭生活中等以下水平、中等水平、中等以上水平的分别为 260 名、781 名、138 名;低转移户、中等偏下转移户、中等转移户、中等偏上转移户、高转移户分别为 48 个、418 个、337 个、182 个、194 个,样本农户总量 1179 个。

第四节　农村人口转移背景下农村经济社会发展政策效果的跟踪分析

农村经济社会发展政策有力推动了城乡一体化建设进程,并创造了良好的乡村振兴战略实施条件。然而,鉴于农村人口转移引发农户阶层结构、农户家庭结构、农村人力资本、农村治理模式等变化，也导致农村经济社会发展政策在人口空心化背景下暴露出组织基础动摇、运行平台缺失等问题，需主动调整决策机制、建设重点、运行模式等，尤其以村级公益事业一事一议、财政奖补政策最为明显。

一、农村发展环境变迁的调查与思考

调研结果显示，随着国家不断加大农村经济社会发展支持力度，农村基础设施建设明显加快，乡村人居环境有效改善。但同时，村集体职能弱化问题亦进一步凸显，难以在农村人口大规模转移的情况下保障政策贯彻执行、项目实施落地与基层有效治理。

（一）农村生态环境情况

伴随着乡村衰落与农业生产方式变化，基础设施供给滞后与石化产品大量不规则使用严重影响到农村生态环境。近年来，国家高度重视农村生态治理力度，相关情况明显好转。2018年调研结果显示，53.8%的农户对农村生态环境表示满意，7.3%的农户表示非常满意；但仍有29.8%的农户持不满意态度，而表示非常不满意的占5.6%。通过访谈获知，尽管村庄规划、土地整治、公共卫生设施建设等投入力度不断加大，但农业生产中农药、化肥、除草剂、地膜等过度投放的生态污染效应仍不容乐观。据此，国家也于2015年开始实施化肥农药零增长行动并取得预期效果。总体而言，熟悉乡村生活的31~50岁中间农民、涉农收益较高的中等以上生活水平"富裕户"、家庭成员多数已经外出就业的高转移户，对于农村生态环境的容忍度相对更高（见表4-51）。

表4-51　　　样本农户对于农村生态环境的满意度情况　　　单位:%

分类指标		非常满意	基本满意	无意见	不太满意	非常不满意	合计
总体情况		7.3	46.5	16.4	24.2	5.6	100
年龄	30岁及以下	7.5	37.7	24.0	23.3	7.5	100
	31~40岁	10.5	48.0	16.4	20.5	4.6	100
	41~50岁	8.1	46.8	14.4	26.6	4.1	100
	50岁以上	6.5	48.6	15.6	23.1	6.2	100

续表

分类指标		非常满意	基本满意	无意见	不太满意	非常不满意	合计
性别	男	7.7	46.3	15.4	23.8	6.8	100
	女	6.6	46.8	17.9	24.7	4.0	100
文化程度	小学及以下	5.5	44.3	20.2	25.4	4.6	100
	初中	7.9	45.3	15.8	25.3	5.7	100
	高中或中专	5.5	56.7	10.1	23.1	4.6	100
	大专及以上	12.5	38.3	21.9	19.5	7.8	100
家庭生活水平	中等以下水平	6.5	37.3	20.4	25.4	10.4	100
	中等水平	7.0	49.3	14.9	24.6	4.2	100
	中等以上水平	9.4	47.8	18.1	22.5	2.2	100
人口转移水平	低转移户	6.3	45.8	8.3	33.3	6.3	100
	中等偏下转移户	7.7	48.1	15.6	24.5	4.1	100
	中等转移户	6.8	44.5	17.5	26.1	5.1	100
	中等偏上转移户	5.5	46.2	21.4	21.4	5.5	100
	高转移户	8.8	46.9	13.9	22.2	8.2	100

注：数据来自2018年调研活动，分类指标中年龄、性别、文化程度为受访农户家庭成员情况。男性与女性分别为726名与453名；30岁及以下、31~40岁、41~50岁、50岁以上的分别为146名、171名、459名、403名；具有小学及以下文化、初中文化、高中或中专文化、大专及以上文化的分别为307名、506名、238名、128名；家庭生活中等以下水平、中等水平、中等以上水平的分别为260名、781名、138名；低转移户、中等偏下转移户、中等转移户、中等偏上转移户、高转移户分别为48个、418个、337个、182个、194个，样本农户总量1179个。

（二）农村集体经济情况

随着人口大量流失，乡村经济活力不断退化，村集体经济情况愈发难尽如人意，既影响到组织正常运转，更掣肘基层有效治理。2018年调研结果显示，72.7%的村庄经济状况一般，富裕的仅占4.5%，很差的占12.5%，更有10.3%的村庄无任何经济来源。通过访谈获知，一是极少数具有区位和资源环境优势或者集体资源配置管理较好的村庄，通过产业融合发展、创办村办企业、出租集体资产等方式而取得一定的经营性收入，集体经济状况较为乐观，能够为村民带来集体性增收并巩固基层治理能力，尤见于仍有大量人口聚居、发展活力相对旺盛的低转移村。二是绝大多数村庄的经营收益较为有限，且尚未有效运营和盘活集体资源，既无能

141

力也无动机提供公共服务。三是部分深度衰退且发展要素严重匮乏的村庄无任何经营性收入,集体经济恶化状况严峻,以至于村集体日常行政工作与村庄基本生产生活秩序仅能勉强维持(见表4-52)。

表4-52　　　　　样本村庄村集体的经济情况　　　　　单位:%

分类指标	富裕	一般	很差	无	合计
总体情况	4.5	72.7	12.5	10.3	100
低转移村	11.8	58.8	23.5	5.9	100
中等偏下转移村	9.4	47.2	18.9	24.5	100
中等转移村	3.7	77.8	8.6	9.9	100
中等偏上转移村	3.7	81.5	8.6	6.2	100
高转移村	0.0	80.7	14.0	5.3	100

注:数据来自2018年调研活动,低转移村、中等偏下转移村、中等转移村、中等偏上转移村、高转移村分别为17个、53个、81个、81个、57个,样本村庄总量289个。

村办企业是衡量村庄经济发展状况的重要指标。伴随着农村市场化进程加快,村办企业再次进入快速发展时期。调研结果显示,在2009年与2018年全部85个与289个样本村庄中,分别有15个与110个村庄拥有村办企业,相关比重在十年间从17.7%上升到38.1%,增长一倍多,且各类村庄中占比均超过30%,尤见于人口转移比例较低的村庄,一定程度上反映出乡土人气与经济活力之间的关联性(见表4-53)。

表4-53　　　　　样本村庄村办企业的发展情况　　　　　单位:%

调研年份	总体情况	低转移村	中等偏下转移村	中等转移村	中等偏上转移村	高转移村
2009	17.7	14.3	25.0	15.4	33.3	0.0
2018	38.1	41.2	47.2	35.8	37.0	33.3

注:数值表示拥有村办企业的样本村庄比例。2009年与2018年低转移村、中等偏下转移村、中等转移村、中等偏上转移村、高转移村分别为49个、16个、13个、6个、1个与17个、53个、81个、81个、57个,样本村庄总量分别为85个与289个。

(三)农村基础设施情况

近年来,农村公共照明设施快速普及,反映出城乡公共服务均等化水平不断提升。调研结果显示,在2009年与2018年全部85个与289个样本村庄中,分别有22个与196个村庄拥有公共照明设施,相关比重在十年间从 25.9% 上升到 67.8%，增速高达 161.8%，且绝大多数类型村庄的占比达到 70% 左右。值得关注的是，空心化程度最高的高转移村的公共照明设施普及率仅为 59.6%，也验证农村"人走灯灭"的客观事实（见表 4-54）。

表 4-54　　　　样本村庄公共照明设施的建设情况　　　　单位：%

调研年份	总体情况	低转移村	中等偏下转移村	中等转移村	中等偏上转移村	高转移村
2009	25.9	22.4	31.3	23.1	50.0	0.0
2018	67.8	70.6	71.7	69.1	69.1	59.6

注：数值表示拥有公共照明设施的样本村庄比例。2009 年与 2018 年低转移村、中等偏下转移村、中等转移村、中等偏上转移村、高转移村分别为 49 个、16 个、13 个、6 个、1 个与 17 个、53 个、81 个、81 个、57 个，样本村庄总量分别为 85 个与 289 个。

公共垃圾处理设施代表着对农村更高质量生活水平的要求，也体现出国家对于农村现代化加速发展的重视。调研结果显示，在 2009 年与 2018 年全部 85 个与 289 个样本村庄中，分别有 12 个与 185 个村庄拥有公共垃圾处理设施，相关比重从 14.1% 上升到 64.0%，增速高达 353.9%，许多村庄更是经历了从无到有的变化（见表 4-55）。

表 4-55　　　　样本村庄公共垃圾处理设施的建设情况　　　　单位：%

调研年份	总体情况	低转移村	中等偏下转移村	中等转移村	中等偏上转移村	高转移村
2009	14.1	20.4	0.0	15.4	0.0	0.0
2018	64.0	58.8	60.4	69.1	59.3	68.4

注：数值表示拥有公共垃圾处理设施的样本村庄比例。2009 年与 2018 年低转移村、中等偏下转移村、中等转移村、中等偏上转移村、高转移村分别为 49 个、16 个、13 个、6 个、1 个与 17 个、53 个、81 个、81 个、57 个，样本村庄总量分别为 85 个与 289 个。

农村公共文化设施和场所关系到农村精神风貌与农民幸福指数，且重在建设、贵在使用。调研结果显示，在 2009 年与 2018 年全部 85 个与 289 个样本村庄中，分别有 26 个与 108 个村庄频繁使用公共文化设施和场所，相关比重在十年间从 30.6% 上升到 37.4%。总体而言，越是仍有大量人口聚居的低转移村，农村公共文化设施和场所使用越频繁，也昭示出政策支持的必要性；越是村民多数已经外出就业的高转移村，使用情况越是相对有限（见表 4-56）。

表 4-56　　　　样本村庄公共文化设施和场所的使用情况　　　　单位:%

调研年份	总体情况	低转移村	中等偏下转移村	中等转移村	中等偏上转移村	高转移村
2009	30.6	30.6	31.3	38.5	16.7	0.0
2018	37.4	64.7	47.2	44.4	25.9	26.3

注：数值表示频繁使用公共文化设施和场所的样本村庄比例。2009 年与 2018 年低转移村、中等偏下转移村、中等转移村、中等偏上转移村、高转移村分别为 49 个、16 个、13 个、6 个、1 个与 17 个、53 个、81 个、81 个、57 个，样本村庄总量分别为 85 个与 289 个。

伴随着大量青壮年劳动力外出，留守儿童教育问题极其敏感，也导致农村教育备受各界瞩目。2018 年针对留守儿童上学去向的调研结果显示，分别有 69.9% 与 30.1% 的留守儿童前往本村学校与外村学校上学。通过访谈获知，农村人口大规模转移对于农村教育影响巨大，直接表现在适学儿童数量减少，继而引发农村教育设施的空间整合问题。经过多年建设，农村基础教育设施已有很大改善。然而，在相当比例的适学儿童随同直系亲属共同外出的情况下，许多村庄的留守适学儿童不足以完全利用原有教育设施，本村学校即便继续维持，教室利用、师资配置、资源投放的效果也极为有限。据此，从提高资源配置效率与营造更为优越的求学环境角度出发，合村并校成为部分地区更为现实的选择（见表 4-57）。

表 4-57　　　　样本村庄留守儿童的上学去向情况　　　　单位:%

上学去向	总体情况	低转移村	中等偏下转移村	中等转移村	中等偏上转移村	高转移村
本村学校	69.9	58.8	69.8	74.1	65.4	73.7
外村学校	30.1	41.2	30.2	25.9	34.6	26.3
合计	100	100	100	100	100	100

注：数据来自 2018 年调研活动，低转移村、中等偏下转移村、中等转移村、中等偏上转移村、高转移村分别为 17 个、53 个、81 个、81 个、57 个，样本村庄总量 289 个。

（四）农村基层治理情况

伴随着村集体职能逐渐弱化，加上由人口转移与城乡融合所引发的乡村剧变，部分村庄陷入基层治理困境。调研结果显示，村两委日常工作中面临着诸多难处。一是 75.4% 的村庄强调村级财力有限，难以发挥组织、服务、协调等职能。如上文所述，村级财务紧张已经常态化，部分"空壳村"更是面临运转危机，仅能勉强完成上级安排的日常工作。二是 48.8%

的村庄自认为缺乏足够的政府实际支持。鉴于内生发展能力欠缺，多数村庄对于政府帮扶存在较大依赖性，尤其是在基础建设、民生保障等领域更是期望政府出面"兜底"。同时，也昭示出部分惠农政策在执行环节存在时滞、偏差、曲解等弊端。三是38.8%的村庄存在村民意见经常不统一的问题。伴随着农民意识觉醒，加之农户阶层分化引发利益诉求差异化，村民对于村庄事务往往有不同看法，以至于争执情况增多与调解难度加大。四是37.0%的村庄具有村民参与村务活动不积极的现象。人员流动水平与市场化程度提高背景下，传统乡土社会关系整体性削弱，村民逐渐失去对于村庄事务的关注热情与参与兴致，村两委因职能弱化也逐渐丧失组织基础，尤见于人口转移比例较高的村庄。甚至有村干部反映完全依靠个人魅力与私人关系来督促村民完成上级政府有关任务。五是5.9%的村庄指出因待遇太低而导致村干部失去工作动力。农村精英普遍外流情况下，村干部人选存在"降格选拔"现象，选拔标准由"具备威望"演变为"长期在家"，选拔原则由"领路致富"演变为"维持运转"。现有村干部绝大多数属于非脱产，兼有政策信息传达、农户意见沟通、政策实施经办的多重主体身份，微薄的行政补贴难以调动其工作积极性，待遇激励不足也容易使其呈现向企业依附趋势而不再是独立治理主体[1]，同样尤见于人口转移比例较高的村庄（见表4-58）。

表4-58　　　　　样本村庄村两委日常工作的难处情况　　　　　单位：%

分类指标	村民参与村务活动不积极	村集体财力有限	村民意见经常不统一	政府实际支持有限	村干部待遇太低，没动力	其他
总体情况	37.0	75.4	38.8	48.8	5.9	10.4
低转移村	29.4	64.7	35.3	52.9	5.9	29.4
中等偏下转移村	37.7	79.2	26.4	50.9	1.9	9.4
中等转移村	30.9	76.5	48.1	44.4	4.9	12.3
中等偏上转移村	42.0	79.0	34.6	54.3	6.2	6.2
高转移村	40.3	68.4	43.9	43.9	10.5	8.8

注：数据来自2018年调研活动，本题设计为多选题，数值表示该类情况占该类型样本村庄总量的比例，各行之和不为100。低转移村、中等偏下转移村、中等转移村、中等偏上转移村、高转移村分别为17个、53个、81个、81个、57个，样本村庄总量289个。

---

[1] 黄增付：《脱嵌与重嵌：村落秩序中的农业经营及治理》，《中国农村观察》2018年第3期，第51-64页。

2018年针对村庄最主要日常纠纷事务的调研显示，村集体承担着土地管理、资源分配、政策落实、利益协调、公共服务、组织运转等大量基础性行政事务。一方面，28.7%的村庄以各类补偿性费用分配为最主要日常纠纷。村集体作为惠农资源与基层村民之间的对接平台与组织载体，肩负有效分配国家输入资源的重要职责，同时，也是农村土地征收、集体资产经营等事务的责任主体。然而，群体识别、项目落地、利益博弈、矛盾化解等一系列烦琐事务亦占据了村干部绝大多数的工作时间，尤其是人口转移比例较高、信息辨析难度较大的村庄最为明显，也在一定程度上表明外出就业群体依然高度关注自身的转移性收入获取权与集体资产收益分配权。另一方面，共计46.6%的村庄以土地管理为最主要的日常纠纷。土地是最重要的村集体资产。为避免村社集体土地所有权被虚化和架空，村集体必须履行土地管理职责，尤其是在土地流转日渐盛行、土地确权备受关注、村庄规划迫在眉睫、土地整治加快进度的当下，更是需要耗费村干部大量精力来进行土地备案、调整等工作。其中，宅基地划分纠纷在仍有大量人口聚居的低转移村相对更为集中，规模经营情况较好的高转移村中土地承包纠纷相对更为少见，但改造后新建住房分配纠纷相对更为常见（见表4-59）。

表4-59　　　　样本村庄的最主要日常纠纷事务情况　　　　单位:%

分类指标	宅基地划分	农村土地承包	改造后新建住房分配	各类补偿费分配	其他	合计
总体情况	26.6	15.2	4.8	28.7	24.7	100
低转移村	35.3	11.8	5.9	17.6	29.4	100
中等偏下转移村	28.3	22.6	3.8	18.9	26.4	100
中等转移村	28.4	16.0	3.7	27.2	24.7	100
中等偏上转移村	22.2	14.8	3.7	37.1	22.2	100
高转移村	26.3	8.8	8.8	31.6	24.5	100

注：数据来自2018年调研活动，低转移村、中等偏下转移村、中等转移村、中等偏上转移村、高转移村分别为17个、53个、81个、81个、57个，样本村庄总量289个。

二、农村经济社会发展政策效果的调查与思考

农村税费改革后，为弥补村级公益事业建设经费不足，国家出台村级

公益事业一事一议、财政奖补政策，这也是笔者长期追踪的代表性农村经济社会发展政策。2018年调研结果显示，农村人口大规模转移背景下，一事一议制度因议事人员条件欠缺而缺乏可操作性，难以有效促进村级公益事业建设与村集体职能发挥，既严重削弱自身制度效应，又影响财政奖补效果，国家支农惠农重点领域应结合农村变化情况而相机调整。

（一）农村基础设施建设满意度情况

针对村内公共基础设施建设满意度的调研结果显示，50.6%的农户持有满意态度，认为非常满意的占7.1%；31.9%的农户持有不满意态度，认为非常不满意的占8.2%。通过访谈获知，历经新农村建设、美丽乡村建设，尤其是近年来大力实施的精准扶贫工作，农村基础设施的数量与质量均有明显改善，也让广大农民切实感受到国家惠农举措落到了实处。然而，基于区域差异性与个体异质性，仍有部分村落与农民对于现有农村基础设施供给种类、方式、规模等存有异议，反映出未来农村基础设施建设仍要重点审视基层需求。总体而言，倾向于扩大经营规模并成为新型职业农民的30岁及以下青年农民、身为家庭成员主体与农村社会主体的男性、视野更为开阔且人力资本更高的大专及以上文化程度农民、经济收入来源有限且仍以务农为主业的中等以下生活水平"非宽裕户"、家庭成员多数继续生活在农村的低转移户，对于农村公共基础设施建设的不满相对更甚（见表4-60）。

表4-60　样本农户对于村内公共基础设施建设的满意度情况　　单位：%

分类指标		非常满意	基本满意	无意见	不太满意	非常不满意	合计
总体情况		7.1	43.5	17.5	23.7	8.2	100
年龄	30岁及以下	3.4	40.4	17.1	28.8	10.3	100
	31~40岁	9.9	54.4	7.6	19.3	8.8	100
	41~50岁	7.4	42.7	20.0	22.9	7.0	100
	50岁以上	7.2	40.9	18.9	24.8	8.2	100
性别	男	6.7	42.8	17.6	23.8	9.1	100
	女	7.7	44.6	17.2	23.6	6.9	100

续表

分类指标		非常满意	基本满意	无意见	不太满意	非常不满意	合计
文化程度	小学及以下	6.2	37.5	24.7	22.5	9.1	100
	初中	7.1	44.7	17.2	23.3	7.7	100
	高中或中专	7.6	46.2	13.4	24.8	8.0	100
	大专及以上	7.8	47.7	7.8	26.6	10.1	100
家庭生活水平	中等以下水平	5.8	34.2	21.5	23.1	15.4	100
	中等水平	7.4	44.9	16.9	24.1	6.7	100
	中等以上水平	7.2	52.2	12.3	22.5	5.8	100
人口转移水平	低转移户	4.2	35.4	18.8	31.3	10.3	100
	中等偏下转移户	6.7	40.0	17.9	25.6	9.8	100
	中等转移户	6.8	46.9	13.6	25.5	7.2	100
	中等偏上转移户	5.5	46.2	22.0	21.4	4.9	100
	高转移户	10.3	44.3	18.1	16.5	10.8	100

注：数据来自2018年调研活动，分类指标中年龄、性别、文化程度为受访农户家庭成员情况。男性与女性分别为726名与453名；30岁及以下、31~40岁、41~50岁、50岁以上的分别为146名、171名、459名、403名；具有小学及以下文化、初中文化、高中或中专文化、大专及以上文化的分别为307名、506名、238名、128名；家庭生活中等以下水平、中等水平、中等以上水平的分别为260名、781名、138名；低转移户、中等偏下转移户、中等转移户、中等偏上转移户、高转移户分别为48个、418个、337个、182个、194个，样本农户总量1179个。

针对村庄公共水利设施能否满足农业生产的调研结果显示，77.1%的农户持有肯定态度，认为完全能够的占12%；22.9%的农户持有否定态度，认为完全不能够的占7.4%。通过访谈获知，伴随着田间灌排工程、小型灌区、灌区抗旱水源工程、小型水库、塘坝、蓄水池、水窖、水井等农村小型农田水利工程建设步伐加快，农村公共水利设施促进农业生产的作用明显提升。值得关注的是，仍有大量人口聚居、农业生产更为密集的低转移村对于公共水利设施的需求更大，有待决策部门密切关注（见表4-61）。

表4-61　样本村庄公共水利设施对于农业生产的满意度情况　　单位：%

分类指标	完全能	基本能	基本不能	完全不能	合计
总体情况	12.0	65.1	15.5	7.4	100
低转移村	6.2	62.5	18.8	12.5	100
中等偏下转移村	11.0	69.6	13.2	6.2	100

续表

分类指标	完全能	基本能	基本不能	完全不能	合计
中等转移村	13.1	63.8	16.0	7.1	100
中等偏上转移村	11.5	61.5	18.2	8.8	100
高转移村	13.9	61.9	16.5	7.7	100

注：数据来自2018年调研活动，低转移村、中等偏下转移村、中等转移村、中等偏上转移村、高转移村分别为17个、53个、81个、81个、57个，样本村庄总量289个。

（二）村集体满意度情况

针对村集体满意度的调研结果显示，58.2%的农户持有满意态度，认为非常满意的占7.9%；18.6%的农户持有不满意态度，认为非常不满意的占3.6%。通过访谈获知，伴随着广大农民与村庄集体的联系愈发弱化，相关态度亦发生明显变化。一方面，农村社会"碎片化"状态下，村民多以个人家庭为生产生活重心，集体感、协作力等不断丧失，对于村务工作不再敏感。另一方面，村民对于农村"散沙状"局面心中有数，若非关系到切身利益，对于村干部工作中的无奈与困难往往多有理解而不再苛求。总体而言，熟悉村落生活且对乡土社会怀有更深刻感情的50岁以上"农一代"、身为家庭成员主体与农村社会主体的男性、经济收入来源有限且仍以务农为主业的中等以下生活水平"非宽裕户"，对于村集体的满意度相对更低；而人力资本较高且视野更为开阔的高中或中专以上文化程度农民、家庭成员多数继续生活在农村的低转移户，则对于村集体的满意度相对更高（见表4-62）。

表4-62　　　　样本农户对于村集体的满意度情况　　　　单位:%

分类指标		非常满意	基本满意	无意见	不太满意	非常不满意	合计
总体情况		7.9	50.3	23.2	15.0	3.6	100
年龄	30岁及以下	8.2	48.6	26.7	13.7	2.8	100
	31~40岁	9.9	51.5	19.3	17.0	2.3	100
	41~50岁	8.1	52.5	21.6	15.5	2.3	100
	50岁以上	7.9	47.6	25.6	14.4	4.5	100
性别	男	7.2	50.6	24.2	14.3	3.7	100
	女	9.1	49.9	21.6	16.1	3.3	100

续表

分类指标		非常满意	基本满意	无意见	不太满意	非常不满意	合计
文化程度	小学及以下	6.2	46.3	32.6	11.4	3.5	100
	初中	6.7	51.2	21.7	17.8	2.6	100
	高中或中专	12.6	50.8	16.0	16.0	4.6	100
	大专及以上	7.8	54.7	21.1	13.3	3.1	100
家庭生活水平	中等以下水平	8.1	40.0	28.5	18.1	5.3	100
	中等水平	7.7	53.6	21.6	14.5	2.6	100
	中等以上水平	8.0	54.3	23.2	12.3	2.2	100
人口转移水平	低转移户	10.4	41.7	20.8	25.0	2.1	100
	中等偏下转移户	7.4	48.6	24.2	16.3	3.5	100
	中等转移户	8.9	53.1	21.7	13.6	2.7	100
	中等偏上转移户	4.9	56.6	22.5	13.2	2.8	100
	高转移户	8.8	47.9	25.8	13.9	3.6	100

注：数据来自2018年调研活动，分类指标中年龄、性别、文化程度为受访农户家庭成员情况。男性与女性分别为726名与453名；30岁及以下、31～40岁、41～50岁、50岁以上的分别为146名、171名、459名、403名；具有小学及以下文化、初中文化、高中或中专文化、大专及以上文化的分别为307名、506名、238名、128名；家庭生活中等以下水平、中等水平、中等以上水平的分别为260名、781名、138名；低转移户、中等偏下转移户、中等转移户、中等偏上转移户、高转移户分别为48个、418个、337个、182个、194个，样本农户总量1179个。

村庄重大决策的民主情况，是衡量农村基层治理水平的重要标准。针对村庄"重大事情谁做主"的调研结果显示，仅有24.0%的农户认为是由村两委单独决策，分别有21.5%与23.7%的农户认为是由村民小组决策与村民代表具有影响力，反映出村庄民主程度尚可。通过访谈获知，伴随着村民独立性逐渐增强与现代乡村治理体系不断健全，曾经在部分区域存在的村两委专断现象已经大为减少，尤其是土地管理、基础建设、资产运营等村庄重大事情更是尽可能集思广益，赋予广大农民基本的利益表达权与村务参与权。需要指出的是，部分尚未外出就业、规模经营意识较强、主要收入在村庄、热衷于村庄事务、拥护惠农政策的留守中坚农民在很多村庄均存在，具有较强使命感，往往为村庄发展献言献策，一定程度上对于维护村庄基本生产生活秩序起到较大补充作用。总体而言，尚未完全进入村庄决策群体的30岁及以下青年农民，相对更为强调重大事情是由村两委单独决策;农村能人属性更强的中等以上生活水平"富裕户",则相对认为村民小组决策的比重更高;人力资本较高且视野更为开阔的高中或中专以上文化程度农民、家庭成员多数已外出就业的高转移户,则更为强调村民代表所发挥的影响力(见表4-63)。

表4-63　样本农户对于村庄"重大事情谁做主"的意见情况　　单位:%

分类指标		村两委单独决策	村民小组决策	村民代表有影响力	看情况	说不清	合计
总体情况		24.0	21.5	23.7	15.5	15.3	100
年龄	30岁及以下	26.0	18.5	13.7	23.3	18.5	100
	31~40岁	18.7	28.7	26.9	14.0	11.7	100
	41~50岁	24.8	20.7	22.9	14.8	16.8	100
	50岁以上	24.6	20.1	26.6	13.8	14.9	100
性别	男	24.1	22.2	24.5	15.3	13.9	100
	女	23.8	20.3	22.3	15.9	17.7	100
文化程度	小学及以下	24.4	18.2	22.8	15.7	18.9	100
	初中	23.1	19.8	22.3	16.6	18.2	100
	高中或中专	23.9	22.3	26.1	13.0	14.7	100
	大专及以上	23.4	28.9	22.7	14.8	10.2	100
家庭生活水平	中等以下水平	22.3	20.1	19.6	18.8	19.2	100
	中等水平	23.8	19.7	25.2	14.1	17.2	100
	中等以上水平	27.5	30.4	17.4	13.8	10.9	100
人口转移水平	低转移户	22.9	18.8	20.7	18.8	18.8	100
	中等偏下转移户	25.4	21.3	22.7	12.9	17.7	100
	中等转移户	24.0	21.5	24.3	16.6	13.7	100
	中等偏上转移户	22.5	19.8	26.9	17.6	13.2	100
	高转移户	22.2	21.6	18.6	13.9	23.7	100

注:数据来自2018年调研活动,分类指标中年龄、性别、文化程度为受访农户家庭成员情况。男性与女性分别为726名与453名;30岁以下、31~40岁、41~50岁、50岁以上的分别为146名、171名、459名、403名;具有小学及以下文化、初中文化、高中或中专文化、大专及以上文化的分别为307名、506名、238名、128名;家庭生活中等以下水平、中等水平、中等以上水平的分别为260名、781名、138名;低转移户、中等偏下转移户、中等转移户、中等偏上转移户、高转移户分别为48个、418个、337个、182个、194个,样本农户总量1179个。

针对村集体意见的调研结果显示,仅有14.2%的农户充分认同村集体

151

履行了应有的职责，多数农户则认为仍存在很大不足。一是 55.9% 的农户认为村集体并未很好地保障农民利益，尤其是在土地纠纷、资源分配、村庄规划等敏感问题上，部分村干部存在推诿不作为、逃避不担当、调解不公允、决策不透明等弊病，既挫伤村民信任度，又影响村集体威信。二是 36.7% 的农户认为村集体并未很好地组织农业生产活动，尤其是在探索代耕代种、联耕联种、土地托管等服务规模经营方式以及小农户与现代农业有机衔接路径上缺乏主动性，且对于农业基础设施后期管护不足。三是 26.0% 的农户认为村集体并未很好地维护村庄秩序，尤其是在传承乡土文化、凝聚村庄人心、建设公益事业、处理突发事件、鼓励村民互助等问题上存在失职之处。四是 31.4% 的农户认为村集体并未很好地保持外界的交流，尤其是在招商引资、资源开发等合作事务上预判性不足，以至于容易错失由乡村振兴等惠农战略所带动的新一轮农村发展机遇。总体而言，身为家庭成员主体与农村社会主体的男性、经济收入来源有限且仍以务农为主业的中等以下生活水平"非宽裕户"，对于村集体保障农民利益的不满相对更为强烈；倾向于扩大经营规模并成为新型职业农民的 30 岁及以下青年农民、人力资本较高且视野更为开阔的高中或中专以上文化程度农民、家庭成员多数继续生活在农村的低转移户，则在组织生产、维护秩序、加强交流等方面对村集体的不满相对更甚（见表 4-64）。

表 4-64　　样本农户对于村集体不足之处的具体意见情况　　　　单位:%

分类指标		很满意，无意见	保障农民利益	组织好农业生产	维护好村庄秩序	外界交流	其他
总体情况		14.2	55.9	36.7	26.0	31.4	14.2
年龄	30 岁及以下	10.3	56.2	44.5	32.9	43.8	18.5
	31~40 岁	12.3	49.7	34.5	19.9	26.3	12.3
	41~50 岁	15.3	57.3	35.3	29.6	29.4	12.6
	50 岁以上	15.4	56.8	36.5	22.1	31.3	15.1
性别	男	14.2	57.4	37.2	27.4	30.7	12.8
	女	14.3	53.4	36.0	23.8	32.5	16.3
文化程度	小学及以下	18.9	56.7	36.2	24.4	27.0	15.0
	初中	15.6	55.7	35.6	22.7	31.2	15.2
	高中或中专	8.4	58.8	36.1	31.5	33.2	10.1
	大专及以上	8.6	49.2	43.8	32.8	39.1	15.6

续表

分类指标		很满意，无意见	保障农民利益	组织好农业生产	维护好村庄秩序	外界交流	其他
家庭生活水平	中等以下水平	21.3	57.3	37.7	31.9	29.2	16.2
	中等水平	15.5	55.4	35.7	24.1	31.9	13.1
	中等以上水平	9.4	55.8	40.6	26.1	32.6	16.7
人口转移水平	低转移户	6.3	52.1	35.4	29.2	37.5	12.5
	中等偏下转移户	13.6	53.1	38.5	24.9	30.9	13.2
	中等转移户	12.8	62.6	35.0	27.6	35.0	13.4
	中等偏上转移户	14.8	53.8	35.2	28.0	29.7	15.4
	高转移户	19.6	53.1	37.6	23.2	26.3	17.0

注：数据来自2018年调研活动，分类指标中年龄、性别、文化程度为受访农户家庭成员情况，本题设计为多选题，数值表示该类影响占该类型样本农户总量的比例，各行之和不为100。男性与女性分别为726名与453名；30岁及以下、31~40岁、41~50岁、50岁以上的分别为146名、171名、459名、403名；具有小学及以下文化、初中文化、高中或中专文化、大专及以上文化的分别为307名、506名、238名、128名；家庭生活中等以下水平、中等水平、中等以上水平的分别为260名、781名、138名；低转移户、中等偏下转移户、中等转移户、中等偏上转移户、高转移户分别为48个、418个、337个、182个、194个，样本农户总量1179个。

（三）村级公益事业一事一议制度的执行情况

村级公益事业一事一议、财政奖补政策的重点在于一事一议制度，财政奖补则被设计为以村庄议事结果与村民自筹金额为补助依据。针对村级公益事业一事一议制度执行情况的调研结果显示，超过半数的村庄很有效果，但仍分别有24.6%与9.7%的村庄存在人员参与不积极与筹资结果不理想的现象，另有15.2%的村庄几乎无作用。通过访谈获知，村级公益事业事关全体在籍村民福祉，理应由广大群众进行公开表决并自觉出资，但外出人员较多且常年不在村，对于村内公益事业的需求欲望较低且参与热情不高；留守人员则数量有限且多为老弱妇孺，对于村内公益事业的诉求表达不畅且出资能力有限，以至于议事的民主度、参与度、出资率等均不容乐观。总体而言，越是仍有大量人口聚居的低转移村，村级公益事业建设越具有更坚固的民意基础，一事一议制度执行效果越是相对更为理想；越是人口转移比例较高的村庄，一事一议制度执行难度越大，村级公益事业建设成效越是差强人意（见表 4 – 65）。

表 4 – 65　　样本村庄村级公益事业一事一议制度的执行情况　　单位:%

分类指标	执行很有效果	村民参与不积极	村民筹资不理想	几乎无作用	合计
总体情况	50.5	24.6	9.7	15.2	100
低转移村	64.7	17.6	5.9	11.8	100
中等偏下转移村	50.9	24.5	7.5	17.1	100
中等转移村	56.8	22.2	11.1	9.9	100
中等偏上转移村	44.4	27.2	12.3	16.1	100
高转移村	45.6	26.3	7.0	21.1	100

注：数据来自2018年调研活动，低转移村、中等偏下转移村、中等转移村、中等偏上转移村、高转移村分别为17个、53个、81个、81个、57个，样本村庄总量289个。

农户视角的调研结果同样显示，一事一议制度对于村级公益事业建设的作用极为有限，仅有35.6%的农户认为有作用，而认为没有作用的农户占39.3%，另有15.7%的农户认为作用不大。通过访谈获知，相当比例的农户本身并不认同一事一议制度存在的必要性，指出在人口大规模转移背景下，由于偏离部分农户尤其是人口转移比例较高的农户的利益取向，故而难以获得广泛支持。甚至还有农民认为，即便部分村级公益事业仍存在紧迫需求，也理应由国家供给或者村集体谋划，如此才具备建设可行性并体现出国家惠农态度以及村干部能力，"等靠要"思想严重。总体而言，使命感更强的30岁及以下青年农民、主导生活事务的家庭女性、视野更为开阔且熟悉国家惠农政策的大专及以上文化程度农民、经济收入来源有限且仍以务农为主业的中等以下生活水平"非宽裕户"、家庭成员多数已经外出就业的高转移户，对于一事一议制度的认同感相对更低（见表 4 – 66）。

表 4 – 66　　样本农户对于村级公益事业"一事一议"作用的意见情况　　单位:%

分类指标		有作用	没有作用	作用不大	看情况	不清楚	合计
总体情况		35.6	39.3	15.7	6.0	3.4	100
年龄	30 岁及以下	32.2	15.8	25.3	8.9	17.8	100
	31 ~ 40 岁	46.2	7.6	26.3	7.6	12.3	100
	41 ~ 50 岁	32.5	9.4	27.5	9.8	20.8	100
	50 岁以上	35.5	11.7	22.1	11.6	19.1	100

续表

分类指标		有作用	没有作用	作用不大	看情况	不清楚	合计
性别	男	36.2	39.3	14.5	6.2	3.8	100
	女	34.7	39.3	17.7	5.7	2.6	100
文化程度	小学及以下	30.0	12.4	24.3	9.8	23.5	100
	初中	33.2	8.7	27.2	10.1	20.8	100
	高中或中专	43.3	10.1	20.6	11.8	14.2	100
	大专及以上	41.4	17.2	26.6	6.3	8.5	100
家庭生活水平	中等以下水平	33.1	12.3	23.5	10.3	20.8	100
	中等水平	33.3	10.6	26.5	10.3	19.3	100
	中等以上水平	50.7	9.4	18.8	9.5	11.6	100
人口转移水平	低转移户	27.1	6.2	31.3	8.3	27.1	100
	中等偏下转移户	33.3	11.7	25.8	9.8	19.4	100
	中等转移户	42.1	9.2	21.4	10.4	16.9	100
	中等偏上转移户	30.8	12.1	27.5	9.9	19.7	100
	高转移户	34.0	11.9	25.3	11.3	17.5	100

注：数据来自2018年调研活动，分类指标中年龄、性别、文化程度为受访农户家庭成员情况。男性与女性分别为726名与453名；30岁以下、31~40岁、41~50岁、50岁以上的分别为146名、171名、459名、403名；具有小学及以下文化、初中文化、高中或中专文化、大专及以上文化的分别为307名、506名、238名、128名；家庭生活中等以下水平、中等水平、中等以上水平的分别为260名、781名、138名；低转移户、中等偏下转移户、中等转移户、中等偏上转移户、高转移户分别为48个、418个、337个、182个、194个，样本农户总量1179个。

（四）近年农村生活变化的意见情况

近年来，农村生活发生了翻天覆地的变化，既昭示乡土社会变迁事实，又反映国家惠农政策成效。调研结果显示，广大农户的生活质量全面提升，分别有77.6%、53.3%、44.8%、11.6%、31.1%、16.5%、27.1%、21.5%、39.4%的农户强调道路交通改善、住房条件改善、垃圾处理设施完善、厕所改造、供水排水设施改建、能源使用改善、公共环境改善、文化生活丰富、信息网络使用。通过访谈获知，随着经济水平不断提升，农村发展初期所急需的水、路、电、气等设施已经在很大程度上填补短板，而垃圾处理、厕所改造、文化娱乐、信息网络等更高质量的生活要求亦得到有效满足。总体而言，更热衷于新生事物的30岁及以下青年农民、观察力更敏锐的家庭女性、人力资本更高且熟悉国家惠农政策的高中或中专以上文化程度农民、涉农收益较高的中等以上生活水平"富裕户"、家庭成员多数继续生活在农村的低转移户，相对更为欣慰于农村所发生的积极变化（见表4-67）。

表4-67　　　样本农户对于近五年农村生活变化的意见情况　　　单位：%

分类指标		住房改善	道路交通改善	垃圾收集改善	厕所改造	供水排水设施改建	能源使用改善	公共环境改善	文化生活丰富	信息网络使用	其他
总体情况		53.3	77.6	44.8	11.6	31.1	16.5	27.1	21.5	39.4	6.9
年龄	30岁及以下	55.5	82.2	54.1	10.3	32.2	24.0	30.1	21.9	47.9	9.6
	31~40岁	47.4	68.4	38.6	11.7	25.7	15.8	28.1	26.9	31.0	7.0
	41~50岁	55.8	78.2	44.0	10.2	29.6	13.3	25.9	19.7	39.9	4.8
	50岁以上	52.1	79.2	44.9	13.6	34.7	17.9	27.0	20.8	39.2	8.2
性别	男	53.9	77.5	44.2	10.6	32.4	16.3	26.4	20.2	36.2	7.2
	女	52.3	77.7	45.7	13.2	29.1	17.0	28.3	23.4	44.4	6.4
文化程度	小学及以下	48.5	79.8	38.4	9.4	34.5	16.0	18.2	16.9	35.2	7.5
	初中	52.6	78.7	47.2	11.7	28.3	16.2	28.5	21.3	38.9	6.5
	高中或中专	57.1	71.0	47.1	14.3	34.5	17.2	35.3	25.6	45.4	6.3
	大专及以上	60.1	80.5	46.1	11.7	28.1	18.0	28.1	25.0	39.8	7.8
家庭生活水平	中等以下水平	51.1	73.8	44.6	11.5	29.6	16.2	20.8	16.2	36.2	8.8
	中等水平	53.1	78.9	44.3	11.9	30.6	16.4	28.4	22.8	38.5	5.9
	中等以上水平	58.0	77.5	47.8	10.1	37.0	18.1	31.9	23.9	50.0	8.7
人口转移水平	低转移户	35.4	85.4	54.2	14.6	33.3	22.9	27.1	18.8	47.9	12.5
	中等偏下转移户	55.0	78.7	44.7	10.0	29.4	15.8	28.5	20.8	42.6	6.2
	中等转移户	50.7	79.2	43.6	11.0	31.8	15.7	27.6	22.0	38.6	5.9
	中等偏上转移户	56.6	71.4	47.3	10.4	30.2	17.6	28.6	24.1	41.2	7.7
	高转移户	55.2	76.3	42.3	16.5	34.0	17.0	22.2	20.1	29.9	7.7

注：数据来自2018年调研活动，分类指标中年龄、性别、文化程度为受访农户家庭成员情况，本题设计为多选题，数值表示该类影响占该类型样本农户总量的比例，各行之和不为100。男性与女性分别为726名与453名；30岁以下、31~40岁、41~50岁、50岁以上的分别为146名、171名、459名、403名；具有小学及以下文化、初中文化、高中或中专文化、大专及以上文化的分别为307名、506名、238名、128名；家庭生活中等以下水平、中等水平、中等以上水平的分别为260名、781名、138名；低转移户、中等偏下转移户、中等转移户、中等偏上转移户、高转移户分别为48个、418个、337个、182个、194个，样本农户总量1179个。

(五) 未来政府支农惠农的意见情况

如上文所述，农村经济社会发展已经取得长足进步。据此，为保证惠农资源有效投放，有必要结合农户实际需求而瞄准农村发展后续侧重点，继而进一步提高政府支农惠农效果。调研结果显示，分别有48.6%、51.8%、64.1%、70.6%、65.5%、41.1%、41.2%、32.4%的农户认为未来政府支农惠农应侧重于关注农村公路、村庄规划、基础教育、医疗保健、农村救济养老、环境保护、农民技术培训、农村文化休闲。通过访谈获知，一是尽管"村村通"公路、村内道路等农民出行条件明显改善，村庄通硬化路也开始受到政府重视，但鉴于农业机械化发展势头迅猛，尤其是新型农业经营主体崛起与农业社会化服务水平提升，机耕路建设仍应继续加大支持力度。二是为创造更加良好的人居环境，农村宅基地整理和村庄综合治理应重点纳入政策关注视野。三是相对于教室、校舍、设备仪器等农村基础教育硬件设施大为改观，师资力量建设亦应上升到新的高度。四是为进一步提高农村公共服务能力，医疗保健与救济养老的支持力度应稳步提升，尤其要优化村级医务人员配置与加速公共服务型养老事业发展。五是农村环境保护迫在眉睫，当代人发展的同时不能以损害后代人的发展机会为代价，要能够留得住青山绿水。六是坚持"以人为本"理念，想方设法强化农村人力资本存量，既要为外出就业的劳动力提供职业技能培训机会，更要为有志于在农业农村有所作为的新型职业农民提供农业科技受训机会。七是丰富农民的业余文化生活，创新农村文化休闲方式，尤其是注重将传统乡土文化以新的形式予以广泛传播。总体而言，更热衷于新生事物的30岁及以下青年农民、人力资本更高且熟悉国家惠农政策的高中或中专以上文化程度农民、家庭成员多数继续生活在农村的低转移户，对于未来政府推动农村发展的关注度相对更高（见表4-68）。

表4-68　样本农户对于未来政府在农村发展中侧重点的意见情况　　　单位:%

分类指标	农村公路	村庄规划	基础教育	医疗保健	农村救济养老	环境保护	农民技术培训	农村文化休闲	其他
总体情况	48.6	51.8	64.1	70.6	65.5	41.1	41.2	32.4	5.2

续表

分类指标		农村公路	村庄规划	基础教育	医疗保健	农村救济养老	环境保护	农民技术培训	农村文化休闲	其他
年龄	30岁及以下	57.5	62.3	74.7	82.2	78.1	51.4	54.1	45.2	8.9
	31~40岁	42.1	52.0	62.6	67.3	51.5	36.3	42.1	27.5	1.8
	41~50岁	49.2	52.3	63.8	68.6	64.7	36.8	37.0	30.7	3.9
	50岁以上	47.4	47.4	61.3	70.0	67.7	44.4	40.9	31.8	6.7
性别	男	49.7	52.8	63.2	69.8	63.4	40.1	40.6	31.8	5.1
	女	46.8	50.3	65.6	71.7	68.9	42.8	42.2	33.3	5.3
文化程度	小学及以下	46.9	45.0	55.7	71.0	64.5	36.2	35.5	27.0	5.5
	初中	49.4	52.6	65.2	70.9	66.2	39.5	41.1	31.0	4.9
	高中或中专	48.7	57.1	70.2	68.5	64.3	48.7	47.1	38.7	5.5
	大专及以上	49.2	55.5	68.8	71.9	67.2	45.3	44.5	39.1	4.7
家庭生活水平	中等以下水平	49.2	50.8	61.9	65.0	68.5	38.8	43.1	33.1	5.8
	中等水平	49.7	51.2	64.8	72.2	65.2	39.9	41.4	32.0	4.6
	中等以上水平	41.3	57.2	64.5	71.7	61.6	52.2	37.0	33.3	7.2
人口转移水平	低转移户	52.1	47.9	64.6	83.3	66.7	45.8	41.7	41.7	6.3
	中等偏下转移户	52.4	52.6	61.2	67.7	67.5	40.9	41.1	33.0	4.5
	中等转移户	44.2	52.5	67.1	72.4	64.4	44.2	42.7	31.8	5.6
	中等偏上转移户	47.8	52.2	63.7	72.5	65.4	40.7	36.3	29.1	5.5
	高转移户	47.9	49.5	65.5	68.6	62.9	35.6	43.3	33.0	5.2

注：数据来自2018年调研活动，分类指标中年龄、性别、文化程度为受访农户家庭成员情况，本题设计为多选题，数值表示该类影响占该类型样本农户总量的比例，各行之和不为100。男性与女性分别为726名与453名；30岁以下、31~40岁、41~50岁、50岁以上的分别为146名、171名、459名、403名；具有小学及以下文化、初中文化、高中或中专文化、大专及以上文化的分别为307名、506名、238名、128名；家庭生活中等以下水平、中等水平、中等以上水平的分别为260名、781名、138名；低转移户、中等偏下转移户、中等转移户、中等偏上转移户、高转移户分别为48个、418个、337个、182个、194个，样本农户总量1179个。

第五章　农村人口转移背景下惠农政策效果的评价分析

农村人口转移的影响全面且深远，既在干扰惠农政策运行环境的同时影响到现代农业支持政策、农民收益保障政策、农村经济社会发展政策的有效执行与目标实现，又在助推"三农"步入发展新阶段的同时引申出惠农政策的改革新任务与调整新诉求。跟踪调研结果显示，若不及时把握农村人口大规模转移趋势，便将持续弱化惠农政策正面效应且延误未来农业农村高质量发展大局。据此，亟待在系统评估相关惠农政策效果的基础上，结合审视新形势与新问题而廓清下一步惠农政策的优化线索和改进方向。

第一节　基于农业经营体系变更视角的现代农业支持政策效果评价分析

现代农业支持政策成功与否，取决于相关举措能否顺应农业发展形势，尤其是城乡经济社会变迁境况下产业动态演变趋势。数亿农村人口外出务工，在动摇农业经营基础与农村社会结构的同时也加速劳动力、土地、资金、技术等农业生产要素优化组合，最终导致农业经营体系变革成为中国农业最大的变化特征。党的十八大报告明确提出，"坚持和完善农村基本经营制度，依法维护农民土地承包经营权、宅基地使用权、集体收益分配权，壮大集体经济实力，发展农民专业合作和股份合作，培育新型经营主体，发展多种形式规模经营，构建集约化、专业化、组织化、社会化相结合的新型农业经营体系"。简言之，新型农业经营体系是农业在吸纳农村人口转移的影响后，通过加速调节经营主体、经营组织、经营体制来力求发展方式转变与活力焕发的预期产物，本质上属于农业经营制度在市场机制与国家干预推动下的适应性转换，同时也是中国特色现代农业的重要组成部分。据此，面对利益新格局与发展新特征，现代农业支持政策能否促进新型农业经营体系健康发展，将是评价既有政策效果的主要标准。

一、新型农业经营主体培育的效果评价与需求判断

新型农业经营主体是新型农业经营体系的核心要素。农业经营主体形式变化源于农业生产要素重新配置，但鉴于农业发展资源整合存在一定时滞性，培育新型农业经营主体面临诸多实践困难与操作风险，凸显现代农业支持政策的适用性仍有待提升，同时也昭示要素有效供给与支撑条件满足之于培育新型农业经营主体的重要性。

（一）以提升土地流转有序性来有效满足规模经营需求

新型农业经营主体以规模化为主要特征，土地集中经营是重要实现路径。实践表明，尽管农村土地流转明显加快步伐，但流转过程中无序化问题亦极为突出，暴露出政策缺乏足够引导，以至于影响流转质量和效果。

一是土地流转规模上，比例虽有所提高但缺乏增长稳定性。截至2018年底，尽管全国家庭承包耕地流转面积占比已经达到38.9%，但增速却自2013年的22.5%逐年下降至2018年的5.3%，更是远低于2008年的70.3%（如图5-1所示）。这表明，受以农地产权改革为核心的农地制度改革进度、以城镇就业容纳度为依托的农村人口转移速度、以持续增收能力为根本的农户物质资本积累强度、以养老医疗为关键的农村社会保障力度、以财政投入为保障的农业基础设施条件、以科技进步为支撑的农业技术水平、以新型服务主体培育为前提的农业社会化服务水平、以资产增值为期待的"农二代"持有土地意愿等诸多因素制约，土地经营面积扩大已经步入改革"深水区"，进行到"容易流转的已大致完毕，难以流转的却逐渐堆积"的攻坚阶段。二是土地流转范围上，流转行为主要发生于集体

经济组织农户内部之间,有落入"内卷化"陷阱之嫌①②。截至2018年底,全国家庭承包耕地流转入农户的面积为3.08亿亩,约占耕地流转总面积的57.1%,且经营规模50亩以上的农户仅占总农户数的1.51%③。这表明,农业分散化经营格局尚未被实质性打破,土地经营权流转并未有效促进土地规模化经营。三是土地流转形式上,农户依据传统熟人之间交往模式而制定的大量口头流转约定,往往具有"非正规、易撕毁、软约束、无期限"的明显特征,以至于规模经营者因缺乏稳定的耕作经营权预期而难以充分保护自身权益,并滋生透支地力、慎重投资等短视行为。截至2018年底,全国耕地流转合同签约率仅为67.8%,全国村民委员会、乡镇政府和农村土地承包仲裁委员会共受理土地流转纠纷9.7万件④。这表明,农村土地流转的专业化、规范化、法制化程度较低,从长远看,将不利于真正撬动农地资源优化配置。四是土地流转成本上,伴随着农村市场化程度提升,农户偏向对流入者尤其是外来大规模经营者索取更高地租。有研究指出,"小农户+社会化服务"模式下,地租水平几乎相当于纯收入的80%左右,且市场化地租约是村庄内部小面积流转租金的3倍⑤。这表明,由土地流转费用持续上涨所造成的新型农业经营主体经济负担加重、农产品成本竞争力削弱等后果,将严重影响到农村土地流转工作的长期持续性。

如上所述,农村土地流转市场尚处于发育初级阶段,亟待通过强化土地适度规模经营支持政策来健全土地有序流转机制,有效满足新型农业经营主体的土地规模经营需求。一是以优化土地流转环境来扩大土地流转规模。完善农村土地"三权分置"制度,在赋予农民更多土地权利的同时提高土地资源配置效率,加大权属确定、土地平整、耕地质量、机耕道路等

---

① 匡远配、陆钰凤:《我国农地流转"内卷化"陷阱及其出路》,《农业经济问题》2018年第9期,第33–43页。
② 郑阳阳、罗建利:《农户缘何不愿流转土地:行为背后的解读》,《经济学家》2019年第10期,第104–112页。
③④ 数据来自农业农村部农村合作经济指导司、农业农村部政策与改革司发布的《中国农村经营管理统计年报(2018年)》。
⑤ 党国英:《乡村振兴战略的现实依据与实现路径》,《社会发展研究》2018年第1期,第9–21页。

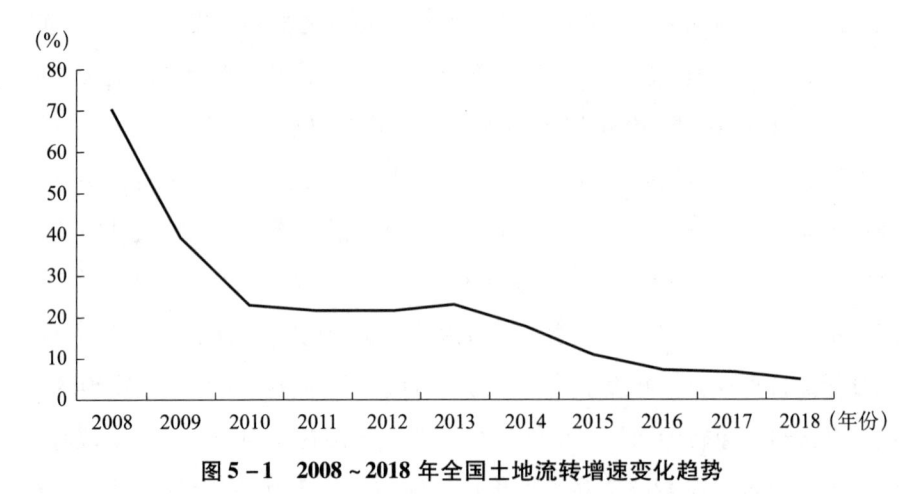

图 5-1 2008~2018 年全国土地流转增速变化趋势

资料来源：2008~2010 年数据来自农业部网站公布资料；2011~2012 年数据来自农业部历年出版的《中国农业年鉴》；2013~2017 年数据来自农业部农村经济体制与经营管理司、农业部农村合作经济经营管理总站历年发布的《农村家庭承包耕地流转情况》；2018 年数据来自农业农村部农村合作经济指导司、农业农村部政策与改革司发布的《中国农村经营管理统计年报（2018 年）》。

土地整治建设投入力度，进一步推广农村土地征收、集体经营性建设用地入市、宅基地制度改革"三块地"改革试点经验。二是以搭建土地流转平台来拓展土地流转范围。鼓励发展包括农村土地经营权流转服务中心、农村集体资产管理交易中心、农村产权交易中心（所）等在内的农村土地流转平台，提高农村土地交易的网络化、信息化程度，改进市场科技服务能力，尝试开展农村土地资源跨集体转让、农村土地退出国家赎买收储等试点工作。三是以完善土地流转法规来规范土地流转形式。基于近年来国家密集出台一系列土地政策的大背景，在《农村土地承包法（2018 年第二次修正）》《农村土地经营权流转管理办法（2019 年修订草案征求意见稿）》等基础上，加速出台《农村土地流转法》，稳定土地流转关系，既要注重保护农户的经营权流转权益，又要合理维护第三方经营者的经营权利用权益，如自主有偿使用、经营权再流转与抵押、农产品处置和补贴收益、土地征收地上物补偿以及租金承担、损害赔偿等[1]，更要主动开展政策性耕

---

[1] 董志勇、李明成：《新中国 70 年农业经营体制改革历程、基本经验与政策走向》，《改革》2019 年第 10 期，第 5-15 页。

地地力保护、评估与监控。四是以控制土地流转费用来压缩土地流转成本。一方面,加强市场建设,健全地租价格形成机制,建立工商资本租赁农地的准入与退出制度,探索地租形式多样化。另一方面,深化改革农业补贴、农产品价格支持等惠农政策,在相机调整农业补贴用途、合理确定农产品市场价格等的同时调节农户地租心理预期。

(二) 以消除金融机构短视性来有效满足信贷融资需求

新型农业经营主体是商品化生产的引领者。实践表明,商业性金融机构针对农村区域仍持有"利润空间有限、市场业务慎重"的传统短视看法,尚未建立起适应农业经营体系变革的工作新理念,尤其是未能正视新型农业经营主体的信贷融资新需求。

商业性金融机构对"三农"的资金支持力度一直较为薄弱,资金长期成为农村最稀缺资源。2010~2014年,全国1942个县市中贷存比小于1的占比高达55%~68%,表明农村存款外流严重。虽然国家不断加大财政支农力度,但"三农"领域仍然存在超过3万亿元的金融缺口[1],极大抵销了惠农效益。以经营规模变动为标志,当下农业经营者已经由同质化的单一群体分化为异质化的多个阶层。不同于小农户相对较低的生产开销与融资意愿,以市场化租用耕地、批量化购买农资、有偿性雇佣劳动等来获取非自有生产要素的规模经营者往往具有较大的资金投入与周转压力,在季节性集中支付地租、农资、农机、佣金、保险等支出时现金流困境极其突出,对信贷融资具有更高期待,这在土地、劳动力及其替代要素的市场化程度不断提高的背景下尤为明显,同时也是目前农村金融领域涌现的新问题。某种程度上,信贷市场发育已经成为农户实现规模化经营的重要门槛。农业农村部发布的《2017年全国新型职业农民发展报告》显示,在有金融贷款需求的农民中,仅有12.3%的新型职业农民贷款需求得到充分满足。以家庭农场为例,农业部典型监测显示,83%的家庭农场有金融贷款

---

[1] 崔红志:《乡村振兴与精准脱贫的进展、问题与实施路径——"乡村振兴战略与精准脱贫研讨会暨第十四届全国社科农经协作网络大会"会议综述》,《中国农村经济》2018年第9期,第1-9页。

需求，但仅有13%的农场可较容易获得贷款；在已经获得贷款的家庭农场中，66%的农场是从农村信用合作社或亲朋好友中获得贷款，从农工中建交等大型商业银行中获得贷款的比例仅有7%；82%的种粮家庭农场表示经常遭遇资金紧张困难，93%的农场表示因资金问题而难以扩大经营规模①。2018年相关调查显示，无论是龙头企业与农民专业合作社，还是家庭农场和专业大户，亲朋好友之间私人借贷均是第一大借款来源，其中后两者私人借贷在2016年与2017年分别平均占比为34.65%、34.69%与41.42%、40.02%②。概括而言，针对新型农业经营主体的金融供给主要存在以下问题：一是针对正在被挖掘的农业增值盈利新空间而缺乏足够的思想认识，如三产融合发展有助于农业附加值提升；二是针对日趋集约化、专业化、组织化、社会化的农业生产而缺乏足够的产品创新思考，如蓬勃发展的农业生产性服务业具有不断细分的融资需求；三是针对日益活跃的农村金融市场而缺乏足够的服务创新探索，如有效抵押物识别标准、新担保机制认定依据、高等级信用判断准则等创新。

如上所述，面对农村金融长期被边缘化且成为全国金融业中最脆弱环节的事实，针对农村金融机构的商业化特征与传统性思维，应加强金融支持新型农业经营主体发展的政策管理。一方面，大力发展农村普惠金融，积极扶持村镇银行、资金互助社、小额信贷公司等农村金融机构，主动培育农村金融主体，并试点设立土地租赁担保基金。另一方面，尝试构建金融支农利益补偿机制，缓解信贷约束。从农业生产发展资金的适度规模经营、新型职业农民培训等支出方向中拿出一定比例，通过利息补偿、风险补偿、税收优惠、放宽对涉农贷款的呆账核销条件、组建担保基金、实行差别化存款准备金和利率政策等方式，激励农村金融机构扩大经营网点、降低贷款利率、改善贷款条件、增加信贷额度、创新抵押条件，并针对规模经营者特性进行土地承包经营权抵押贷款、产业链融资、种植贷、农机

---

① 张红宇、杨凯波：《我国家庭农场的功能定位于发展方向》，《农业经济问题》2017年第10期，第4–10页。

② 经济日报社中国经济趋势研究院新型农业经营主体调研组：《健全农业社会化服务体系任重道远》，《经济日报》2019年1月14日第012版。

贷、农户联保贷款等产品和服务设计。此外，还要积极探索政策性保险与商业性保险互补机制，加快开发满足新型农业经营主体需求的多层次、高保障且具有一定地方性和个性化的农业保险产品，加大保险保费补贴力度，加快推广新型农业经营主体单独投保、单独开单、单独勘查、单独定损、单独理赔等，真正让农业保险成为农业生产特别是适度规模经营的"稳压器"。

（三）以改善人力资本稀缺性来有效满足智力集聚需求

新型农业经营主体的主体构成是综合素质较高、专业技能较强且具有高度村落社会治理责任感与现代生产要素驾驭力的新型职业农民。某种意义上，农业经营体系变更的重要内容之一便是将农业发展的基本驱动力由资本、技术等客体性要素投入转变为提高经营者素质。实践表明，人口大规模转移伴随着乡村精英大量外流，直接导致农业农村高质量发展所需的智力资源严重削弱。

当前，全国农村人力资本状况不容乐观，新型农业经营主体建设形势严峻。农业农村部发布的《2017年全国新型职业农民发展报告》显示，新型职业农民数量仅占全国农业生产经营人员总量的4.78%，且高中及以上文化程度的比例仅占30.34%，分别仅有7.5%与15.5的新型职业农民获得国家职业资格证书与农民技术人员职称认定，21.1的新型职业农民正在接受学历教育，11.1%的新型职业农民享受到规模经营补贴。反观发达国家，通过法律制定、资格准入、技能培训、从业认定、资金补助等方式大力发展职业农民，德国、日本、英国受过大学、中学及良好职业技术教育的农民早在多年前便已经分别占比67%、50%、78%[①]。中外对比反差巨大，也折射出现阶段中国尚未完全准备好符合农业农村现代化发展要求以及新型农业经营主体培育需求的智力支撑条件。

如上所述，专业人才短缺决定了农村智力集聚有限。显然，只有通过厚植农村人力资本基础并强化教育培训支出，继而提高职业农民的经营管

---

① 吴声怡、彭陈椿、徐丽珠：《新农村建设中的新型农民培育问题研究》，《福建农林大学学报（哲学社会科学版）》2007年第10期，第21-24页。

理素质、市场拓展能力、劳动生产技能、农技应用程度、资源利用水平，才能更好地促进新型农业经营主体队伍建设。一方面，感召农民工返乡创业。农民工返乡创业实质上是将相当比例的人力资本从城市转移回乡村。应积极搭建干事创业平台，增强技能培训、税收优惠、信贷扶持、金融服务等领域扶持力度，在吸引人才回巢的同时引导资金、技术、信息、企业家才能等先进生产要素回流农村。2016年，经济日报社联合中国人民大学、零点有数科技有限公司关于"全国新型农业经营主体发展指数"调查显示，新型农业经营主体负责人中返乡农民工占比高达58%[①]。另一方面，壮大原有"中坚农民"力量。长期以来，正是具有一定规模、立足于自发土地流转而形成适度规模经营、依靠自家劳动力而保持家庭生活完整性、主要收入在村庄且不低于外出务工收入的"中坚农民"积极参与农业生产活动与村庄公共事务，才保证人财物流出背景下农业经营秩序与农村基本治理。据此，有必要充分发挥"中坚农民"在经济、政治、社会等方面的功能和价值属性，保障其成为农村最具灵活性的经营者、农业新技术最主动的采纳者、国家惠农政策最坚决的支持者、村庄社会规则最有力的维护者、农民自组织能力提升最关键的中间者。

（四）以化解农技研发滞后性来有效满足效率提升需求

新型农业经营主体强调土地产出率与劳动生产率，应用农业先进技术的意愿强烈。实践表明，当前中国农业科技装备水平仍难以充分保障综合生产能力稳定与提升，继而制约农业经营体系变更后的农业生产效率提升。

客观而言，中国农业科技进步明显且已经成为农业生产力增长的关键驱动力，但就整体农业技术水平而言，仍然相对存在"三低"特征。一是较之国际水平低。中国农业研发经费投入强度不仅低于许多发展中国家水平，更远低于主要发达国家3%~6%的水平[②]。2018年，农业科技进步贡

---

① 叶兴庆：《现代化后半程的农业变迁与政策调整》，《中国农业大学学报（社会科学版）》2018年第1期，第18-23页。

② 魏后凯：《坚定不移地实施乡村振兴战略》，《经济日报》2017年11月3日第011版。

献率与农作物耕种收综合机械化率尽管分别达到58.3%与67%,仍然均低于发达国家20多个百分点[①]。此外,粮食行业科技贡献率不足40%,低于发达国家70%~80%的平均水平[②];农业科技成果转化周期为7~10年,高于发达国家2~4年的平均水平;农业科技成果转化率仅为30%~40%,低于发达国家80%左右的平均水平[③]。以大豆为例,东北地区尽管自2016年起取消玉米临时收储政策并实施生产者补贴政策,玉米价格已然下行,但大豆对玉米的替代效应仍不明显,主要原因在于国内大豆科研投入严重不足,不仅品质与国外差距较大,且亩产最高仅247斤,至今仍未实现1956年《中国农业发展纲要》规划的260斤目标,更低于国际水平的370斤,十分不利于扩大种植范围[④]。此外,中国玉米单位产量也仅为美国的60%[⑤]。二是较之现代农业发展要求低。现代农业的核心便是科学化。中国农业科技研发既要致力于促进传统农业向现代农业靠拢,又要聚焦于满足现代农业动态演进的技术新需求。然而,在分子生物技术、物联网、云计算、大数据、人工智能等农业科技应用日新月异以及数字农业、精准农业、智慧农业等发展方兴未艾的当下,中国农业科技的研发条件与综合实力仍难以乐观。2017年,中国农、林、牧、渔业的研究与开发从业人员数、R&D人员数分别仅占比11.8%、12.6%,R&D经费内部支出、R&D经费政府资金内部支出分别仅占比7.5%、8%[⑥]。2016年,第三次全国农业普查结果显示,全国采用温室和大棚技术的农业占地面积仅占全国耕地总面积的0.97%。有研究指出,中国占市场需求90%以上的国产农业装备

[①] 尹成杰:《关于农村全面建成小康社会的几点思考》,《农业经济问题》2019年第10期,第4-9页。

[②] 蒋和平:《粮食政策实施及其效应波及:2013-2017年》,《改革》2018年第2期,第64-74页。

[③] 王丹萍:《农业科技成果转化率低的原因分析》,《中国农业信息》2013年第15期,第240页。

[④] 陈锡文:《加快推进农业供给侧结构性改革 促我国农业转型升级》,《时事报告(党委中心组学习)》2017年第2期,第64-74页。

[⑤] 董志勇、李明洁:《新中国70年农业经营体制改革历程、基本经验与政策走向》,《改革》2019年第10期,第5-15页。

[⑥] 数据来自《中国科技统计年鉴(2018)》。

为中低端产品，核心技术和高端设备主要依赖进口①。三是较之新型农业经营主体需求低。一方面，面对农业生产成本高涨与农村劳动力短缺的特征事实，新型农业经营主体既要在"三本齐升"背景下追求预期经济回报，又要在劳动力资源约束条件下实现生产要素替代，愈发重视节本与省力技术的应用推广。然而，市场对于有助于降成本的新技术、新工艺、新机械、新田间管理技术等需求回应不足，能够抗倒伏、错开农时以及增加施肥、用药、灌溉确定性的技术服务明显欠缺。另一方面，作为产业结构调整的重要抓手、三产融合发展的践行主体、绿色生产方式的理想载体，新型农业经营主体所获得的技术支持相对不足。2017年，中国农、林、牧、渔业R&D经费内部支出、R&D经费政府资金内部支出中种植业分别占比高达55.7%与56.5%，而林业、畜牧业、渔业及生产性服务业的占比极为有限②。农业技术推广成果中，农业经营主体愿意使用成果仅占总推广成果数的10%左右，而不感兴趣甚至拒绝接受的成果占比却高达30%～40%，体现出有效供给乏力③。

如上所述，在坚持科技创新驱动的前提下，农业科技需审视研发新方向，强化对新型农业经营主体的生产支撑功能。一方面，未来应结合农业转方式调结构的新要求，依托整合财政涉农资金来整合科技研发资源，重视数字化技术在农业领域的转化应用，重点瞄准绿色安全优质的良种培育、适用于规模经营者的机械创新、节本省力的技术推广等领域，特别是支持有利于减少果蔬种植、畜禽养殖等日常投工的技术研发以维持劳动密集型农产品既有比较优势④，在提升农业科技成果转化率、农业科技进步贡献率、农业耕收种综合机械化率的同时，持续提高农业投资收益率。另一方面，在符合惠农项目支持标准的前提下，鼓励新型农业经营主体自建

---

① 方向明、李姣媛：《精准农业：发展效益、国际经验与中国实践》，《农业经济问题》2018年第11期，第28-37页。
② 数据来自《中国科技统计年鉴（2018）》。
③ 王航：《基于农业现代化要求的我国农业科技创新现状及思考》，《农业科技与装备》2017年第7期，第82-85页。
④ 陈奕山：《1953年以来中国农业生产投工的变迁过程和未来变化趋势》，《中国农村经济》2018年第3期，第1-14页。

粮食晾晒、仓储场地，并注重粮食远程运输除湿防霉技术研发应用和高标准粮仓建设、维修工作。此外，财政要加大农田水利设施建设、新型机械设备购置补贴等投入力度，为现代农业技术营造良好的应用环境，同时，提高农业气象灾害监测预警水平与防灾应变能力。

二、多元农业经营主体共存的效果评价与需求判断

传统经营者与规模经营者并存是新型农业经营体系的重要特点之一。立足于中国现实情境，农业经营主体转变衍生出诸多值得深思的问题，并一度引发国内学术界关于小农户与新型农业经营主体在农业支持地位上的选择争议。"小农经济派"基于小农户动态演变与农业渐进主义发展角度，从生产效益论、客观稳定论、社会功能论、公平道义论、兼容发展论、新型经营主体"母体"论等视角出发，对于现代小农的经营效果、社会优势、支持价值、存在基础、成长潜力等进行辩解，并从规模经营弊端入手抨击了农业现代化激进主义。"新型农业经营主体流"则侧重于从提高经济回报率、增强农业竞争力、培育农民职业性及适应现代农业与市场经济等视角诠释了农业转型进程中期待更具有代表性的新支持对象，并强调了小农户与大市场、大社会、大生产之间的结构性矛盾和农业发展环境及趋势的决定性作用。

需要指出的是，以规模经营为主要特征的新型农业经营主体之于农业产业发展乃至存在的重要性毋庸置疑，但不应且不能忽视农业基本经营形态的阶段性特征。根据联合国经济及社会理事会人口局预测，2035 年和 2050 年，中国城镇化率将分别达到 71.1% 和 75.8%，届时，乡村常住人口仍将分别达到 4.19 亿人和 3.35 亿人[1]。国内研究亦表明，即便是到 2020 年、2030 年、2050 年，农村仍将分别有约 2.2 亿户、1.7 亿户、1 亿户小农[2]。同时，为保障以数亿户小农为主体的农村社会稳定，还必须充

---

[1] 魏后凯：《如何走好新时代乡村振兴之路》，《人民论坛·学术前沿》2018 年第 2 期，第 14–18 页。

[2] 屈冬玉：《以信息化加快推进小农现代化》，《人民日报》2017 年 6 月 5 日第 007 版。

分考虑留守人员务农需求并为大量进城农民工预留未来返乡务农空间。从理论上讲，既然土地加速流转源于农村人口大规模转移，那么一旦农村人口大规模回流，也势必会引发土地加速回收。可见，传统小农户仍将是中国农业生产的重要主体，大规模小农生产方式仍将长期存在。习近平总书记曾就此问题，两次提到要有足够的历史耐心。一是 2013 年 12 月 12 日在中央城镇化工作会议中曾提到，"对于我国农业人口城镇化的问题，我们要有足够的历史耐心"；二是 2016 年 4 月 25 日在小岗村谈论农业现代化问题时再次提到，"规模经营是现代农业的基础，但是改变我国现在这种分散的、粗放的农业经营模式是需要条件和时间的，在这个问题上我们要有足够的历史耐心"。

简言之，鉴于各类农业经营主体各具特点与争议，决定了惠农资源愈发需要进行科学合理分配，继而保证各自必要的成长空间，这已经成为现代农业支持政策效果的重要评价依据。实践表明，在近年来农业经营主体结构加速分化过程中，现代农业支持政策面对多元经营主体并存局面时，一定程度上因预判性不足而导致兼容性欠佳，也昭示出相关政策亟待调整。

（一）以健全资源对接机制来有效优化农业经营主体发展环境

无论是自身建设，还是共存共生，小农户与新型农业经营主体发展均高度依托于外部资源的帮扶作用。在此意义上，国家资源下乡路径成为惠农政策效果的重要影响因素。

鉴于农村基层组织功能薄弱与农民涣散两大软肋，惠农资源往往因缺乏有效的对接机制而无法在输入过程中实现分配最优化，突出表现在组织化平台建设存在缺失。一是农民合作社"虚假化"严重。尽管农民合作社数量高速扩张，但质量难以完全认同。二是农业产业化运营组织"逐利化"突出。各类农业龙头企业通常以商业利益为导向，小农户带动效应相对有限。三是村社集体"空壳化"明显。家庭联产承包责任制实施后，村社集体职能逐渐弱化，难以有效发挥组织农民功能。据统计，2018 年，全国村集体没有经营收益或经营收益在 5 万元以下的"空壳村"合计 34.7

万个，占总村数的 63.7%①。此背景下，若由行政机关直面农业经营主体来落实惠农政策，不可避免将因工作量大、群众矛盾纠纷、利益集团干扰等而增加交易成本并产生政府失灵。有学者直言，"取消农业税后，给农民分钱遂成农村工作第一难事，……给农民分钱也会遇到向农民收钱同样的高成本"②。如此，惠农政策落地效果将难以保证，小农户面临有效提升组织、参与、创新、发展能力并与国家有效对接的障碍，新型农业经营主体也将不易通过正常渠道来充分表达利益诉求。

如上所述，提高国家自上而下的惠农资源与各类农业经营主体的对接组织性，为完善惠农资源对接机制而创造制度载体，将是下一阶段优化农业经营主体发展环境的关键环节。一是加大村社基层组织的发展支持力度。以农村集体产权制度改革等途径来壮大可辐射所有组织成员的新型农村集体经济，继而在村社集体恢复资源再分配能力并充分发挥"统"的职能前提下，提高村两委的服务组织能力并使其成为资源对接、项目建设、利益分配、诉求表达的理想平台。以村庄基本公务开支为例，中央政府仅需支出约 1000 亿元便可实现兜底③。二是加大农民合作组织的整合支持力度。有研究表明，2009 年获得财政资金扶持的合作社数为 13.5%，2015 年则下降至 2.5%，各级财政专项扶持资金总额的绝对值自 2014 年起开始下降④。从可持续发展角度看，应沿循整合思路，在合理排查、归并、精简现有分散化农民合作组织的基础上推动其向区域综合性组织演变。如此，既有助于在农机、烘干、加工、储运、停机棚等配套辅助设施的惠农投入支持上形成规模效应，又有益于从制度建设、生产组织、内部治理等方面来规范农民合作社运行机制，更能够有效提高农民的主体觉醒、自组

---

① 数据来自农业农村部农村合作经济指导司、农业农村部政策与改革司发布的《中国农村经营管理统计年报（2018 年）》。
② 王睿、贺雪峰：《当前三农政策中的若干重大问题》，《天津行政学院学报》2015 年第 2 期，第 63 - 72 页。
③ 党国英：《中国农业发展的战略失误及其矫正》，《中国农村经济》2016 年第 7 期，第 2 - 14 页。
④ 匡远配、陆钰凤：《我国农地流转"内卷化"陷阱及其出路》，《农业经济问题》2018 年第 9 期，第 33 - 43 页。

织、参与市场、相互合作等能力。三是加大市场服务组织的创新支持力度。借助乡村振兴战略，调动农村"中坚农民""返乡精英"等群体在村庄熟人社会发挥正面凝聚力量，通过财政、税收、信贷等扶持手段来大力培育符合政策要求、满足公共期望、具备引领作用、弥补市场空白的农业生产性服务业及相关服务组织。

（二）以贯彻利益联结理念来有效提升农业经营主体协作水平

小农户与新型农业经营主体之间并非非此即彼的对立关系，两者应基于广阔利益空间与政策有效指引而形成"利益同构体"关系，通过贯彻利益联结理念来实现协作发展。

审视国情农情，多元农业经营主体在客观上存在"各自为战"问题，既制约现阶段农业经营整体绩效，又影响新型农业经营体系健康成长。研究显示，新型农业经营主体对于小农户、"中坚农民"等群体，更多地体现出"排挤"而非"协作"[1]，农业经营领域中也愈发呈现出一种新型农业经营主体通过不断掌握土地资源而逐渐取代小农户的迹象，导致身处城市"排斥效应"和农村"挤出效应"双重压力下的农民不得不在夹缝中生存[2]，以至于部分农村非剩余劳动力因土地竞争失败而"被迫"离开农业，并带来潜在的农村社会治理隐患。对于政府而言，无疑是期待由具备现代经营理念的新型农业经营主体来带动小农户发展。然而，结果并非总尽如人意，新型农业经营主体俘获或意图俘获惠农资源的问题普遍存在，并影响共同富裕的政策初衷实现。下一步相关政策设计显然应重点关注强化利益联结、促进主体协作、避免精英独占、共享惠农资源等问题。

如上所述，各类农业经营主体有待以增强利益联结来实现深度合作与资源共享，继而实现协同发展，新型农业经营主体尤其要秉承"提携弱者"的理念来带动小农户共同发展与持续增收，且需设定为相关惠农政策

---

[1] 赵晓峰、赵祥云：《新型农业经营主体社会化服务能力与小农经济的发展前景》，《农业经济问题》2018年第4期，第99–107页。

[2] 李有学：《规模抑或质量：中国农业现代化发展道路的迷思》，《兰州学刊》2013年第6期，第134–138页。

效果的重要衡量指标。一方面，重视生产结构互补。并非所有农产品生产都需要大规模土地集中，也并非所有农地都适合规模经营，有必要深入辨析小农户与新型农业经营主体各自的经营特点与生产优势。在不断提升农业生产的基础设施、技术水平、要素质量的同时，借助于居民消费升级、农业功能拓展、产业扶贫深入等契机，鼓励不同区域的小农户充分利用各自资源禀赋条件来实现农产品错位发展。例如，山区、丘陵等地带的小农户可偏向于高附加值的土特产品生产，水土、劳动力等资源相对丰富地带的小农户可致力于水果、蔬菜等具有传统优势的劳动密集型产品生产等。如此，小农户生产便可与新型农业经营主体的土地密集型大宗农产品生产形成互补效应并满足市场日益多元化的需求，力争以少、优、精来换取可持续的生存发展空间。另一方面，坚持经营过程融合。依托于利益共同点，着眼于家庭农场与小农户的家庭经营共性、农民合作社与小农户的天然合作关系、工商企业对于政府支持的高度依赖，借助于家庭农场培育计划、合作社补助扶持条件、企业涉农准入门槛等政策手段，通过财政扶持资金入股、承包地入社、"订单农业"等方式，助推小农户在获得平等参与身份与更多合作机会的条件下，更好地融入现代农业经营体系并定位自身分工角色。例如，可将工商资本优先进入乡村条件明确规定为提升小农户的市场化、组织化程度以及带动农民增收。

三、小农户与现代农业有机衔接的效果评价与需求判断

尽管小农户具有高经营成本、高经营风险、高环境约束、低信息对称、低经营合作、低经营素质的"三高三低"特征[1]，从而在先进技术敏感性、农资投放合理性、生产活动组织性、规模经济获取性、产业链条延展性等方面存在先天劣势，但考虑到其实际耕者与相对弱者的客观身份，不仅不能以发展新型农业经营主体为由而减少对小农户的政策倾斜，而且应该围绕其生产特点来有针对性地设计支持模式，以实现最基本的人文关

---

[1] 李铜山、周腾飞：《小农户经营困境：表象、成因及破解》，《中州学刊》2015年第4期，第34-39页。

怀与底线保护，这同时也理应是新型农业经营体系建设的应有之义。展望未来，小农户不断减少乃至最后消亡是必然的，但在相当长时期内维持小农户至少平等的支持力度仍将是一种立足国情的必要之举，且要在不断转型升级小农户的过程中渐进提升其适应现代农业及市场经济的综合能力。毕竟，小农户的现代化程度与竞争力水平直接关系到农业农村高质量发展进度，并将决定未来中国农业基本的发展形态与竞争状态，满足小农户现代化发展需求无疑已经成为惠农政策的重要目标，而以服务规模化来弥补耕地细碎化则是小农户改善生产条件并融入现代农业体系的重要战略取向。

考虑到庞大的市场需求、复杂服务的要求与多元利益诉求，尽管新型农业社会化服务体系发展势头迅猛，但有效供给能力仍不容乐观。2018年相关调查显示，仅有2.74%~9.73%的小农户了解农业生产社会化服务具体内容，即便是家庭农场和专业大户，比例也仅在12.55%~45.87%之间；就接受或购买农业生产社会化服务而言，仅有0.87%~6.68%的小农户有过购买经历，即便是家庭农场和专业大户，比例也分别仅在4.66%~23.03%与4.38%~35.2%之间；但同时，分别有35.16%的小农户、50.13%的家庭农场、44.81%的专业大户自认为存在农业生产技术困难，表明多数农业经营主体事实上对农业生产技术社会化服务存在显著需求。农业社会化服务在金融、信息、销售等非生产领域的发展形势同样严峻。2017年相关调查显示，家庭农场、专业大户、普通农户、龙头企业购买农业保险的比例分别仅为28.36%、22.36%、10.64%、30.68%；家庭农场、专业大户、普通农户通过集体和合作社代销所获得的收入占总收入比重均未超过7%，而接受或购买过市场营销服务的比例分别仅为9.39%、7.65%、1%[①]。更为重要的是，除暴露出供需结构失衡等弊端之外，农业社会化服务主体从控制经营成本、减少交易费用、提高作业效率、稳定客户关系等角度出发，还普遍存在以大户为中心、以市场利益为取向的排斥小农户行为倾向，突出表现在农忙季节服务优先序列、服务价格优惠程

---

① 经济日报社中国经济趋势研究院新型农业经营主体调研组：《健全农业社会化服务体系任重道远》，《经济日报》2019年1月14日第012版。

度、服务内容创新方向等方面。据此,在"吨位决定地位"的经营逻辑与路径依赖的经营惯性下,新型农业社会化服务体系一定程度上存在按规模经营需求而再造的趋势。

纵观农业适度规模经营实践,多样化的发展模式才更符合国情、农情与农民心理,既要以推进土地资源深度重组来获取规模经济效益,更要以改善服务规模与经营条件来获取范围经济效益。实践表明,新型农业社会化服务体系适用于所有农业经营主体,且可将家庭生产融入现代农业分工体系。这同时也决定了应积极构建均衡协调的新型农业经营主体和新型农业服务主体"双支柱"型政策架构,努力促成有利于探索多种适度规模经营实现形式的政策环境。传统小农户之所以未出现明显的农业生产效率下降迹象,在于农业社会化服务发挥了至关重要的弥补功能与生产辅助作用。2018 年,全国农业生产性服务业营业收入超过 2000 亿元[1]。据此,为更好地促进小农户与现代农业有机衔接,亟待针对小农户在生产各环节所存在的信息、农资、金融、技术、机械、保险、水利、储藏、销售、灌溉、加工等服务需求,提倡股份合作、代耕代种、土地托管、联耕联种等形式,扶持农机化作业服务组织与专业户、病虫害专业化防治组织等主体,积极构建具有综合配套性、存在个体差异性、兼顾大小农利益、引领现代农业发展的新型农业社会化服务体系并为其营造良好运行环境与可持续发展空间。

第二节 基于农产品价格支持转型视角的农民收益保障政策效果评价分析

农民收益保障政策成功与否,既取决于农民能否持续稳定增收,更取决于相关举措是否具有牢固的执行基础。21 世纪以来,随着综合国力不断增强、居民收入水平逐渐提升与政府支农决心日益坚定,农民增收在多元

---

[1] 《农村产业融合引领乡村产业高质量发展》,农业农村部网站,2019-07-03,http://www.moa.gov.cn/xw/zwdt/201907/t20190703_6320111.htm。

惠农政策目标中的重要性愈发凸显。国际经验表明，农民收益保障政策往往因触及帮扶性质补贴、资源配置干预、国际准则约束、增收水平尺度等敏感性领域，而在执行过程中时常存在变数且产生不确定性后果。就中国而言，以最低收购价政策与临时收储政策为主体的农产品价格支持政策自2004年执行以来，成为惠农政策体系中极具代表性的农民收益保障政策。但相关实践表明，农产品价格支持政策已无法适应近年农业发展形势需求，难以有效实现增加农民务农收入的政策意图。最终，在十年执行期后，国家自2014年起正式启动包括目标价格、生产者补贴等在内的新一轮农产品价格支持政策改革，并在2014~2021年连续八年中央"一号文件"中强调要以改革重要农产品价格形成机制和收储制度来持续完善农业支持保护制度，2018年发布的《乡村振兴战略规划（2018—2022年）》亦对相关深化改革作出科学规划。本书拟从近年来备受关注、由农村人口转移等因素所引发、与农民务农收益息息相关的农业国际竞争力下降现象出发，系统评价新一轮农产品价格支持政策的改革背景与执行效果，以期探寻农民收益保障政策的优化路径。

一、农产品价格支持转型的背景分析

农产品价格支持状况与农业国际竞争力水平均是农民务农收益的关键影响因素，也是一国农民收益保障政策的重点关注领域。近年来，农产品进口量激增、农产品市场竞争加剧等问题不断凸显，既引发社会各界对于中国农业国际竞争力下降的热议，也引发关于农产品价格支持转型的思考。

（一）农业国际竞争力的困境与挑战

农业竞争力涵盖产业竞争力、国际竞争力、农民收入竞争力等多重内涵。其中，农业国际竞争力是农业竞争力的核心，是指在自由和公平的市场条件下，一国农业以其相对于他国更高的农业生产率，生产出更多的具有竞争优势的农产品，并持续地获得盈利的能力[①]。简言之，农业国际竞

---

① 陈卫平：《农业国际竞争力理论初探》，《财经问题研究》2003年第1期，第67-70页。

争力即一国农业产业参与国际竞争的整体能力，最直接的决定因素在于农产品的品种、品质、价格是否具备竞争优势，继而更好地拓展国际市场并抵抗进口冲击。

中国惠农政策体系长期以粮食增产与农民增收为主要目标，相对忽视农业国际竞争力提升。事实上，中国农产品在2004年便已经转入贸易逆差，自2009年起谷物亦由净出口转为净进口。2004~2018年，粮食产量"十五连丰"与农产品贸易"十五连逆"相伴随，中国成为全球最大农产品进口国的事实引发极大争论。2012~2016年，全国粮食每年产需缺口约5000万吨、净进口量则在0.8亿~1亿吨，累计过度进口超过2亿吨；2011~2016年，全国棉花与食糖每年产需缺口均在200万~300万吨，却分别净进口1880.7万吨与2218.2万吨①。根据第三次全国农业普查结果所作的修正显示，2017年全国粮食产量达到66160.7万吨②；但同年粮食进口量亦达到13062万吨，农产品进口额与逆差额分别高达1258.6亿美元与503.3亿美元③。即便是长期具有竞争优势的劳动密集型农产品，在2018年也罕见地开始出现国际贸易逆差，如水果逆差额达到12.6亿美元，同时，蔬菜与水产品的贸易顺差亦开始缩小④。部分学者通过实证分析也证实，近年来，中国对印度等国家及地区的农产品出口因竞争力不足而不断波动⑤。

如上所述，既表明农产品存在尖锐的产需紧平衡与供求结构失衡并存局面，也昭示着农业国际竞争力呈现全面下滑趋势。一是农业品种竞争力

---

① 倪洪兴、吕向东：《正确理解我国农产品竞争力与国际的差距》，《农村工作通讯》2018年第10期，第59－61页。
② 《国家统计局农村司首席统计师侯锐解读粮食生产情况》，国家统计局网站，2018－12－14，http://www.stats.gov.cn/tjsj/sjjd/201812/t20181214_1639543.html。
③ 魏后凯等：《中国农村经济形势分析与预测（2017—2018）》，社会科学文献出版社2018年版，第12、74页。
④ 魏后凯等：《中国农村经济形势分析与预测（2018—2019）》，社会科学文献出版社2019年版，第10页。
⑤ 宁满秀等：《乡村振兴：国际经验与中国实践——中国国外农业经济研究会2018年年会暨学术研讨会综述》，《中国农村经济》2018年第12期，第130－139页。

下降。受制于农业基础薄弱,国内综合生产能力难以保障全口径农产品完全自给,需通过国际市场调剂余缺。二是农业品质竞争力下降。碍于农业资源环境约束,国内食品在安全性与优质性上难以充分满足居民消费结构升级要求,相关产品进口增长迅速。相关研究指出,中国消费者食品安全满意度仅为50%~60%,处于较低水平[1]。三是农业价格竞争力下降。伴随着农业进入"高成本"时代,国内外农产品价格呈现倒挂现象,价差驱动型的"非必需进口"难以遏制,尤见于粮食等土地密集型大宗农产品,并成为农业国际竞争力下降最显性、最真实、最关键的证据。据此,立足于农村经济社会变迁与改革开放深入,农业国际竞争力下降已经且正在成为农业发展的核心矛盾之一。

(二)基于农村人口转移视角的农业国际竞争力下降分析框架

针对中国农业国际竞争力下降问题,理论界分别从人多地少水更少的农业基础薄弱论[2],物质、土地、人工"三本齐升"的生产成本上升论[3],国际粮价、海运价格、美元兑人民币汇率"三跌合一"的外部市场冲击论[4],关税水平不足的边境保护欠缺论[5]等角度进行了阐述。总体而言,尽管中国农业国际竞争力下降的成因多元化,但若不考虑外部因素,本质上皆可归结于:在需求侧发生明显变化的情况下,自身农产品无效及低效供给,以至于阶段性供过于求与供给不足并存,即农业供给侧问题频生。正是薄弱的农业发展支撑力无法保障生产稳定有序,进一步导致低下的农业生产供给力难以有效满足市场对于农产品的品种、品质、成本需求,最终削弱农业国际竞争力。换言之,当前农业发展的诸多矛盾中,农业国际竞

---

[1] 王志刚、朱佳、于滨铜:《乡村振兴战略下新型农业支持保护政策体系研究》,《财经问题研究》2019年第10期,第103-112页。

[2] 叶兴庆:《我国农业支持政策转型:从增产导向到竞争力导向》,《改革》2017年第3期,第19-34页。

[3] 李周:《中国农村发展的成就与挑战》,《中国农村经济》2013年第8期,第4-14页。

[4] 陈锡文:《落实发展新理念 破解农业新难题》,《农业经济问题》2016年第3期,第4-10页。

[5] 沈琼:《用发展新理念引领农业现代化:挑战、引领、重点与对策》,《江西财经大学学报》2016年第3期,第81-90页。

争力仅是表现，农业生产供给力才是核心，农业发展支撑力却是根本。解读中国农业国际竞争逆境，有必要基于动态眼光来审视农业发展支撑力的关键影响要素。

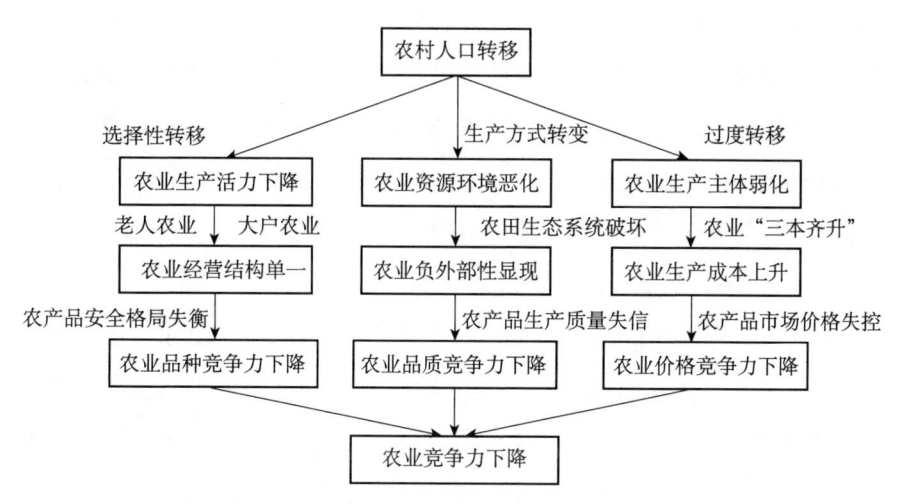

图 5-2 基于农村人口转移视角的农业国际竞争力下降分析框架

显然，脆弱的资源禀赋决定着中国农业特别是土地密集型大宗农产品的基础竞争力具有先天劣势，生产成本与世界主要出口国本就存在难以克服的巨大差距[1]。在工业化、城镇化初始阶段，农业用工工资水平低、农业生产消耗物质费用少的比较优势尚且能够对冲经营规模小、劳动生产率低的比较劣势[2]。随着中国进入工业化中后期阶段与城镇化加速阶段，农村人口转移规模日益扩大且不可逆转，也造就了另一个客观事实，即作为农业生产最关键的因素，以及资本、研发投入和技术进步的基础，本就薄弱的人力资本却从农业领域大量流失，进一步对农业竞争力形成负面效应[3]。国外大量研究也表明，文化程度较高的农村劳动力进入城市从事非

---

[1] 倪洪兴：《我国重要农产品产需与进口战略平衡研究》，《农业经济问题》2014 年第 12 期，第 18-24 页。

[2] 叶兴庆：《新型农业支持政策体系的轮廓逐步清晰》，《中国发展观察》2017 年第 4 期，第 13-14 页。

[3] 余子鹏、王今朝：《科技投入、结构演变与我国农业国际竞争力》，《国际贸易问题》2014 年第 11 期，第 72-79 页。

农生产，会造成农业劳动力的人力资本下降并影响农业生产①②。农村人口大规模转移作为"三农"转型主线，正是从客观上引发农村人力资本及农业劳动力短缺，继而在恶化一系列农业生产基本条件的同时危及农业发展支撑力及农业国际竞争力。换言之，农村人口转移同样是农业供给侧问题频生的重要致因，并理应在以增加农民收入、保障有效供给为主要目标的农业供给侧结构性改革进程中予以关注。据此，本章构建了一个基于农村人口转移视角的农业国际竞争力下降分析框架（如图5-2所示），力求在把握外在发展境况的基础上廓清相关内在影响机理。

1. 农业生产活力下降与农业品种竞争力下降

农村人口选择性转移背景下，农业生产活力整体下降，农业从业人员老龄化成为常态，并通过推动土地流转而促进新型农业经营主体快速发展。对于"老人农业"而言，受体力约束性与生产保守性双重影响，从操作轻省、资金投入少、技术要求低等层面考虑而"重主粮、轻辅粮"。对于"大户农业"而言，为规避风险并保障收益，从标准生产、技术简易、需求刚性、政策扶持、劳动节约、存储便利、季节作业等角度出发也偏好粮食生产。有学者直言，伴随着劳动力转移和劳动成本上升，"趋粮化"将成为未来农业生产基本趋势③。从长远看，一方面，必然因丧失丰富多样性而引致短缺品种的供求缺口扩大化；另一方面，以土地密集型产品替代劳动密集型产品与特色农产品，有违中国农业比较优势，最终体现为农业品种竞争力下降。

2. 农业资源环境恶化与农业品质竞争力下降

随着农业生产中资本替代劳动、能源集约替代劳动集约的趋势愈发明显，在改变农业生产要素禀赋结构的同时推动农业生产方式转变，并导致

---

① Goodbur, C. Learning from Migrant Education: A Cass Study of the Schooling of Rural Migrants Children in Beijing. International Journal of Educational Development, 2009 (5): 495–504.

② Mancinelli Susanna, Mazzanti Massimiliano, Piva Nora and Ponti Giovanni. Education, Reputation or Network? Evidence on Migrant Worker Employability. Journal of Socio-Economics, 2010 (1): 64–71.

③ 郭沛、肖亦天：《中国农业农村改革四十年：回顾发展与展望未来——第二届农业经济理论前沿论坛综述》，《经济研究》2018年第6期，第199–203页。

农业资源环境压力空前高涨。由于对不可再生的自然资源和能源的大量消耗,农田生态系统破坏严重。以过量施用化肥尤其是氮肥为例,投放进入土壤后会引发土壤酸化,淋溶渗入地下后会污染地下水,地表径流带走后会造成水体富氧化,化学反应挥发进入空气后会导致温室气体含量上升,其携带的重金属更会污染土壤[1]。据测算,东北地区土壤中腐殖质下降严重,导致稻米中蛋白质含量每10年下降约1个百分点[2]。

3. 农业生产主体弱化与农业价格竞争力下降

农村人口过度性转移背景下,农业生产主体严重弱化,并因生产劳动节约倾向而增加农业物质与服务费用、因流转常态化而提升土地租金、因从业人员萎缩且老龄化而助长农业雇工价格,继而推动农业生产成本大幅度提高。"三本齐升"的结局便是:2000~2018年,中国稻谷、小麦、玉米、大豆、棉花单位产品总成本年均分别增长5.98%、5.02%、5.23%、6.75%、5.23%,并在2018年分别高于美国46.52%、52.85%、116.27%、139.32%、27.04%(美元与人民币汇率按当年全年平均汇率计算)[3]。此背景下,农业成本竞争力劣势进一步转化为农业价格竞争力劣势,大宗农产品国内价由2008年尚全面低于(大豆除外)国际市场离岸价到2013年便全面高于进口到岸税后价。据统计,食糖、棉花、小麦、大米、玉米国内价与进口到岸税后价分别在2011年4月、2011年10月、2013年6月、2013年7月、2013年7月出现倒挂。2015年国际市场大豆、玉米、小麦、大米价格分别比国内价每吨低1175元、923元、626元、1145元,当年分别净进口8156万吨、471.9万吨、288.5万吨、309万吨[4]。有研究指出,中国农产品生产成本上升所导致价格的提高对国内外

---

[1] 王金霞、仇焕广:《中国农村生活污染与农业生产污染:现状与治理对策研究》,科学出版社2013年版,第101-112页。

[2] 钟真、孔祥智:《经济新常态下的中国农业政策转型》,《教学与研究》2015年第5期,第5-13页。

[3] 数据来自国家发展和改革委员会价格司历年出版的《全国农产品成本收益资料汇编》。

[4] 许经勇:《农业供给侧结构性改革的深层思考》,《学习论坛》2016年第6期,第32-35页。

价差的贡献率高达 20%①。至此，国内农产品市场价格的高位运行态势得以巩固，并致使农业价格失去竞争力。

综上所述，受包括农业缺乏足够国际竞争力在内的多重因素影响，农业比较收益下降压力增大，农民增收效应弱化。2008~2014 年，三种粮食每 50 公斤主产品平均出售价格由 83.54 元增长至 124.38 元，增加 48.9%，但每亩净利润反而由 186.39 元下降至 124.78 元，成本利润率亦由 33.14% 下降至 11.68%；大豆每 50 公斤主产品平均出售价格由 184.26 元增长至 219.41 元，增加 19.1%，但每亩净利润却由 178.45 元下降至 -25.73 元，成本利润率亦由 51.28% 下降至 -3.86%；棉花每 50 公斤主产品平均出售价格由 522.53 元增长至 666.39 元，增加 27.5%，但每亩净利润却由 -16.71 元下降至 -686.44 元，成本利润率亦由 -1.54% 持续下降至 -30.13%②。更为严重的后果在于，若由此带来农业生产动力不足，则比资源环境约束引发的农业产能不足、农业发展潜力有限等问题更具威胁性。客观而言，农产品价格支持政策具有保证销售渠道通畅职责，但功能发挥限于国内市场价格正常波动情形，有效实施的前提是国内产业必须有足够的竞争力或足够的调控手段来抵御和控制进出口影响。据此，面对农业国际竞争力不断下降的局面，既有农产品价格支持政策需要转变支持路径，继而更好地适应新时期农业农村发展需求以及保障农民收益，并避免中国农业陷入"贸易困境""价格困境""补贴困境""全球化困境"四大深层次困境③。

二、新一轮农产品价格支持政策的效果评价

国家自 2014 年起开展以充分发挥市场主体调控作用为原则，以适应市场、反映供求和保障增收相结合为目标的新一轮农产品价格支持政策改

---

① 周慧、王济民:《中国主要农产品价格差内外部影响因素研究》,《黑龙江粮食》2017 年第 4 期,第 34-35 页。

② 农业部农业贸易促进中心课题组:《粮食安全与"非必需进口"控制问题研究》,《农业经济问题》2016 年第 7 期,第 53-59 页。

③ 罗浩轩、郑晔:《中美贸易摩擦下我国农业产业安全深层次困境及破解思路》,《西部论坛》2019 年第 1 期,第 11-20 页。

革,并较为注重基于不同类型农产品供求关系、价格变化特点、产品特性的差异性而"分品种施策"。

一是2014年率先启动东北和内蒙古大豆、新疆棉花的目标价格改革试点。2008年,《国家粮食安全中长期规划纲要(2008—2020年)》首次提出"借鉴国际经验,探索研究目标价格补贴制度"。2014年6月25日,国务院常务会议明确提出要在保护农民利益前提下,推动最低收购价、临时收储和农业补贴政策逐步向农产品目标价格制度转变,并选取东北和内蒙古大豆、新疆棉花开展为期三年的目标价格改革试点。2017年试点期结束后,国家决定取消效果不明显的东北和内蒙古大豆目标价格政策,改为实行市场化收购加补贴机制;同时,深化新疆棉花目标价格改革,完善目标价格形成机制,合理确定定价周期,优化补贴方法。二是2015年取消油菜籽和食糖临时收储政策。自2015年起,国家取消油菜籽统一收储政策,改为中央财政给安徽、江苏、河南、湖北、湖南五省份油菜籽收购提供一定补贴资助,具体收购价和是否收储菜籽油由各省份自行决定。同年,国家改革食糖临时收储办法,不再统一公布收储价格与指定收储地点,改由制糖企业自主储存、自负盈亏,国家仅对企业相关储存补贴半年利息。三是2016年在东北和内蒙古建立玉米生产者补贴制度。2016年6月,经国务院批准,财政部会同有关部门印发《关于建立玉米生产者补贴制度的实施意见》,正式取消辽宁、吉林、黑龙江、内蒙古的玉米临时收储政策,改为玉米生产者补贴制度。四是2016年与2018年分别首次下调稻谷与小麦最低收购价。考虑到口粮绝对安全的要求,国家对最低收购价政策的调整最为谨慎,强调继续执行但逐步完善,在其他农产品先行先试的基础上遵循渐进式改革路径。2012~2014年,早籼稻、中晚籼稻、粳稻、白小麦、红小麦最低收购价增幅分别从17.65%、16.82%、9.38%、12.63%、9.68%下降至2.27%、2.22%、3.33%、5.36%、5.36%;2014~2016年,除早籼稻在2016年首次下降40元/吨外,其余品种保持不变;2017年,在五种临时收储类农产品均拉开改革序幕后,稻谷最低收购价全面小幅下降;2018年,不仅稻谷最低收购价全面提高降幅,小麦也首次下降至

60元/吨①。截至2018年，除核心产区小麦和稻谷的价格形成仍然部分程度上受最低收购价政策调控影响外，其他农产品价格基本上是由市场自发调节。

截至2019年，新一轮农产品价格支持政策改革已历时六年，理论探讨侧重以下三方面。一是改革方向。考虑到农产品价格支持在维护农业生产动力、争取农业转型时间、稳定市场粮价、保障售粮渠道顺畅等方面的积极作用，其仍是惠农政策的重要组成部分，改革应定位于完善，不能因片面追求与国际市场过早接轨而对支持价格"一放了之"②，否则粮食产能一旦受损便不易恢复且引发新一轮农产品供应紧张。二是改革评价。本轮改革在支农手段创新、市场合理定价、品种结构优化等方面作用较为明显，极大缓解了先前农产品国内外价格倒挂、供求结构性失衡、价差驱动型进口激增等困境③，并为积极摸索新时代农业支持路径积累宝贵的实践经验。但同时，改革仍存在多重目标难以并存、政策成本高、缺乏系统性与协调性、生产者面临较大风险等难题④。三是改革建议。在坚持"市场定价、价补分离"改革原则的同时，主动开展以"适度规模+人工替代"来降低农业生产成本、以弱化粮食增产政策导向来强化农业结构调整、以"新型订单农业"来实现收购"优质优价"等举措⑤。需要特别指出的是，即便是面对"自给加进口"的新形势，也应以更加主动的态度来拓展农产品进口来源国，以免再次出现类似2018年中美贸易摩擦中因博弈焦点集中于农业，尤其是大豆成为反制的重要杠杆，而致使农产品进口成本上升并对国内整体物价产生潜在压力的情况⑥。

新一轮农产品价格支持政策改革意义重大，事关新时期农业国际竞争

---

① 数据来自国家发展和改革委员会历年公布信息。
② 童雨：《我国农产品价格支持政策研究》，《现代经济探讨》2015年第6期，第42-46页。
③ 黄季焜：《农业供给侧结构性改革的关键问题：政府职能和市场作用》，《中国农村经济》2018年第2期，第1-13页。
④ 徐田华：《农产品价格形成机制改革的难点与对策》，《农业经济问题》2018年第7期，第70-77页。
⑤ 李国祥：《我国农业支持制度改革创新探讨》，《新视野》2015年第5期，第39-46页。
⑥ 胡冰川：《大豆进口减量问题辨识与中美农业贸易格局重构》，《中国发展观察》2018年第18期，第49-53页。

力提升、农业供给侧结构调整、农业支持保护制度创新等战略目标有效实现，已成为国内学术界关注的重点，并取得极具价值的研究成果。就改革进展评价而言，除参照农业供给侧结构性改革而重视效果性外，还应结合实践适应能力、目标实现情况、综合配套水平来综合考量改革方案的科学性，继而从可行性、有效性、协同性多维度来全方位评估改革成效，以便合理考察实施效果与宏观把握调整节点。

（一）新一轮农产品价格支持政策的可行性评价：政策移植视角

本轮农产品价格支持政策改革明显更加积极借鉴国际经验，如生产者补贴制度与目标价格制度分别起源于美国的1933年《农业调整法》与1973年《农业与消费者保护法》。能否转化成为适应国情农情的可操作政策，一直是衡量国外农业制度在国内是否具有可行性的重要标准。本轮改革具有充分实践依据与明确建设目标，政策调整也较为重视本土化设计。大豆与棉花目标价格政策在要求价格随行就市的同时，依据一年一定且种植前公布的目标价高于市场价的差价，结合种植面积、生产量、交售量来分别补贴各试点区生产者。玉米生产者补贴制度在实行"市场定价，价补分离"的同时，中央政府层面依据粮食供求平衡、农民种植基本收益、中央财政承受能力、产业链协调发展等因素综合测算亩均补贴水平并保持各省份相一致，再结合以2014年为基期的各省份玉米播种面积来确定补贴额度并保持2016～2018年不变；省级政府层面结合中央财政补贴与本省财力状况来确定补贴总额度，既可调剂不超过10%的资金用于种植结构调整，也可结合属地实际制定具体补贴办法，自行确定补贴范围、对象、依据、标准等，体现出"定额补贴、调整结构；中央支持、省级负责"的基本原则。

概括而言，相关创新较为契合国内形势并充分考虑区域差异性与个体异质性，至今运行平稳，但也存在适应性问题，即截然不同的中美农业体系决定国外较强技术理性特征的政策方案在一定程度上缺乏国内有效实施支撑条件。生产者补贴制度与目标价格制度在性质上更接近于特殊性补贴，以目标价格、市场价格、补贴水平、补贴额度等量化参数为执行依据，对于经营主体识别、生产成本测算、种植面积核定、销售价格监测、交售数量查实等具有更高要求。美国以大型农业公司和大型企业化家庭农场为农业主体，经营规模、种植结构、生产情况、市场状态等信息相对明晰，方便对接中间环节，极易满足基础数据获取要求。反观中国，农业超小规模经营仍占主流，2亿多农户户均耕地承包面积仅0.5公顷且地块多达5.7块①，大体上相当于日本的1/6、欧盟的1/30和美国的1/340②，在补贴程序复杂与基础数据缺乏的情况下，信息采集难度严重挑战政策执行力③。

1. 信息采集不易，致使政策成本高昂

小农户具有分散经营与种植结构动态调整的特点，决定了每年都需要耗费大量人力、物力、财力来实地核查种植面积、销售数量等微观数据，既影响基层政府日常工作，又延误补贴及时兑现，更会增加行政成本。例如，2014年新疆仅三轮棉花种植面积核查人工、交通食宿、GPS购置、宣传等成本便高达5.47亿元④，规模庞大的财政补贴依然是摆在各级政府面前的难题，以至于试点期满后国家提出优化棉花补贴方法。

2. 信息采集偏差，致使补贴金额摊薄

一方面，中央核定的生产经营数据往往低于地方考虑实际变化后所核定的数据，中央财政补贴金额被低估并降低单位面积补贴水平。例如，2014年，中央与新疆核定的棉花种植面积与产量分别为3548万亩、370万吨与4082万亩、477万吨⑤，中央与黑龙江核定的大豆种植面积分别为

---

① 叶兴庆：《我国农业支持政策转型：从增产导向到竞争力导向》，《改革》2017年第3期，第21-36页。

② 倪洪兴、吕向东：《正确理解我国农产品竞争力与国际的差距》，《农村工作通讯》2018年第10期，第59-61页。

③ 事实上，同样源于农业超小规模经营特点，美国、欧盟等国家及地区依靠农场、合作社等开展民间储备粮食并替代公共储备的模式，在中国同样不具备适用条件。

④ 黄季焜、王丹、胡继亮：《对实施农产品目标价格政策的思考——基于新疆棉花目标价格改革试点的分析》，《中国农村经济》2015年第5期，第10-18页。

⑤ 张杰、杜珉：《新疆棉花目标价格补贴实施效果调查研究》，《农业经济问题》2016年第2期，第9-16页。

3865万亩与4250万亩①；2015年，中央与新疆核定的棉花产量分别为350.3万吨与429.8万吨，中央与黑龙江核定的大豆种植面积与单产分别为3865万亩、238.1斤/亩与4407万亩、265斤/亩②。另一方面，政府采集的以采价期内有限监测点为准的流通收购价往往高于田间地头农户的销售价，目标价与市场价差额被低估并降低单位产品补贴水平。一般而言，棉花与大豆采集的分别是全区轧花厂收购籽棉均价与收储、加工企业收购价，均高于农户实际出售价。例如，2014年，国家发改委监测的黑龙江大豆市场价为4244元/吨，而农户实际销售价仅为3900元/吨③。

（二）新一轮农产品价格支持政策的有效性评价：矛盾破解视角

新一轮农产品价格支持政策改革虽然未能完全转变竞争劣势，但在缓解国际贸易困境、推进农业加速转型等方面已经取得明显成效，极大释放了农业前期积累的发展压力。

1. 缩价差

玉米配额内1%关税的进口到岸税后价与国内价，"倒挂"价差最大时曾在2015年5月达到0.51元/斤，2017年1月首次逆转0.06元/斤并在之后基本持平，初步昭示玉米国内外价格倒挂将不再是常态。受始于2018年的中美贸易摩擦影响④，2019年11月，加征25%关税后，进口配额内1%关税的美国玉米到岸税后价高于国内价13%。棉花滑准税下折到岸税后价与国内价，"倒挂"价差最大时曾在2013年11月达到23.7%，2015年1月首次逆转0.1%并在之后始终保持在可接受波动范围内。2019年11月，棉花滑准税下折到岸税后价高于国内价10.6%。相对而言，其他农产品国内外价差近年虽有所改善但形势仍较为严峻。2019年11月，稻谷、小麦

---

①③ 陈菲菲、石李陪、刘乐：《大豆目标价格补贴政策效果评析》，《中国物价》2016年第8期，第63-66页。

② 程郁、叶兴庆：《借鉴国际经验改革中国农业支持政策》，《学习与探索》2017年第3期，第113-119页。

④ 2018年7月6日，中国被迫采取对等反制措施，开始对原产于美国的大豆、谷物、肉类、禽类、乳制品、蔬菜、水果、水产品等农产品对等采取加征25%关税措施。

配额内1%关税下进口到岸税后价分别低于国内价10.9%、14.2%;配额内15%关税的巴西食糖、山东地区进口大豆、9%关税下加拿大油菜籽到岸税后价分别低于国内价42.2%、21.6%、29.8%[①]。需要强调的是,尽管经过数年调整后,大宗农产品国内外价格开始并轨且价差较之顶峰期已大为好转,但如果农业生产成本未下降,仍因"治标不治本"而不能从真正意义上被视作农业国际竞争力恢复。

2. 控进口

如表5-1所示,玉米、棉花、食糖国际贸易情况有所好转,2017年分别进口282.7万吨、136.3万吨、229万吨,较之各自历史最高点2012年的520.8万吨、2012年的541.3万吨、2015年的484.6万吨,分别减少45.7%、74.8%、52.7%。最为忧虑的是,2014~2017年稻谷、小麦、大豆进口量在均"四连增"后分别达到403万吨、442.2万吨、9552.6万吨,且稻谷、大豆、高粱、油菜籽进口量均居世界第一、大麦进口量居世界第二[②]。特别需要指出的是,鉴于中美贸易摩擦中中方的措施主要集中在农业领域,2018年稻谷、小麦、大豆进口量分别较上年度下降23.6%、29.9%、7.8%,"连增"势头暂时得以终止。

表5-1　　　　　2010~2018年中国大宗农产品进口量　　　　　单位:万吨

年份	稻谷	小麦	玉米	棉花	食糖	大豆
2010	38.8	123.1	157.3	312.8	176.6	5479.7
2011	59.8	125.8	175.4	356.6	291.9	5264.0
2012	236.9	370.1	520.8	541.3	374.7	5838.5
2013	227.1	553.5	326.6	450.0	454.6	6337.5
2014	257.9	300.4	259.6	243.9	348.6	7140.3
2015	337.7	300.7	473.0	175.9	484.6	8169.4

---

① 数据来自农业农村部市场预警专家委员会、农业农村部市场与信息化司历年发布的《农产品供需形势分析月报》。

② 王永春、王秀东:《改革开放40年中国粮食安全国际合作发展及展望》,《农业经济问题》2018年第11期,第70-77页。

续表

年份	稻谷	小麦	玉米	棉花	食糖	大豆
2016	356.0	341.2	316.8	124.0	306.2	8391.3
2017	403.0	442.2	282.7	136.3	229.0	9552.6
2018	307.7	309.9	352.4	162.7	279.6	8803.1

资料来源：2010~2018年数据来自中华人民共和国农业农村部：《2018 中国农业农村发展报告》，中国农业出版社 2018 年版；2018 年数据来自魏后凯等：《中国农村经济形势分析与预测（2018—2019）》，社会科学文献出版社 2019 年版。

3. 去库存

2017 年，政策性粮食库存共计消化 1690 亿斤，是 2016 年的 1.37 倍；政策性玉米库存比历史最高点下降 28%[1]；截至 2017 年末，政策性棉花库存约 790.9 万吨，同比减少 14.4%[2]。尽管如此，2017 年稻谷、小麦、玉米三大主粮及棉花仍分别进口 402.6 万吨、442.2 万吨、282.7 万吨及 136.3 万吨[3]，同时，大豆、稻谷、高粱（玉米替代品）、油菜籽进口量也居高不下。需要指出的是，鉴于全国粮食储备体系的复杂性、动态调整性及统计口径偏差，实际库存情况可能还有较大出入。

4. 减依赖

财政负担总体降低，粮油物质储备总支出从 2015 年的 2613.09 亿元逐年下降至 2018 年的 2060.75 亿元，降幅 21.1%，其中，中央财政总支出从 1836.08 亿元下降至 1375.64 亿元，降幅 25.1%[4]。但相关支出仍难以忽视，2014 年，财政拨付东北大豆目标价格补贴 32.5 亿元[5]；2014~2016 年，中央财政共计拨付新疆棉花目标价格补贴 603.85 亿元[6]；2016 年，东

---

[1] 杜海涛：《去年全国收购粮食 8500 亿斤 政策性粮食库存消化 1690 亿斤》，《人民日报》2018 年 1 月 23 日第 002 版。
[2] 数据来自中国棉花协会历年发布的《中国棉花形势月报》。
[3] 魏后凯等：《中国农村经济形势分析与预测（2017—2018）》，社会科学文献出版社 2018 年版，第 13-14 页。
[4] 数据来自国家统计局历年出版的《中国统计年鉴》。
[5] 徐雪高、吴比、张振：《大豆目标价格补贴的政策演进与效果评价》，《经济纵横》2016 年第 10 期，第 81-87 页。
[6] 刘敏、陈玉兰：《新疆棉花目标价格补贴政策实施现状与对策研究》，《天津农林科技》2018 年第 6 期，第 29-34 页。

北和内蒙古的大豆与玉米分别补贴 60.11 亿元和 390.39 亿元[①];同时,还要考虑地方政府的政策落实成本。

5. 带产业

伴随着农产品市场定价机制健全,带动农业全产业链复苏。2014~2016 年,新疆纺织服装产业固定资产投资额超过前 35 年投资额总和,纱锭数量增长近一倍,服装产能提升近 4 倍,企业数量从 560 家增长至 2083 家,新增加就业岗位近 30 万个;纺织企业用棉成本下降 20%~40%,行业开工率和盈利水平明显提高。2016 年秋粮上市后,东北地区玉米铁路运输量比上年度增长 5 倍多。2017 年前两个月,黑龙江全省玉米加工企业开工率达到 94%,比前三年行业平均开工率高出 30 个百分点,深加工产能利用率达到 92%,比 2016 年同期提高 37 个百分点[②]。2017 年,黑龙江省共有 1789 户省内外粮食企业开展玉米市场化收购,较之 2016 年增加 269 户[③]。另据吉林省玉米加工企业调查,企业开工率已一改 2015 年前只有 50%~60% 的状态,达到 100%[④]。

(三)新一轮农产品价格支持政策的协同性评价:改革统筹视角

实践表明,新一轮农产品价格支持政策改革涉及面广且关联性强,虽步步推进、稳妥前行,仍不免因统筹不足而产生协同争议。

1. 市场改革取向与保护农民利益协同

推进市场化改革包含着传递生产新信号的意图,但阶段性缓解农产品生产贸易困境的实践活动,难以回避农民收益下降阵痛。以玉米为例,2015 年临时收储价由上年度历史最高点的 2240 元/吨降至 2000 元/吨,农

[①] 魏后凯、韩磊、胡冰川:《粮食供需关系变化新形势下转变农业生产方式研究》,《河北学刊》2018 年第 1 期,103-110 页。

[②] 韩俊:《做好四篇大文章深入推进农业供给侧结构性改革》,《时事报告(党委中心组学习)》2017 年第 4 期,第 34-54 页。

[③] 朱晓乐:《粮食收储制度改革:动因、成效与展望》,《宏观经济研究》2018 年第 4 期,第 119-123 页。

[④] 顾莉丽、郭庆海:《玉米收储政策改革及其效应分析》,《农业经济问题》2017 年第 7 期,第 72-79 页。

民收入由此减少1000亿元并影响GDP 1个百分点[①]；2016年实施的生产者补贴与市场价无关而主要保"基本收益"，东北与内蒙古因市场价格下降而造成农民直接损失约566亿元，即使扣除玉米生产者补贴的480亿元，农民仍损失80多亿元且人均收入下降1.5%，而不享受补贴省份的农民更是因价格下跌而损失严重，如黄淮海地区山东、河南、河北三省与西北贫困省份山西、陕西、甘肃三省农民纯收入与人均纯收入分别下降323.5亿元与2.3%、122.53亿元与3.2%[②]。此外，2014年，新疆棉花因目标价格改革而使皮棉价格由2万元/吨左右降至1.3万元/吨左右，年亩均现金收益由1223.17元下降至747.24元[③]；小麦、稻谷最低收购价下调对于广大种粮农民，尤其是规模经营者的收入影响更是不言而喻。

客观而言，在农业发展支撑力未改观的情况下，任何以适应社会和市场需求为目标的重大惠农政策调整，在平衡农民利益问题上都充满艰巨性，农产品价格支持政策改革亦不例外。

2. 种植结构调整与作物比价关系协同

"分品种施策"且步步推进固然有助于精准发力与试点先行，但挂钩补贴类政策若差异化实施，本身就极易因替代关系而影响品种之间的生产资源配置，尤其在不同品种的价格形成机制和支持制度改革不同步的情况下，有可能因影响作物比价关系而引发种植结构失衡。

大豆与玉米两大本轮关键品种改革分别于2014年与2016年实施于东北与内蒙古，时间差异与空间重合愈发凸显上述问题（如图5-3所示）。玉米亩均现金收益本就高于大豆，两者之比由2008年的1.2：1拉大至2013年的1.8：1[④]；同期，东北与内蒙古玉米播种面积与产量分别从10741.3千公顷与6504.7万吨增长至14362.8千公顷与9625万吨，而大豆

[①] 农业部农业贸易促进中心课题组：《粮食安全与"非必需进口"控制问题研究》，《农业经济问题》2016年第7期，第53-59页。

[②] 张崇尚、陈菲菲、李登旺、仇焕广：《我国农产品价格支持政策改革的效果与建议》，《经济社会体制比较》2017年第1期，第71-79页。

[③④] 数据来自国家发展和改革委员会价格司历年出版的《全国农产品成本收益资料汇编》。

播种面积与产量分别从5342.6千公顷与866万吨下降至3323.6千公顷与580.2万吨。2014~2015年，大豆虽然开展目标价格改革但玉米依旧维持临时收储政策，由于目标价水平偏低、市场价测算偏差等因素，大豆目标价收益仍然低于玉米临时收储价收益，播种面积依然延续玉米上升而大豆下降的趋势，调结构的改革预期作用失效。以2014年为例，玉米临时收储价分别为内蒙古、辽宁1.13元/斤，吉林1.12元/斤，黑龙江1.11元/斤，按大豆与玉米合理比价2.5∶1计算，大豆目标价格水平应分别为内蒙古、辽宁2.825元/斤，吉林2.8元/斤，黑龙江2.775元/斤，但实际仅2.4元/斤[①]。

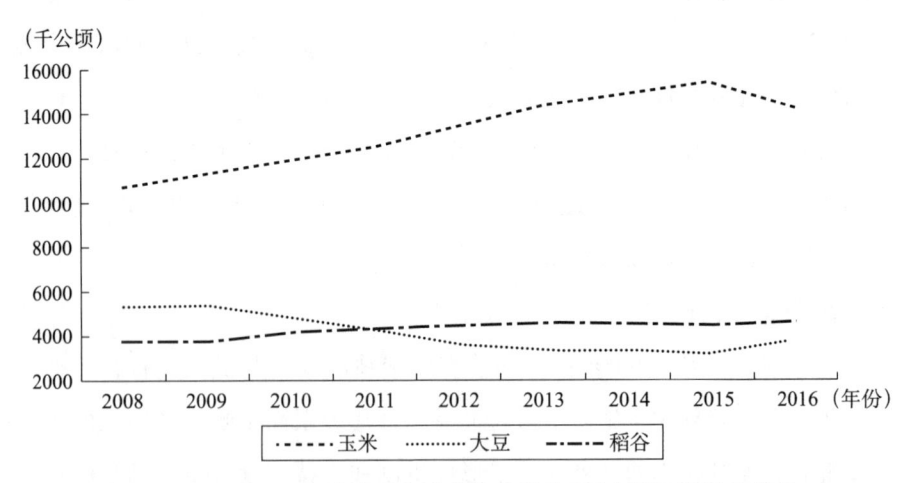

图5-3 2008~2016年东北与内蒙古相关农作物播种面积演变趋势

资料来源：根据历年《中国农业年鉴》相关数据整理而得。

2016年是本轮改革的关键时间节点，伴随着玉米改革拉开序幕，东北与内蒙古当年形成罕见的目标价格、生产者补贴、最低收购价三类农产品价格支持政策并存局面。由于玉米市场定价机制确立，大豆与玉米均与市场接轨并开始改善比较效益关系，2016年两者播种面积一反常态地分别下降7.1%与上涨19.8%；同时，稻谷在仅早籼稻最低收购价微降背景下，播种面积一改前三年连续下降之势而增长2.5%，开始凸显其对玉米与大豆的比较优势并暴露出新的不平衡迹象，间接推动下年度稻谷最低收购价

---

① 数据来自各省（区）政府网站。

全面跟进下调。2017 年，玉米与大豆正式统筹为生产者补贴制度且明显体现出大豆高于玉米的比价关系。例如，2018 年，辽宁、吉林、黑龙江、内蒙古玉米与大豆生产者补贴每亩分别为 90~100 元与 190~200 元、80~120 元与 350~500 元、25 元与 320 元、70~110 元与 200~250 元，同时，内蒙古与黑龙江还对大豆新增面积轮作补贴 150 元/亩①。愈发明显的政策联动效应进一步推进种植结构优化，根据第三次全国农业普查结果所作的修正显示，2017 年与 2018 年，全国大豆播种面积分别上升至 1.24 亿亩与 1.26 亿亩，而玉米分别下降至 6.36 亿亩与 6.32 亿亩②。国家统计局相关数据显示，2016 年以来，全国已经主动调减非优势产区籽粒玉米播种面积 3800 多万亩，增加大豆种植面积 2100 多万亩，粮经饲协调发展的三元结构正在加快形成③。

综上所述，正是初期采取"单兵突进"尤其是让处于比较劣势的大豆"打头阵"做法，致使改革走过一段探索期，所幸后期及时调整而保证政策效果，其起伏性映射出新形势下深度改革的复杂艰巨，其典型性也为后续政策系统调整积累了经验。

三、进一步深化改革的基本思路

农产品价格支持转型的起因复杂且内涵丰富，既要通过持续完善新一轮农产品价格支持政策，更要从全局出发来审视当前农业国际竞争力提升的制约因素，继而提出深化改革的综合措施，并不断改善农民收益保障效果。

（一）破解基础竞争薄弱之"困"

若非农业支撑因基础匮乏而薄弱，农业供给就不会因生产无序而低效，农业竞争就不会因品种失衡、品质受疑、价格倒挂而弱化。换言之，

---

① 数据来自各省（区）政府网站。
② 《国家统计局农村司首席统计师侯锐解读粮食生产情况》，国家统计局网站，2018-12-14，http://www.stats.gov.cn/tjsj/sjjd/201812/t20181214_1639543.html。
③ 《我国粮食生产基本面良好》，国家统计局网站，2018-08-24，http://www.stats.gov.cn/tjsj/sjjd/201808/t20180824_1618790.html。

相对于国外农产品价低、质优、品种全的客观事实，中国农业实质上是失利于基础竞争。显然，彻底提升农业国际竞争力，甚至短期内赶上发达国家农业发展水平，均不切实际，而应以农业发展历史为参照对象，将防御性保护替换为进攻型支持，相机转变惠农政策支持重点，以改进生产条件与夯实产业基础来增强农业发展支撑力，继而以瞄准消费结构与资源环境变动趋势来优化农业生产供给力，最终以增强内生发展动力与转型升级能力来提升农业国际竞争力。

（二）瞄准农业节本提质之"策"

若考虑到农产品品种竞争力下降受制于本就有限且约束性日益增强的农业资源，价格竞争力与品质竞争力下降则分别是农业国际竞争力下降最惨痛的警示与最值得深思的事实。但价格倒挂源于成本倒挂、品质倒退源于生产滞后，农业节本提质已经成为主流政策界、基层实践界、学术理论界的基本共识。一方面，"三本齐降"具备潜力。农业生产成本仍然存在很大优化空间，要把握好变革机遇并依托于惠农政策，在坚持以推动适度规模经营来摊薄经营费用、以加速农技研发推广来减少日常投工、以增加基础设施供给来改善生产环境、以强化资源环境保护来控制农资投放等做法的同时，重视农业社会化服务对物质成本降低的溢出效应、农地"三权分置"对土地成本上涨的抑制效应、农忙季节劳动力合理配置对人工成本平衡的优化效应。另一方面，"质量兴农"迫在眉睫。面对粮食安全新层次、居民消费新要求、资源环境新压力、国际竞争新挑战等一系列新事实，以提升农产品质量和食品安全水平来引领农业永续发展亦要提升到新高度，在落实优质高产多抗广适的新品种选育、粮棉油糖高产和粮食绿色增产的新模式攻关、绿色高效环保的新技术推广、耕地保护与质量提升的新制度安排、农业清洁生产的新手段创新、产业结构的新布局设计、农产品质量安全追溯的新体系构建等举措的同时，重视普及基于现代科技的高级精准农业、培育具备现代素质的新型职业农民并打造具有国际声誉的农产品知名品牌。

（三）坚持多措并举惠农之"路"

新一轮农产品价格支持政策改革已全面展开，加上2017年合并农业支持保护补贴等多项惠农政策而新设立农业生产发展资金，昭示出近年来农民收益保障政策的形式改进与工具融合趋势明显。借此契机，从增强改革效果、降低政策成本、开拓发展视野、顺应发展趋势等角度出发，有待持续创新相关举措。一是改革农民收益保障手段。今后相当长一段时间内，大的改革方向是将相关财政支持资金更多地用于促进农村人力资本形成与农产品市场建设，完善农民收益保障的基础条件。此背景下，有必要基于整合农产品价格支持政策与农业补贴政策利用好相关财政惠农资金，充分体现农民收益保障意图并建立健全农民利益保护机制。二是重视国际贸易风险防范。尽管农产品市场开放与适度进口成为客观事实，但从保障进口供给安全、生产空间安全、产业发展安全等角度出发，尤其是在国际贸易环境愈发动荡、形势日益复杂的情况下，仍需竭力避免农业遭受贸易摩擦、价格波动等外部输入性风险影响，既要通过大豆振兴计划等措施来大力发展紧缺农产品生产，更要防控大宗农产品进口过度依赖单一国家。但从根本上讲，仍要依托于农业技术进步与生产条件优化来抵抗国外市场冲击。三是聚焦农业生态环境保护。国际经验表明，保护生态、改善环境业已成为发达国家农业政策领域的首要议题。中国农业必须改变以物质要素过度投入来勉力维系高产量的局面，以可持续发展为行动纲领，将主要依靠化学农业的增产导向型政策转变为以绿色农业为支撑的质效导向型政策[1]，突显农业的社会与生态功能并引导农民务农的心理与行为。基于健全农业生态补偿基金，重点支持高产创建、良种良法、深松整地、旱作农业等重大农业技术推广与服务，加大耕地轮作休耕、退耕还林还草、种养业废弃物资源化利用等支持力度，加快资源环境整治。

第三节 基于农村发展动能激活视角的农村经济社会发展政策效果评价分析

农村经济社会发展政策成功与否，取决于相关举措能否激发农村日益

---

[1] 魏后凯：《中国农业发展的结构性矛盾及其政策转型》，《中国农村经济》2017年第5期，第2-17页。

丧失的内在发展动力，特别是缓解大规模人口转移所导致的农村空心化、老龄化、非农化等凋敝局面。国际经验和国别研究表明，工业化、城镇化进程中乡村衰落是一个全球性普遍现象①。纵观中国农村改革开放40余年发展历程，面对现代性冲击，建立在农耕经济基础上的自给自足、小农宗法式的传统农村社会正在打破，而建立在商品经济基础上的市场化、开放化、城乡一体化的现代乡村社会尚未形成，且因经济发展机会缺乏而加剧维系农村稳定、推动农村进步的各类要素资源外流，继而在基础建设、公共服务、社区管理、村庄规划、生态治理、基层组织、产业承接等领域呈现出全面且深度的衰落景象。实践表明，面对农村人口转移等时代变化，以家庭联产承包责任制实施为代表的一系列农村发展传统动能已经逐渐式微。据此，本书拟从经济发展与社区建设两个层面出发，系统评价农村经济社会发展政策对于农村发展新动能培育及激活的实际效果，并为触发与驱动新一轮农村改革而探索有效实现路径。

一、农村经济发展空间拓展的效果评价与需求判断

从长远看，农村经济发展既要重视内部体系创新，更要强调外部空间延伸，而后者本质上又取决于农业发展空间持续拓展。传统乡村单一化产业结构严重束缚劳动生产率提高，在人口仍需有序转移、产业链条相对狭窄、农业产值比重下降、农产品附加值低下等现实条件下，农业难以单凭生产要素优化组合来完全释放内部增值潜力与充分扩展外围盈利空间，并实现自身高质量发展、农民收入整体性改善与农村产业兴旺。2018年，全国第一产业占GDP比重已经下降至7.2%，但乡村常住人口占比与第一产业就业人口占比依旧分别高达40.42%与26.1%②，既反映出农村劳动力仍相对过剩，又折射出农村经济仍需在"农本位"基础上进一步解放发展思想。换言之，在现代农业竞争已经由产品之间竞争转变为产业链之间竞争的条件下，农村经济发展动能不能仍停留于以加大化肥、农药等投入来

---

① Liu Y, Li Y. Revitalize the World's Countryside. Nature, 2017, 548 (7667): 275-277.
② 数据来自国家统计局出版的《中国统计年鉴（2019）》。

实现第一产业高产增产，而要在加快农村要素市场化进程中，通过三大产业之间融合渗透和交叉重组来挖掘非传统功能、扩展新经营领域和增强国际竞争力，继而优化农业产业链布局与农村产业空间布局，且同步提升持续发展能力与价值创造能力。

（一）以加速城乡要素流动来有效强化农村物质基础

城乡二元体制束缚下，农村唯有借助于资源重新配置来获取足够发展要素，才能争取到公平发展权利。受利好政策引导与市场力量推动，近年来，资本、劳动力等要素城乡双向自由流动程度明显加强，但仍暴露出诸多现实问题，距离重塑农村物质基础的整体目标要求仍有较大差距。

资本下乡具有规模经济、知识溢出、社会组织三大正面效应[①]，有助于实现社会效益最大化。针对农村人口空心化局面，一方面，政府出于对农业投资主体缺位的忧虑以及农业价值链激活、农业产业化经营、小农户带动发展、社会整体效益提升的构想，热衷于鼓励工商资本、部门资本等非农资本下乡，并期望由私营资本或国有资本控制的农业龙头企业能够成为以工促农、以城带乡战略的重要抓手；另一方面，严重过剩的各类社会资本从资本回报率提升、资本风险回避等角度考虑，亦被农村人地关系缓解所衍生的农业经营体系转变机遇，以及惠农政策调整红利所吸引，农业农村投资热情不断高涨。但实践表明，资本下乡过程中，亦因监督不力而不可避免地引发资本力量反向倒逼政府、种植结构"非粮化"、规模经营粗放、垄断经济利益、中途"跑路"等问题，尤其是存在小农户利益受损害甚至是被挤出的现象，继而导致"资本下乡"陷入极大争议。

构建劳动力流动的城乡互动模式同样也是政府长期关注的重点议题，但政策扶持效果仍需提升，以至于人才振兴在乡村"五大振兴"中被置于仅次于产业振兴的显要位置。2016年第三次全国农业普查结果显示，农业生产经营人员中91.8%为高中以下学历。中国科协组织开展的第十次中国公民科学素质抽样调查结果显示，2018年农村居民具备基本科学素质的比例仅为4.93%，远低于全国公民8.47%的平均水平与城镇居民11.55%的

---

① 涂圣伟：《工商资本下乡的适宜领域及其困境摆脱》，《改革》2014年第9期，第73-82页。

水平。魏后凯采用 2015 年全国人口变动情况抽样调查数据进行估算，全国乡村 6 岁及以上人口平均受教育年限仅为 7.7 年左右，至少比城市人口低 3.2 年以上[①]。上述数据均表明，创新乡村人才培育引进使用机制和城乡精英循环机制是夯实农村经济发展要素基础的重要任务。

如上所述，深度挖掘和持续释放城乡资源再配置效应，既是架构城乡要素相互融通新格局的迫切要求，又是农业农村优先发展的应有之义。一方面，正确看待资本下乡的正面功能。乡村振兴单靠各级财政投入远远不够，撬动与鼓励社会资本介入涉农领域并加以合理利用将是城乡融合发展的关键所在。可借助当前大规模减税降费契机，加大涉农企业财税支持力度，并在融资担保、行政审批等环节强化政策倾斜。同时，注意调整政策支持手段，适度改变以往靠补贴、靠项目、靠批地等支持特定产业的模式，侧重于协助非农资本克服要素不匹配、准入门槛高、配套服务缺失、市场秩序失范、有效需求不足等下乡障碍。更为重要的是，在赋予涉农企业平等市场主体地位的同时，对其加强行为监管与风险防范，实现企业收益、集体得益、农民获益的多方共赢。另一方面，高度重视城市人才投身农村的积极作用。从视野、理念、实力、人脉、资源动员能力等角度出发，城市人才下乡将是对农村人力资本的强有力补充。农业农村部发布的《2017 年全国新型职业农民发展报告》显示，40.6%的新型职业农民来自务工返乡人员、退伍军人、科技研发推广人员、大中专毕业生等新生力量。据此，亟待激励城乡劳动力加速从单向外流转为双向流动，助推城市各类专业人才以各种形式投身"三农"事业，畅通智力、技术、管理下乡通道。

（二）以促进农村三产融合来有效推动农村产业兴旺

产业兴，百业兴。农村产业兴旺对乡村振兴其他目标实现具有前置性作用，需要超越资源禀赋论，从更广泛意义上看待农村发展资源开发前景。以农村三产融合发展来获取资源有效利用、交易成本降低、经济能量

[①] 魏后凯：《实施乡村振兴战略的目标及难点》，《社会发展研究》2018 年第 1 期，第 2—8 页。

倍增等效应[1]，既是实现农村经济多元化与农业增值的必然选择，又是为农民创造更多耕地外农村就业机会的有效路径。尤其是考虑到当前外出农民工净增量和工资水平增速双双下降，农民增收已进入爬坡过坎期，务必要以产业兴旺为核心目标，建立健全农村导向型农民增收模式。产业融合思想起源于20世纪60年代并得以蓬勃发展至今，而农村三产融合发展的主张却最早由日本学者今村奈良臣于1996年提出，即鼓励农户搞多种经营，不仅从事种养业，而且从事农产品加工和农产品流通、销售及观光旅游等第二、三产业，从而提升农产品附加值和农民收入[2]。以日本为例，2013年中央政府出资300亿日元，社会资本出资18亿日元，联合建立六次产业化投资基金（A-FIVE），并由农林水产省设立的农林渔业成长产业化支援机构负责运营[3]。中国于2014年底从国家层面开始提出农村三产融合发展的新概念，并自2015年起相继出台《关于推进农村一二三产业融合发展的指导意见》等一系列政策文件，推动休闲农业、乡村旅游业、农产品加工业、现代食品产业、农村电商、农村康养产业、农事体验与教育产业、定制农业、社区支持农业等农业农村相关新产业新业态快速发展，乡村振兴战略更是将促进农村三产融合发展视作重中之重。2018年，农村三产融合发展带动农户经营收入约增加67%[4]。但同时，实践中也暴露出八大有待防范的隐患。

1. 防范生态环境被污染

经验表明，无论是城市还是农村，发展第二、三产业均存在潜在的环境成本。早在20世纪80年代国家支持乡镇企业发展并开辟工业化第二战场，便曾经因分散布局而造成很大程度的农村生态环境污染与土地资源低

---

[1] 苏毅清、游玉婷、王志刚：《农村一二三产业融合发展：理论探讨、现状分析与对策建议》，《中国软科学》2016年第8期，第17－28页。

[2] 朱启臻：《乡村振兴背景下的乡村产业——产业兴旺的一种社会学解释》，《中国农业大学学报（社会科学版）》2018年第3期，第89－95页。

[3] 马红坤、毛世平：《从防御到进攻：日本农业支持政策转型对中国未来选择的启示》，《中国软科学》2019年第9期，第18－30页。

[4] 《农村产业融合引领乡村产业高质量发展》，农业农村部网站，2019－07－03，http://www.moa.gov.cn/xw/zwdt/201907/t20190703_6320111.htm。

效利用。此外，休闲农业与乡村旅游业发展进程中，若过度追求经济收益目标，则有重蹈城市景观环境破坏覆辙之虞。换言之，鉴于农村经济发展空间尚有限，农村电商、休闲旅游等新产业新业态正值迅速崛起之际，若各区域受利益驱使而"一哄而上"，势必危及农村环境服务功能质量并给生态环境带来新压力。

2. 防范融合理念被曲解

"产业"的选择既决定"融合"的质量，更决定"扶持"的绩效。并非所有村庄都适合同质化、大规模开展产业融合，尤其是不能受到具有不可复制性的异地示范性产业影响而扎堆上马项目。回顾新中国成立以来"三农"发展历程，因盲目跟风而忽视区域资源禀赋，最终导致产业布局雷同以及发展不可持续的事例大量存在。从惠农资金使用效率、产业融合实际效果、乡村未来发展出路等视角出发，各地应因地制宜地慎重选择产业融合的主导产业、具体形式、参与群体及适度规模，并重视通过引入现代产业发展理念和组织管理方式来推动农村市场化建设。

3. 防范农民财产被侵犯

城乡资源重新配置必然也涉及农村发展要素重组，而农村土地制度改革显然是一个难以回避的敏感议题。农村土地资源之于农户乃至于村社集体的稀缺性与重要性不言而喻，为顺应经济发展趋势而变革既有农村土地制度固然关键，但在农村土地征收、农地"三权分置"、集体经营性建设用地入市、宅基地制度改革等改革进程中，在城乡建设用地增减挂钩试点、流转土地承包经营权、建立城乡统一的建设用地市场、放活宅基地和农民房屋使用权等盘活农村土地资源进程中，在征地农民合理补偿、农户自发流转承包地、村集体利用空闲农房及宅基地等发展尺度探索进程中，如何避免不会因激发农村发展活力而致使农户为数不多的财产权利失去底线保护，则是一个必须面对的关键问题。

4. 防范农户利益被漠视

农村三产融合必须以农业为主、以农民为本。一方面，外来资本在正常逐利的同时应避免以经济强制甚至是超经济强制的力量来欺骗农民、剥削农民以及与民争利，防止出现"富老板，亏老乡""农家乐让老板乐，没有让农民乐"等现象,并立足于农业而创造农民就业增收渠道。另一方面,产业融合收益应尽可能覆盖乡村,而非被部分村干部、合作社带头人、生产大户等农村精英群体所独享,在避免利益纠葛的同时保障小农户应有利益。

5. 防范产业利润被抽离

理论上,农村三产融合发展有助于资本增值与农户增收。但现实问题在于,现有产业融合收益有多大比例能够最终留存在农村,如果产业利润以各种形式被不断抽离出农村,相关发展效应将大打折扣,也将违背各界期望。一方面,非农资本遵循市场规律,极有可能在商业化运作成熟或者产业盈利稳定之后,开始有计划地逐步回笼资金,尤其是考虑到中西部农村市场容量扩大存在渐进性,短期内持续扩大投资规模的可能性相对较低。可以预见,一旦产业运营遭受市场波动、政策调整、外部冲击等影响,撤资风险势必剧增。另一方面,在人口大规模转移的村庄氛围中,即便是获得合理回报的农户,也并不一定会在很大程度上将生产生活投资方向瞄准农村,尤其是曾经具有外出务工经历以及仍保留城乡"两栖"生活模式的群体更倾向于作出城镇购房等未来规划,尤其是经济回报越高、市场化适应能力越强、城镇化欲望越强的农户,其家庭积累的物质财富离开农村的概率越大。上述分析均表明,坚定发展信心、发挥示范效应与落实发展举措在乡村振兴初级阶段将极为关键。

6. 防范乡土文化被践踏

农村三产融合尤其是乡村旅游等服务业发展,绝非意味着要以现代性侵入与传统性抛弃的形式来进行颠覆型"大拆大建",而是要依托于区域乡土特色并体现出尊重自然理念,以望得见山、看得见水、记得住乡愁为建设目标与发展原则,适度发掘植根于农耕文明之中的庭院文化、村落文化、田园文化、原生态文化等经济元素,否则便是与乡土文化体系以及乡村整体价值相背离。

7. 防范社会关注被利用

伴随着全社会形成惠农爱农风气,无论是财政农业支出,还是农村三产融合,抑或非农资本下乡,均备受瞩目。社会资本出于提高经济收益而涉足涉农领域本无可厚非且理应鼓励支持,但有的企业却借回报乡村故里、履行社会责任、强化政企互信关系之名,行套取财政惠农补贴、谋求政府别样支持、脱离农业发展领域、转变农地实际用途、策动土地囤积增值、博取广泛社会声誉之实。有些地方政府也在执行与组织惠农措施的同时,积极寻求增强自身财力的机会①,如在争取相关政策扶持的同时通过各种手段侵占和挪用国家扶持经费。

8. 防范农业资源被转移

农村三产融合发展在提升经济回报的同时亦凸显出产业之间比较利益落差,导致决策主体倾向于将原本属于农业的发展资源转移至涉农属性相对较低的产业链中下游环节,极易在客观上重蹈日本当年发展农村产业时所出现的因非农产业高利润而导致劳动力、资本、土地等纷纷弃农而去的覆辙②。

如上所述,当前农村三产融合发展势头强劲,但部分领域仍需加强顶层引导,继而更好更快地提供农村经济发展新动能。一是持续延伸农业产业链。增加农业生产发展资金中农村三产融合发展支出,通过担保、贴息、基础设施建设等方式,推进农业与旅游、教育、文化等产业深度融合,发展生态园经济、养殖园经济、农家乐经济、农产品集散中心、物流配送中心等新业态。二是持续创新产业融合模式。强化"互联网+现代农业"行动,根据性质、用途、管理等趋同原则,将农村电子商务、农民工返乡创业、农村小微企业、新型职业农民等领域惠农资金进行源头整合,联合组建"农村电子商务财政补助资金",并引导新型农业经营主体、加工流通企业、互联网企业等利益相关者加大"三农"电商软硬件设施投入,大力发展农业电商、农资电商、农业网上服务、农产品生产和质量监控等新行业。三是持续引导产业集聚发展。依托于农业结构调整,结合区域特点来推动绿色和特色农产品向优势产区集中,加大农产品品牌与标准

---

① 赵晓峰、付少平:《多元主体、庇护关系与合作社制度变迁——以府城县农民专业合作社的实践为例》,《中国农村观察》2015年第2期,第4-14页。

② 苏毅清、游玉婷、王志刚:《农村一二三产业融合发展:理论探讨、现状分析与对策建议》,《中国软科学》2016年第8期,第17-28页。

化生产基地的建设支出。同时，联结自然环境相当、区域类型相似、人文背景接近、生产条件相同、产业特点类似的连片村落，打造空间范围更广阔、更易于体现规模效应、更适应惠农资金整合使用的乡村发展项目。

二、农村社区建设体系健全的效果评价与需求判断

鉴于历史欠账、财力约束等原因，农村社区建设长期在低水平徘徊。农村人口大规模转移背景下，村庄衰败加剧，村容村貌愈发难尽如人意。国家电网公司数据显示，乡村居民住房空置率为14%（年用电量低于20千瓦时），高于城镇水平1.8个百分点[①]。村庄宅基地空心化率平均在10.15%左右[②]。据中科院测算，全国空心村综合整治潜力达1.14亿亩，且村庄空废化现象仍在恶化[③]。截至2016年末，全国已经编制村庄规划的行政村仅占总量的61.5%[④]；仍有31.3%、80%、35%的行政村尚未实行集中供水、生活污水处理、生活垃圾处理，当年农户和农林牧渔业投资额仅占全社会固定资产投资总额的5.7%[⑤]。截至2017年末全国村庄几乎没有地下管网，污水处理、供热供气、厕所等基础设施与医疗卫生、文化教育、社会保障等公共服务仍不能有效满足需求[⑥]。尽管国家近年来不断增加农村基础投资，但亦存在总量不足、区域失衡、来源有限等问题，农村社区建设依旧处于滞后状态。据此，国家于2008年正式出台村级公益事业一事一议、财政奖补政策，旨在以村民自筹与政府补助相结合方式来凸显农民利益诉求、促进村庄民主建设与动员社会资源投入，继而加快农村社区建设。实践表明，一事一议因制度安排与运行环境相脱节而存在不足，多数情况下流于形式，亦导致财政奖补政策难以充分发挥激励效应。

[①] 陈锡文：《从农村改革四十年看乡村振兴战略的提出》，《行政管理改革》2018年第4期，第4-10页。
[②] 宋伟等：《中国村庄宅基地空心化评价及其影响因素》，《地理研究》2013年第1期，第17-29页。
[③] 刘彦随：《新型城镇化应注意根治"乡村病"》，《决策探索》2013年第9期（下），第22页。
[④] 数据来自住房和建乡建设部发布的《2016年城乡建设统计公报》。
[⑤] 魏后凯：《如何走好新时代乡村振兴之路》，《人民论坛·学术前沿》2018年第2期，第14-18页。
[⑥] 魏后凯：《实施乡村振兴战略的目标及难点》，《社会发展研究》2018年第1期，第2-8页。

一事一议制度期望发挥支农、补农、建农的"乘数"作用，但在农村人口大规模转移情况下缺乏足够的制度实施空间。一是运行平台失灵。农村基层组织的管理与服务对象空穴化、单一化已经成为常态，老、弱、病、残、幼等留守人员普遍在意识、能力、资源等方面存在欠缺，缺乏参与村庄基本公共生活的基本动力，以至于原本就力不从心且心存逃避的村干部，既要在人员通知、代表召集、会场安排、信息传达等方面耗费大量议事过程组织成本，又要在原则上达成表决共识后为说服持有异议农户与挨户收取建设资金而耗费大量决议实施协调成本。二是议事效果弱化。鉴于人口大量外流，一事一议所要求的全体村民大会及村民代表会议均难以有效召开，即便是"非议不可"之事也屡见延误，多数村庄一年能开展一次议事活动便已属不易。即便是勉强召开所谓的"留守农民大会"，也往往受制于在场人员规模不足、素质不高、觉悟有限、表达不畅等实际情况，民主情况不容乐观，议事结果难尽如人意，以至于村干部普遍认为即便是找政府解决也要比以"一事一议"的方式找农民筹资简单得多[①]，甚至还有部分村干部私下商定决议而不经过正常议事程序。三是筹资能力不足。一般情况下，一事一议很难真正获得全体村民一致同意，多以少数服从多数为议事原则。不同意者从本位主义与利己主义角度出发，坚持"谁同意谁掏钱"的理念且动辄以种种借口不肯出资，基层组织因束手无策而只能默认接受，其催生的攀比效应极大削弱议事制度的严肃性，不利于解决村庄生产生活中急事和大事。更为重要的是，财政奖补以农民筹资筹劳总额度为基数而实行比例制，多筹多补、少筹少补貌似合理，但在筹资筹劳普遍乏力及上限约束背景下，自筹基数小势必导致财政奖补少，重大项目即使是民之所需也无力开展。此外，地方财政普遍存在奖补资金配套压力。

如上所述，全国范围内通过一事一议制度从农民手中有序筹集资金和劳动力的难度较大，而财政奖补亦因欠缺合适标准而严重弱化政策效应，

[①] 李周：《全面建成小康社会决胜阶段农村发展的突出问题及对策研究》，《中国农村经济》2017年第9期，第17-25页。

映射出村级公益事业建设，乃至于农村社区建设的供需"双弱"僵局难以有效撬动，亟待创新相关支持机制并形成农村社会发展新动能。一是建立健全财政投入长效机制。除中央预算内投资继续向农业农村倾斜外，各地方政府应根据国家要求，在一般债券支出中安排一定规模支持符合条件的易地扶贫搬迁和乡村振兴项目建设，同时，有序扩大用于支持乡村振兴的专项债券发行规模，继而将优先保障"三农"投入的政策要求落到实处。二是积极完善社会资源动员机制。除继续营造全社会支农氛围外，侧重于引导下乡资本、本地企业、返乡精英、农村大户等利益相关者通过定点对口帮扶、经济收益返还、主动捐资捐物、产业设施配套等多种方式，积极参与农村社区基本建设和公共服务，同时，注重发挥驻村干部、大学生村官的支援作用。三是主动修正村社集体服务机制。村社集体在致力于盘活资源资产而壮大经济实力的同时，更要依托于强化农村基层党组织建设与村干部队伍建设来不断提升基层治理能力，摸底盘查民生短板，及时反馈社区信息，有效对接外部资源，争取凝聚村民共识，竭力供给小微设施，精心管护既有项目。

第六章　农村人口转移背景下惠农政策效果的保障分析

农村人口转移背景下，"三农"产生深刻且复杂的结构性转型。惠农政策有待科学择定创新突破口与改革切入点，以不断提高效果保障水平来有效发挥宏观调控功能，继而积极促进乡村振兴战略实施。结合跟踪调研情况与分类评价结果，惠农政策需注重系统内部各子系统之间协调，既要从政策供给视角出发，以提高稳定性、针对性、配套性、实效性为基本准则，加强惠农政策体系建设；又要从政策运行视角出发，以主体激励、内部协调、运行监督、绩效评估为主要内容，完善惠农政策过程管理，继而全方位构建新时期惠农政策效果保障体系。

第一节　农村人口转移背景下惠农政策的供给保障

惠农政策须聚焦于由包括农村人口转移在内的多重因素所共同推动的"三农"整体性变革，剖析各种影响之间有机联系，以注重问题构建来加强供给保障，在优化、调整、拓展、延伸既有政策框架的同时，构建兼顾管理效率与政策效果、跨越不同领域、横向联接的新型惠农政策体系。

一、农村人口转移背景下惠农政策的调整方向

"三农"形势变化经常要求惠农工作主要内容及时转换。对此，惠农政策若因畏惧风险，持"回避"或"拖延"的审慎态度而推后革新，只会

愈发扭曲惠农资源配置，加剧各类矛盾冲突积累，直至调整余地越来越窄。但从既往政策调整结果看，也并非所有改革理念及政策实施都能发挥预期作用[①]。面对农村人口转移形势，惠农政策应立足于深刻反思实践活动，结合农业发展方式转变与农业供给侧结构性改革的具体部署，在整合惠农目标与任务的条件下，实现惠农方向的主动调整与递进转变，为有效识别调整路径奠定基础。

（一）顾全新时代农业农村发展全局

惠农政策调整应正视近年来"三农"变局所引发的紧迫挑战与潜在机遇，致力于提高其适用性。事实上，党的十九大报告已首次明确提出要将农业现代化与农村现代化并重，并强调以"乡村振兴"战略为总抓手来统领未来"三农"工作。据此，无论是全面建成小康社会决胜期、精准扶贫工作攻坚期与农业供给侧结构性改革深入期，还是未来"两个十五年"的社会主义现代化奋斗期，都要求围绕农业农村发展全局来统筹规划产业发展、持续增收、市场调控、贸易促进、资源与生态保护等惠农政策。

（二）顺应新时期经济社会演变趋势

现代化、市场化社会的一个主要特征便是高流动性，农业农村现代化亦需要在开放与流动背景下开展。从化解风险、富裕农民、城乡融合等视角看，农村人口转移事关农村资源释放、农业转型升级、小农户现代化、新型职业农民培育等"三农"的发展希望孕育以及公平发展权体现，代表着后乡土社会的一种新常态，务必坚定方向并持续推动。同时，亦应理性廓清源于农村人口转移的广大小农户与新型农业经营主体长期共存、部分村落积聚人气与部分村落逐步消亡不可抗拒、以职业与收入为标准的农户阶层分化日益凸显等长期趋势。据此，惠农政策须充分考虑现实，相关调整不能定位于缓解甚至阻挠农村人口转移，而应聚焦于消解相关负面影响并适应新时期经济社会发展走向。

（三）契合新常态各级政府既有财力

就县域经济而言，增速自2013年起开始低于全国水平，且以重工业为

[①] 党国英：《当前中国农村改革的再认识》，《学术月刊》2017年第4期，第42-59页。

主的县域经济体生产总值下滑较之以其他产业为主的县域更快,这在引发财政收入增速下降的同时也在无形中削弱了各级政府财力。此外,自 2015 年起,为深入推进供给侧结构性改革以及降低民间经济行为主体成本,国家开始实施大规模减税降费政策①。2013~2017 年,累计减税超过 2 万亿元,加上采取小微企业税收优惠、清理各种收费等措施,共计减轻市场主体负担 3 万多亿元②。2018 年企业和个人减税降费约 1.3 万亿元,2019 年减轻企业税收和社保缴费负担近 2 万亿元③。考虑到减税主体——增值税是由中央和地方各占 50%,势必在客观上导致地方财政相对短收并增加财政赤字。如此,将给下阶段惠农工作带来较大压力,可预见未来财政支农投入增长空间较为有限。此背景下,惠农政策应在审视新常态下财政状况的同时,坚持"重在投入、贵在效率"原则,秉承"提供更高质量惠农服务"理念,重视各级政府既有财力紧张的事实,高效使用惠农资金。

二、农村人口转移背景下惠农政策的调整路径

惠农政策调整以及乡村振兴战略实施,并非意味着对以往政策的割舍,而是在反思性继承既有政策成果和实践成果的基础上,在注重衔接性和延续性的前提下,针对新时期发展要求的升级而进行必要的补充完善,强化重点领域与关键环节的指导作用。

(一)乡村振兴视野下重塑惠农政策平台

1. "四位一体"的惠农政策平台构建

乡村振兴视野下惠农政策平台设计要坚持问题导向,紧密围绕农村人口转移带来的紧迫问题,结合乡村振兴战略"二十字"要求,从生产、生

---

① 2015 年 11 月,习近平总书记在主持召开中央财经领导小组第十一次会议上正式提出"供给侧结构性改革"之后,以"税收减免"和"取消或停征行政事业性收费"为主要内容的"减税降费"政策措施陆续出台。某种程度上,"减税降费"是自 1994 年"分税制"改革以来所实施的规模最大的制度性"减税"政策。

② 数据来自 2018 年 3 月 5 日李克强总理代表国务院在十三届全国人大第一次会议上所作的《政府工作报告》,中国政府网,http://www.gov.cn/premier/2018-03/22/content_5276608.htm。

③ 数据来自 2019 年 3 月 5 日李克强总理代表国务院在十三届全国人大第二次会议上所作的《政府工作报告》,中国政府网,http://www.gov.cn/premier/2019-03/16/content_5374314.htm。

活、生态三大发展角度来合理配置现代农业支持、农户收益保障、农村经济社会发展三大类政策资源,并精心构建以下四大平台。

(1) 现代农业发展平台。现代农业发展由来已久且成效斐然,但在农业规模经营、生产劳动节约、石化产品盛行的当前环境下,却也面临完善新型农业经营体系、提升农业国际竞争力、维系农产品安全结构、强化科技创新服务等新任务。据此,有必要围绕农民直接补贴政策、新型农业经营主体发展支持政策、农业结构调整支持政策、绿色高效技术推广服务支持政策、农业防灾救灾支持政策,组建现代农业发展平台,壮大各种特色农业、绿色农业、高加工度和高附加值农业、优质农业及高效农业,在持续完善产业体系、生产体系、经营体系的同时聚焦于培育新型农业经营主体及健全新型农业社会化服务体系,并实现小农户和现代农业发展有机衔接。

(2) 三产融合发展平台。自 2015 年中央"一号文件"提出农村三产融合发展理念起,全国休闲农业、乡村旅游、农村电商等新产业新业态蓬勃发展,极大促进农业增效、农民增收、农村繁荣。据此,有必要以农村一二三产业融合发展、现代农业产业园建设、信息进村入户等农村产业融合发展支持政策为主,补充农民工返乡创业、小微企业扶持、新型职业农民培育、农业信贷担保等政策相关内容,组建三产融合平台,继而在促进农村产业兴旺、培育农村发展新动能、强化农村物质基础的条件下,渐进化解乡村全面性深度衰退现象。

(3) 村庄整治规划平台。鉴于"以代际分工为基础的半工半耕"劳动再生产和农民生计模式不断演化,农村基本态势呈现出由人口空心化逐渐转换为人口、土地、产业、基建、宅基地、基层组织空心化的地域空心化[①]。据此,有必要围绕美丽宜居乡村建设、村级公益事业一事一议财政奖补、农村改革试验区建设、土地整治等政策,组建村庄整治规划平台,通过农村宅基地整理和综合治理规划来适度扩大耕地面积,并致力于提高

[①] Liu Y, Liu Y, Chen Y, et al. The Process and Driving Forces of Rural Hollowing in China under Rapid Urbanization. Journal of Geographical Sciences, 2010, 20 (6): 876-888.

农村民生保障水平与塑造美丽乡村新风貌。

（4）资源环境保护平台。伴随着传统生态农业转向现代石化农业，资源环境压力不断增大。据此，有必要基于组建资源环境保护平台，有效集结耕地保护与质量提升、农作物秸秆综合利用、畜禽粪污资源化处理、果菜茶有机肥替代化肥行动、地膜清洁生产技术推广、地下水超采综合治理、重金属污染耕地综合治理等农业资源生态保护和面源污染防治支持政策，继而改善村庄生产生活环境。

2. "三管齐下"的惠农政策平台保障

惠农政策新平台重在构建、贵在运行、旨在质量，更需配套相关保障措施，如此才能充分发挥新功效。

（1）加速农村人口转移，尽快释放农村资源，夯实平台构建基础。归根结底，农村只有加速人口转移，才能通过尽快重新配置劳动力、土地等资源来创造惠农平台建设条件，继而焕发活力并实现振兴。一方面，加快减少农业人口总规模是富裕农民尤其是种粮农民的必由之路，并使其获得来自规模经营的规模收入、结构调整的效益收入、成本降低的增加收入等[1]。另一方面，发展农业适度规模经营是建设具有基础竞争力的现代农业的根本出路。只有大量农村劳动力进城，才能留下相对较多的土地给仍然留守种田的农民[2]，并防止落入日本式小规模兼业经营的长期化、稳固化陷阱[3]。

（2）壮大农村集体经济，发挥生产生活功能，培育平台运行主体。考虑到农村人均资源稀缺与相当长时期内仍将聚居大量人口的事实，以及保证国家惠农资源对接分配与乡村振兴战略落地实施的需求，须逐步树立村社集体的惠农平台运行主体地位。一方面，发挥日常互助帮扶、村庄纠纷解决、突发事件处理、社会规训等农村生活维稳功能，维持乡村生活秩序

---

[1] 张红宇：《新常态下的农民收入问题》，《农业经济问题》2015 年第 5 期，第 4 - 11 页。
[2] 贺雪峰：《中国农村反贫困问题研究：类型、误区与对策》，《社会科学》2017 年第 4 期，第 57 - 63 页。
[3] 叶兴庆、翁凝：《拖延了半个世纪的农地集中——日本小农生产向规模经营转变的艰难历程及启示》，《中国农村经济》2018 年第 1 期，第 124 - 137 页。

并促成现代农村社区。另一方面,发挥土地调整、农业基础设施建设、大型农机具购置管理等农业生产促进功能,改善基本农业生产条件并促成现代农业[①]。

(3) 强化城乡力量汇聚,确保资源自由流动,创建平台长效机制。基于"三农"整体呈现的弱质性,须借助城乡融合发展契机来激活农村各类资源资产,推动人才、土地、资本等要素双向流动,充分激发社会投资的动力和活力,保证乡村发展势头与国家惠农成效的可持续性。

(二) 长远发展视角下瞄准惠农政策对象

1. 惠农政策主要群体对象瞄准:小农户与新型农业经营主体并存

伴随着党的十九大报告阐明实现小农户与现代农业有机衔接的立场,宣示小农户与新型农业经营主体在相当长时间内将共同成为农业领域中惠农政策的主要群体对象。据此,当前学术研究纠结的并非是两类主体孰重孰轻的判断问题,而是健康有序的发展问题,尤其是并行不悖的协调问题。

一方面,对于小农户而言,要注重前瞻谋划。从长远计,不能消极地固守小农不变,仍要借助于农村转移人口市民化、农村土地制度改革、农村产业兴旺、农村综合改革等举措,依托于农村人口自然减少、农地有序流转乃至逐步退出、农业发展方式稳步转变、农业发展基础不断夯实、农民就业渠道日益增多等可预见后果,着力促使农业适度规模经营良性形成。实践表明,通过技术层面辅助,小农户能够不断弱化传统小农属性并克服自身局限性,继而更好地融入现代农业发展轨道。家庭经营加上完备的社会化服务,可以容纳不同水平农业生产力[②]。同时,强化新型集体经济政策支持体系,促进村社基层组织以培育社会化服务组织、组建农村合作经济组织、结合纵向农技推广体系、打击乡村经济寡头、节制农业大规模经营者、协调农民职业培训等渠道来改善小农户生产环境。另一方面,

---

① 陈柏峰:《乡村振兴战略背景下的村社集体:现状与未来》,《武汉大学学报(哲学社会科学版)》2018年第3期,第154-163页。

② 张晓山:《新常态下农业和农村发展面临的机遇和挑战》,《学习与探索》2015年第3期,第1-9页。

对于新型农业经营主体而言，要注重分类考虑。考虑到家庭农场与专业大户仍属于经营农范畴，且兼具家庭经营与规模经营的双重特点，故在各类新型农业经营主体中应予以优先扶持，并借此壮大新型职业农民队伍。同时，在惠农资源有限的情况下，对于农民合作社应更多地予以规划引导，以自身良性发展来保障成员收益提升；而对于农业产业化企业应持谨慎态度，既要避免其与广大小农户争夺本就稀缺的务农权利、发展资源与获利机会，更要防止其以涉农为由来套取财政补贴等惠农政策资源。

按照2018年中央"一号文件"所明确的乡村振兴目标任务，到2020年，乡村振兴取得重要进展，制度框架和政策体系基本形成；到2035年，乡村振兴取得决定性进展，农业农村现代化基本实现；到2050年，乡村全面振兴，农业强、农村美、农民富全面实现。其中，2035年既是中国基本实现现代化的时点，又是进入更高阶段乡村振兴战略实施阶段的时点，可在此之前以渐进改革为前提来创造条件，而在此之后以国力增强为支撑来积极践行，力争在乡村常住人口绝对规模仍然可观的情况下，实现农业经营主体及惠农政策对象的构成达到新均衡点，若成功无疑将是新时代中国特色社会主义经济实践的一大壮举。

2. 惠农政策重点地域对象瞄准：活化村与衰落村取舍

村庄是乡村社会主体构成，各地乡村特殊性源于不同村庄所具有的不同特质。村庄特质是指村庄作为一种历史连续统，在自然、生态、文化、经济、社会以及风土人情等诸多方面形成并维持的独特性质和品格[1]。大部分村庄衰亡与少部分村庄活化是农村人口大规模转移的必然后果。2013年12月23日，习近平总书记在中央农村工作会议上深刻指出，伴随着经济社会发展，一些村落会积聚更多人口，一些村落会逐步消亡，这符合村庄演进发展规律。据此，应密切关注乡村演变的分化态势，在正视部分城郊村庄向城市形态演进、部分宜居和适合产业发展的村庄将借助改革契机而重振、部分偏远村庄会逐渐衰退等分化事实的基础上，从避免为追求政

---

[1] 陆益龙：《村庄特质与乡村振兴道路的多样性》，《北京大学学报（哲学社会科学版）》2019年第5期，第141-148页。

绩而在乡村振兴旗号下不加区分、不论条件地大规模推进村庄振兴运动的角度出发[1]，审视乡村人口自身在空间上相对集聚和优化分布以及区域范围内乡村经济潜在增长极初现雏形的政策价值，以绩效为导向来分类有序地瞄准惠农政策的重点地域对象。一方面，对于人口空心化与土地荒芜、粗放经营、产业萎缩同时发生的深度衰退村庄，既不能想当然地认为加大政府投入便能实现复活，更不能不考虑公共资源稀缺性，而应在适当搬迁撤并情况下以保持基本生产生活秩序为支持取向，避免"无效支持"。另一方面，侧重支持历经新农村建设和美丽乡村建设的活化村、规模较大且人口聚居的中心村、集聚效应明显的特色村、区位和资源环境的优势村等，通过提振乡土发展人气、强化产业深度融合、优化人居创业环境、完善基础设施供给、加快城乡资源互动、健全现代治理体系等方式，助其提升发展潜能并发挥带动区域成长的"墨渍"效应。

3. 惠农政策关键产业对象瞄准：市场发展型与政府扶持型辨识

现代农业无疑是惠农政策保障的核心产业。同时，以产业融合来促成农村产业兴旺亦成为当前政府扶持的焦点。理论上讲，只要有助于农民就业增收与农村经济繁荣的产业均可鼓励兴办。但实践中，并非所有待发展产业都值得且需要政府投入，不可一概而论。部分具有禀赋优势的产业完全可以借助市场机制来实现自我发现与自动均衡，若过于关注其短期效应而触发政府干预热情，极易演变成为以往农村建设实践教训惨重、如今乡村振兴最为忌讳的盲目扩张化和过度同一化，最终形成效率低下的政治样板结局。

审视当前涌现的三产融合模式，休闲农业与乡村旅游业备受推崇。2018年，全国乡村休闲旅游营业收入超过8000亿元、接待游客达30亿人次[2]。这两类产业固然有一定发展空间，但细辨可知：一是仅依靠城市人"乡愁"消费绝对无法支撑农村产业兴旺与农民致富，不可以视其为能够拯救农业农村的主导产业；二是很多地方相关收益与农民无关，且对政府

---

[1] 刘守英：《乡村现代化的战略》，《经济理论与经济管理》2018年第2期，第15–17页。
[2] 《农村产业融合引领乡村产业高质量发展》，农业农村部网站，2019-07-03，http://www.moa.gov.cn/xw/zwdt/201907/t20190703_6320111.htm。

补贴依赖过重;三是过分开发资源极易造成"青山绿水变死山臭水",并可能走向先发展后治理的城镇化旧路。对此,政府应以规范市场来代替资源投入,助其自然演化。另一类存在争议的产业是高附加值农业。针对有机农业、都市农业、反季节农业、设施农业等农业类型,有学者从受限农业经济规模和现阶段农业科技水平①、易致地方政府"逼民致富"② 等视角反对政府扶持。但考虑到农产品质量安全紧迫性、劳动密集型农产品比较优势、高附加值农业市场发展潜力、农业供给侧结构性改革需求、农产品加工业发展载体、三产融合视野仍待开阔等综合因素,可以从扶持农村创新创业、拓展农业科技试点、增加农村就业岗位、改善农产品供给能力等为准则而给予谨慎且适度的支持。

根据2018年中共中央、国务院印发的《乡村振兴战略规划(2018—2022年)》相关精神,结合政府支农特点与乡村发展实际,惠农政策的关键产业对象选择需秉承根植农业农村、当地农民主办、存在市场失灵、潜力相对普遍、便于优势发挥、有益城乡融合的基本原则,借助于整合惠农资金及撬动社会投资,重点支持以下有利于农业提质增效、农民就业增收、农村产业融合的新产业新业态。一是有助于农业延长产业链、提升价值链、重组供应链的农产品加工业。2016年,农产品加工业与农业的产值之比达到2.2∶1,农产品加工率达到65%③,而按照《农业部关于实施农产品加工业提升行动的通知》设定的目标,2020年两者分别力争达到2.4∶1与68%。2018年,全国规模以上农产品加工企业7.9万家、主营业务收入达到14.9万亿元,80%的农产品加工企业与农民合作社、小农户建立利益联结机制,吸纳3000万农民就业,间接带动1亿多原料生产小农户增

---

① 全世文、于晓华:《中国农业政策体系及其国际竞争力》,《改革》2016年第11期,第130-138页。

② 贺雪峰:《关于实施乡村振兴战略的几个问题》,《南京农业大学学报(社会科学版)》2018年第3期,第19-26页。

③ 《推动农产品加工业转型升级 推进农业供给侧结构性改革——农业部有关负责人就〈国务院办公厅关于进一步促农产品加工业发展的意见〉答记者问》,《农民日报》2016年12月31日第002版。

收①。除加强企业、原料基地等财政支持、完善农产品增值税、企业所得税等税收减免外，还应侧重考虑产业特征而强化金融信贷服务、优惠生产用地用电等。二是发展空间大、就业拉动强的农村电商。2013年，全国农产品电商平台与交易额分别仅为3000多家与500亿元左右②。2017年，全国农村便已经实现网络零售额12448.8亿元，农村网店达到985.6万家，带动就业人数超过2800万人③。根据《中央财政服务业发展专项资金管理办法》等有关规定，中央财政资金不得用于网络交易平台、楼堂馆所建设、工作经费及购买流量等支出，应主要采取以奖代补、贷款贴息等方式，重点支持农村产品上行、农村公共服务体系供给、农村电子商务培训、农业网上服务等事宜。三是有助于衔接外出人员、回流人员、留守人员的城市配套产业。根据城乡比较优势，利用高铁、互联网、物流等产业建设所带来的信息快捷传递、产品流通成本下降等发展契机，重点引导本土外出人员将原材料生产、初加工等城市产业链相关环节嫁接到乡村，带动部分外出人员返乡并激励留守群体，以亲缘、血缘、乡缘为纽带共同打造视野更开阔、利益联系更紧密、建设根基更牢固的农村产业。

（三）目标转移视域下创新惠农政策手段

农业价格竞争力下降是农业国际竞争力削弱的主要体现与核心问题。但价格倒挂实质上源自成本倒挂，若非农村人口大规模转移导致农业生产主体弱化，农业高成本时代就不会来的如此之快。更为忧虑的是，农产品价格竞争劣势将伴随着城镇化、工业化持续推进而同步放大，且考虑到全球农业产出过剩与农产品相对价格下降将成为长期趋势，最困难时期尚未来临，决定农业生产节本降耗刻不容缓。

1. 促进多元化适度规模经营

较之小规模农业经营，适度规模经营在应用先进技术且替代人工、摊

---

① 《推进农产品加工转型升级 打造乡村产业振兴新引擎》，农业农村部网站，2019-07-04，http://www.moa.gov.cn/xw/zwdt/201907/t20190704_6320253.htm。
② 张红宇：《新常态下现代农业发展与体制机制创新》，《农业部管理干部学院学报》2015年第1期，第6-16页。
③ 数据来自农业农村部发布的《农村一二三产业融合发展年度报告（2017年）》。

薄生产费用、合理投放生产要素、推广科学生产方式、提高产品附加值、提升劳动生产率等方面优势突出，且便于在生产资料采购、服务外包、融资信贷、市场营销、物流运输等环节上获得价格等优惠，更有利于降低农业生产成本。一方面，基于横向土地相对集中视角，通过加速工业化与城镇化进程来强化非农产业对农村转移人口的吸纳能力、通过多渠道激活农村资源来强化农村导向型增收模式对农民获利机会的带动效应、通过健全覆盖乡村的社会保障体系来强化多元化保障途径对土地保障功能的替代作用，大力发展土地规模经营。尤其是要通过公共服务均等化、提高移民就业质量、支持家庭整体迁移、加强农村人口技能培训、简化城镇落户手续等方式来兼顾农村转移人口市民化的速度与质量，鼓励大量以兼业化形式存在的小农户向城镇有序转移，为土地规模经营奠定更牢固的基础。另一方面，基于纵向生产专业分工视角，以服务规模化来弥补经营细碎化、劳动力短缺以及土地流转规模有限，以作业补贴来壮大新型农业社会化服务体系，以服务补贴来鼓励生产环节外包与经营权细分，以推动区域种植专业化与生产布局组织化来实现服务市场容量增加与交易成本降低，大力发展服务规模经营[①]。

2. 科学使用生产资料

坚持化肥农药零增长行动，扩大测土配方施肥范围，实施农药精准配制、包装物和残液回收处理、定点药械清理，加速农业节水工程建设，提倡施用有机肥、配方肥、高效缓释肥料。尤其需要注重基于可持续发展的转变需求而提升农业资源利用率。实践表明，不能完全任由农户自发变更农业生产方式，必要的政府引导与监控不可或缺，否则便会存在大量源于滥用石化产品的非健康产能。

3. 健全农村劳动力市场

农业人工成本上升的根本性原因在于农业生产季节性导致农村劳动力市场在时空上难以匹配，亟待通过财政支持和产业政策引导来缓解劳动力

[①] 罗必良：《论服务规模经营——从纵向分工到横向分工及连片专业化》，《中国农村经济》2017年第11期，第1-15页。

供应瓶颈阶段的紧张程度①。例如，通过自由劳动力建档立卡、跨区域市场联网等信息化建设来健全农村劳动力市场，实现农忙季节区域劳动力优化组合与合理调配，完善农村劳动力市场价格机制。

农业领域生产量、进口量、库存量"三量齐增"现象既受价差驱动型进口影响，又事关品种与品质难以适应需求侧升级形势，在诱发供需结构矛盾的同时也决定产业提质增效迫在眉睫。一是优化产品产业结构。以主体功能区和优势农产品布局规划为依托，继续发挥新一轮农产品价格支持政策对农户调整种植结构的引导作用，明确政策实施重点区域，避免因普适性而弱化"去产能"功效。同时，注意完善不同品种政策之间的有效联动机制，避免因比较收益差距拉大而产生新的不平衡，继而保证生产结构调整的广度与深度。此外，深入开展地方土特产和小品种的发展研究，拓展替代农产品发展空间。依托农村信息化设施建设，强化消费者对农产品品质要求的信息搜集，根据居民和加工企业意愿来设计替代产品生产模式。二是提升产品质量水平。持续改善农业高质量发展条件，深入推行科技特派员制度，加强农村科普公共服务建设，加大实施种业自主创新重大工程和主要农作物良种联合攻关力度，坚持农资打假等专项治理行动，扩大国家农产品质量安全县试点规模，实践农业标准化战略，健全农产品质量和食品安全监管体制。

（四）兼顾效率视线下控制惠农政策成本

1. 扩大惠农工作地方自主性：财力与事责相匹配

根据《国务院关于推进中央与地方财政事权和支出责任划分改革的指导意见》的具体规定，以及党的十九大报告中关于"建立权责清晰、财力协调、区域均衡的中央和地方财政关系"的相关要求，依托于各级政府之间惠农权责关系廓清，以保证财力与事责相匹配来提升地方惠农工作的自主性与积极性，继而改善惠农资金使用效率。一方面，正视所谓专项任务仍属于地方惠农总体工作一部分且难以单独分离的特征事实，缩减专项转

---

① 钟甫宁：《正确认识粮食安全和农业劳动力成本问题》，《农业经济问题》2016年第1期，第4-9页。

移支付规模，依据以各地农情为标准的参数法来加大均等性更强的一般性转移支付力度。另一方面，逐渐完善省以下财政体制，继续提高粮食主产区、生态涵养区、扶贫攻坚区等利益补偿标准，坚决保障县级政府基本财力，加速取消基层财政资金配套机制。

2. 补充惠农投入方式灵活性：整合与撬动相结合

财政惠农资金长期因投入方式僵化而影响使用效率，并导致改革呼声高与调整压力大的状况。一是资金分配零散化。由于历史和体制原因，惠农专项转移支付长期呈现资金规模大与项目数量多的格局，衍生出"散、小、乱、杂"等问题，引发运行成本高、绩效管理难、规模效益弱等弊端。同时，将有限资金以"蜻蜓点水"而非"聚沙成塔"的方式分散到多部门也极易浪费国家财力。二是资金使用封闭化。借助国家项目推动以及所提供奖补，已成为21世纪"力农致富"的首要途径[1]，但财政资金在调动民间支农资金方面犹有不足，事实上仍有很大挖掘空间。例如，农业农村部仅仅出台几项政策，几十万农民就自动购买五十多万台收割机，一举解决农作物机械化收割问题[2]。据此，各界也一直呼吁灵活开展惠农投入。一方面，加速"整合"，以归并碎片资金、锁定关键领域来保障资金最优功效发挥、发展整体目标实现。中央决策层关于整合财政惠农资金的思考早已有之，并不断颁布政策与开展试点。最为瞩目的，一是继2015年三项农业补贴合并试点改革且再于2016年设置为农业支持保护补贴后，又于2017年将农业支持保护补贴等10项用途相近的惠农资金整合为农业生产发展资金[3]；二是2017年全国832个连片特困地区县和国家扶贫开发工作重点县实际整合财政涉农资金超过3000亿元[4]；三是2013年财政部会同

---

[1] 黄宗智：《"项目制"的运作机制和效果是"合理化"吗?》，《开放时代》2014年第5期，第143-159页。

[2] 刘奇：《开辟农民就业增收的第三空间》，《中国发展观察》2018年第8期，第39-40页。

[3] 当前，农业补贴领域已经大致整合出农业生产发展资金、农业资源及生态保护补助、动物防疫补助、农村土地承包经营权确权登记颁证补助、农业生产救灾资金、渔业发展与船舶报废拆解更新补助六大专项。

[4] 《2017年我国832个贫困县整合涉农资金超3000亿元》，中国政府网，2018-02-16，http://www.gov.cn/xinwen/2018-02/16/content_5267136.htm。

国务院有关部门和黑龙江省政府，正式启动黑龙江省"两大平原"现代农业综合配套改革试验区涉农资金整合试点。未来，应跨越职能部门来持续整合农业生产发展资金、农业资源及生态保护补助资金、江河湖库水系综合整治资金等涉农资金，跨越行政区划来进一步突破资金整合区域，积极构建"识别发展瓶颈→锁定投放重点→择定整合平台→引导资金流向'补短板'领域"的行动链条，同步实现资金集中与规划使用，并突出"以点破面"的改革路径。另一方面，重视"撬动"，以放大杠杆效应、引入社会资本来激活资金最大使用规模、社会整体惠农热情。发挥好财政资金"四两拨千斤"的先导作用，综合运用项目、信贷、保险、税收等工具来引导民间资金积极介入"三农"领域，致力于形成财政优先保障、金融重点倾斜、社会积极参与的多元投入格局。

3. 降低惠农资金补助依赖性：支持与发展相交融

十余年财政的高支持与高投入亦同步带来"三农"发展的快速度与强依赖。一方面，大量惠农补助资金已经成为"三农"兴盛的关键支撑；另一方面，各项惠农事业的政府扶持预期也愈发抬高，极易出现因政绩取向而偏离市场轨道、因措施固化而考验政府财力、因资源错配而突显消极效应等问题。以新型农业经营主体培育为例，自开展之初便离不开行政推动，若非政府出资改田造地以促进土地流转、投入巨量财政资金以补贴生产经营等举措，家庭农场、农民合作社、农业龙头企业等难以在数年间便迅速发展起来，但换来的却是部分学者眼中的"高补贴、高依赖"问题。[1][2] 据此，应积极吸取教训，推动有限支持与切实发展有效衔接。一方面，可借助于农业补贴合并与农产品价格支持调整两大政策改革之契机，针对其他不合时宜的惠农政策以不破不立的决心与破釜沉舟的勇气进行彻底革新，以换取长远支持关系捋顺与发展道路廓清。另一方面，充分发挥市场调控作用，专注于提升"三农"自我发展能力与可持续发展能力。

---

[1] 郭庆海：《小农户：属性、类型、经营状态及其与现代农业衔接》，《农业经济问题》2018年第6期，第25－37页。

[2] 苏昕、刘昊龙：《中国特色家庭农场的时代特征辨析》，《经济社会体制比较》2017年第2期，第105－113页。

4. 提高惠农基础数据完整性：投入与精准相呼应

碍于农业农村基础数据模糊不全与农户生产生活状况动态变化，惠农投入经常因信息不对称而产生执行偏差并影响综合效果。随着现代信息技术不断进步与惠农投入力度逐年加大，信息化之于中国惠农绩效的意义愈发凸显。一是助推技术理性的政策工具应用。借鉴国际经验是完善中国惠农模式的重要渠道。但实践表明，国外许多具有较强技术理性特征的惠农政策工具，对于量化数据往往要求极高，无疑需加快国内农业基础数据库建设以满足政策移植的支撑条件。二是促进精准施策的目标群体瞄准。惠农精准化需以信息完全性为前提。随着农民分化加剧、土地流转盛行、农业生产方式变更、农户家庭生计模式转变等现象凸显，惠农施策中始终面临源于大量基础性信息不真实、不充分而引发的补贴对象分散、耕地底数不清等问题，极大干扰对目标群体的判断，既屡屡因缺乏准确决策依据而产生决策误导，又一再因影响最优效应发挥而消解惠农政策善意。以精准扶贫政策为例，一定意义上正是中央决策层考虑到以往扶贫偏差所做出的针对性变革，旨在保证扶贫资源不被错配与扶贫对象不被遗漏，而以"建档立卡"为标志的贫困人口基础信息系统建设正是其重要创新举措。三是加速政策执行的行政成本降低。惠农精准化的呼吁由来已久，但执行主体始终面临管理效率困扰，关键在于惠农对象、范围等基础信息的采集与核查将耗费大量人力物力。无论是前期三项农业补贴，还是之后生产者补贴与目标价格政策，均在面对大量小农户的调查统计过程中存在高昂行政成本，基层公职人员积极性普遍不高且倾向于以经验数据或简化模式来予以替代，难以保证政策体系正常运转，这同时也彰显出区域涉农大数据中心建设的必要性。提高惠农基础数据完整性是实施乡村振兴战略的基本要求。据此，有待于将定位导航、卫星遥感、云计算、互联网等现代科技手段引入作物产量核算、种植面积修正等监测范围内，以加速涉农基础信息系统及数字乡村建设、建立健全覆盖农户和村组的惠农补贴数据平台等渠道来彻底破解惠农过程中长期存在的"瞎子摸象"的尴尬处境，为科学借鉴、合理制定、有效执行政策提供可靠依据。

5. 明确惠农政策范围指向性：区别与聚焦相统一

惠农政策的指向危机与乡土社会变迁相伴而生。一是政策目标交叉而引发冲突。惠农政策体系原本具有农业生产稳定、农民收入增加、农业可持续发展、农产品竞争力提高等多重目标，但具体政策目标设计往往也惯性追求"兼收并蓄"，如农业补贴高度重视粮食安全与农民增收并重，金融支农明显强调促增长、支持"三农"、保障金融安全等任务兼顾。这在发展环境稳定的情况下或可暂时维系，否则脆弱的兼容性将难以保全。二是受惠群体重叠而错配资源。农民分化已是明显事实，但惠农政策仍凸显强烈的普适性，易致资源因错配而泄露。例如，已享用城镇公共服务供给实惠的农村转移人口实际上仍在接收农村社会保障资源等惠农政策益处，现代农业支持政策资源分配并未严格区分兼业户与全职户、离农户与专业户。据此，农村经济社会结构性变化倒逼惠农政策范围务必明确指向性以提高效果性。一方面，难以兼容的多重目标不宜再人为置于同一"锅灶"中。依据农业支持与农民补助相分离、农业生产与农民收益相分离原则，确保惠农政策目标专属性。另一方面，业已分化的不同群体不宜再继续放在同一"篮子"里。正视亿万农民由同质性转向异质性的趋势，提高惠农政策群体针对性。

第二节 农村人口转移背景下惠农政策的运行保障

惠农政策既要强调设计合理，更需保证操作得当。如此，方能化解"政策好，落实难"的悖论，完全发挥新政策功效。考虑到近年来"三农"发展存在诸多变数，增加政策执行环境的不确定性，加之乡村振兴的改革力度空前与政策体系庞大，愈发昭示惠农政策在操作层面的运行保障必不可少。

一、利益格局重组后的主体激励

乡村振兴战略是全面深化改革的重要体现，涉及新时代城乡关系深入诠释、未来农业农村发展定位首次阐明、农村产业体系重新聚焦、乡村治理手段再度升级等多层面内容，城乡融合、农业农村现代化并重、三产融合、"三治融合"的发展进程中势必引发新一轮资源要素整合配置，需通过深度改革才能实现理想状态。其间，农业产能去库存化、农村环境去污染化、农产品价格去泡沫化等相关举措所带来的改革阵痛，极可能引发社会不稳定，亟须惠农政策管理主体与受益主体的共同理解与支持。据此，亟待基于利益格局重组而妥善激励相关主体，继而实现农业农村超常规发展、跨越式赶超。

一是农业从业者。农业从业人员数量萎缩且能力弱化是实施乡村振兴战略的关键起因。国家立足于农民阶层分化的事实，按照"谁多种粮食，就优先支持谁"的原则而加大新型农业经营主体支持力度，并积极推动小农户与现代农业有机衔接，旨在构建新型农业经营体系并消除农业生产安全隐患。这决定相关惠农资金应在锁定受惠目标群体的同时避免错配，继而真正调动起农业从业者的积极性。二是下乡投资者。乡村振兴既因"三农"整体呈现的弱质性而难以主要依靠内生力量，又因财力有限与防止过度行政化而难以完全依赖政府支持，而应坚持以城乡共生来引领城乡融合，激发携带管理才能、经营理念、科学技术、设施装备、金融资本、人力资本等各种现代元素下乡的各类投资者的建设动力，且将此视作长期趋势而非短期热潮。据此，应借助城市主导产业由工业转变为服务业、高新技术产业以及产业布局向小城镇、乡村转移的契机，在优化营商环境、完善基础设施、盘活农村资产、推进三产融合、出台优惠政策的基础上，以扩大市场容量来消除城市战略型投资者疑虑，以改善精英待遇来提升乡村回流型投资者信心，以强化人才战略来坚定理想感召型投资者意志，以创新项目平台来发挥政策帮扶型投资者作用。三是潜在组织者。"三农"事务需主动培育地方性组织载体，实现巨额投资与乡土因素深度融合。有待通过壮大村社基层组织，使其充分发挥农村生活维稳、农业生产促进、惠农资源对接分配等功能，为小农户与大国家有效对接奠定基础。同时，从物质与精神两方面来激励以村干部、驻村干部和大学生村官为主的"管理"群体，使其充分发挥"三农"工作代言人与组织者功能。四是基层管理者。乡村振兴既要坚持中央政府"高位推动",更要正视基层政府的执行主体地位、客观实践困难、正当利益诉求与实践创新能力。考虑到县域经济当前的困境,需要通过加大一般性转移支付力度、扩展财政投融资渠道等方式,保障区域间财政支农能力均等化,尤其是加强对特殊区域的定向利益补偿。

二、政策体系调整后的内部协调

乡村振兴战略强调以城乡联动、资源统筹、优势互补来引领农业农村高质量发展,惠农体系在以分工协作、利益均沾、资讯共享、内容互补等为基本准则而相机调整后,更需要以内部协调为必要保障措施,继而以提高信息对称性而消除政策摩擦,以加大民众参与度而化解抵消效应,以增强互补配套性而提高政策合力,以健全政策完备度而实现协调运作,这事关惠农政策组合效应和规模效益的发挥。

一是惠农资金整合协调。以往整合工作过于侧重管理角度的效率提升,即将规模逐渐增加但始终处于"碎片化"管理状态的惠农资金"整小合大、化多为简",实现存量资金结构调整与增量资金归类引导;相对忽视发展角度的投向选择,即明确发展支撑点并瞄准投放切入点。须知,整合仅是手段,发展才是目标。惠农整合资金既要防止走"撒胡椒面"的旧路,又要避免形式上"拼盘",而是重点投向发展的紧迫及关键领域。乡村振兴战略具有鲜明的目标导向与问题导向,有待在简化冗余政策、废止过时政策等基础上,以聚合惠农资源来重塑政策平台,继而确保预期功效。据此,在顺应主要按因素法分配并实行"大专项+任务清单"的惠农资金整合趋势基础上,应以"粮食安全"为前提、以"统筹长效"为基础、以"问题整合"为导向,围绕节本、创新、增效、提质、可持续发展、新动能培育等重点任务与核心环节,借助体制机制改革来实现惠农资金整合的用途均衡、权责分解、渠道通畅、种类扩大、区域延展、摩擦化解等,确保单元更简化、项目更有限、风险也更集中的"歼灭战"有效解决现实问题。二是涉农部门组织协调。惠农政策彼此穿插,强调综合配套。以往惠农资金分散使用本质上源于惠农管理政出多门。据不完全统计,仅中央层面涉农管理便关系到国家发改委、农业农村部、财政部、水利部等十余个部委,即便是改组前农业部再加上农业基本建设资金后也仅掌握财政支农总投入的15%左右[①]。"条块分割"背景下,涉农部门协同程度有限、业务重叠、观念偏差、职能有限、信息封闭等问题极大制约惠农政策的统筹设计与有效执行。某种意义上,党的十九大之后新一轮国家机构改革正是寄希望于凝聚发展力量、消除部门利益、理顺管理结构,促进包括乡村振兴战略在内的"七大战略"顺利实施。未来乡村振兴进程中,一方面,要在改革后的各级农业农村系统内尽快消化改革阵痛,及时落实惠农政策。部分地区实践表明,乡村建设规划、土地利用规划、产业发展规划、环境保护规划之间协调度明显不足。另一方面,依托各地成立的乡村振兴领导小组,积极探索大类职能部门之间交流合作新机制,推动部门数据共享、兼容与公开,做好整体规划与决策。例如,政策性农业保险公司掌握的种植面积数据与农村金融机构掌握的农户家庭信息,可作为耕地地力保护补贴等农户直接补贴的重要兑现依据。三是强农战略互动协调。乡村振兴战略出台绝非意味着新型城镇化战略受挫,两者恰恰是相互依存与补充的关系,前者是后者的根基,后者是前者的前提,在整个国家发展蓝图中被设计为双轮驱动"三农"发展,故应正确处理好农村人口持续转移与农民工返乡创业协同推进、城镇规模不断扩大与农村逐渐普及现代生产生活方式并行不悖等问题。四是支农举措衔接协调。支农实践由来已久,无论是前期新农村建设、美丽乡村建设、特色小镇建设等,还是后期精准扶贫工作,一定程度上已经为乡村产业发展、人才储备、文化复兴、生态治理、组织建设等创造良好条件。如今开展乡村振兴,需要在借鉴经验、延续理念、传承资源、升级项目的基础上,结合发展短板与时代新要求而实现纵深发展。

三、政策目标创新后的绩效评价

乡村振兴战略主题突出,需结合创新后目标指向与阶段性任务,基于

---

① 毛世平、吉星星:《财政对农业农村的有效投入:一个路径找寻》,《改革》2017年第11期,第136-147页。

分类评价绩效而动态监控改革进展与质量，以便宏观调控建设节奏，并把握技术创新、理论创新、政策创新节点。

一是产业振兴。以现代农业产业体系、生产体系、经营体系培育强度以及农业供给侧结构性改革力度为标准，系统评价农业发展方式转变与农业现代化提升的程度。同时，以新产业规模、新业态形式、就业拉动率、投资回报率、农民满意度、经济增长值、成本下降额等为客观依据，合理考察三产融合水平。二是人才振兴。以工匠精神、精英意识、企业家才能为主要参照，根据新型职业农民、返乡创业人员、农村实用技能人才、优秀基层干部等群体的规模与结构增量变化，系统判断新时代"三农"工作队伍建设情况。三是文化振兴。以农村传统生活形态延续、村落社会关系维系、乡村特色文化产业发展等为核心指标，侧重评估农民精神风貌、乡村文化生态、农村文化产品与服务等改善情况，追踪调查乡村文化认同、传承与繁荣进程。四是生态振兴。从绿色兴农、清洁生产、排放控制、生态修复等关键角度出发，重点关注农业面源污染防控、可持续发展能力提升、资源回收利用增强、政府补偿措施实施等突出问题。同时，基于农村垃圾、污水治理和村容村貌提升视角，透视农村人居环境整治情况。五是组织振兴。以村级党组织设置创新、村级干部构成优化、农村党员教育管理、村民自治活动开展等为重要指标，合理评估农村基层党组织、农村基层党组织带头人队伍、农村党员队伍以及村民自治组织建设情况，科学展望现代乡村治理体制的后续改进方向。

四、政策环境变更后的执行监督

乡村振兴战略使命重大，惠农政策环境中操作平台多元、覆盖范围变动、实施对象交叉、特殊事件突发等不确定因素亦明显增多，需要以过程连续为基础、以机构独立为条件、以绩效监督为导向来实现多途径执行监督，科学化、精细化设计惠农政策执行监督方案，继而规避在大规模推进过程中可能存在的过度行政化、过度形式化、过度产业化、过度外部化等各类潜在风险，确保相关措施落到实处。

人大监督固然是对惠农政策执行最高层面的约束，同时，还需要补充其他监督渠道。一是以行政内部监督来强化要素投入监督。通过机构健全、法规完善、队伍建设、纪律严明等方式，发挥各级发改委、财政、农业农村、国土、人力资源和社会保障、民政等系统内部行政监督作用，瞄准惠农资金的投入安全性与整合时效性、耕地红线保护的严格性与产业发展占地的规范性、人才战略的落实性、公共服务的有效性等，确保农业农村优先发展。二是以司法机关监督来强化主体行为监督。针对地方财力紧张、基层执行变通、部门权力寻租、乡村腐败隐蔽等客观事实，司法机关务必高度警惕惠农资源非农化、惠农政策执行力降低、涉农公职人员职务犯罪等潜在问题，并加强惠农资金预算管理、农业行政执法队伍建设、涉农工作人员行为监管、基层组织选举监督、农村市场治理整顿等工作力度。三是以社会舆论监督来强化振兴过程监督。发挥人民群众、中介组织、新闻媒介等社会监督渠道作用，密切关注乡村振兴过程中形式主义、政绩工程、激进政策、急躁情绪、跃进行为、单一模式等现象，以及排斥农民、依赖政府、轻视规划、侵吞利益等弊端，推动监督的质量提升与范围扩大，并实现体制内外监督的多措并举。

附录一

编号_____

《农村人口转移背景下惠农政策效果研究（村庄卷）》问卷

尊敬的领导：

  您好！

  我们是信阳师范学院大别山区经济社会发展研究中心《农村人口转移背景下惠农政策效果研究》调查组。为更好地了解农村人口转移与惠农政策实施现状，改善和提高农业生产与农民生活状况，为政府制定惠农政策提供参考，调查组特进行本次专题调研活动。调查组从每个村庄随机抽取一部分农户作为代表，您是其中一位。请您根据实际情况填写，凡涉及个人隐私的资料，我们将一定保密。

  本次调查纯属学术研究需要，真诚感谢您的支持！

信阳师范学院大别山区经济社会发展研究中心
2018 年 1 月

调查地点：　　省　　市　　县　　镇（乡）　　村
调查对象：
性　　别：
年　　龄：
职　　务：
调查员：
调查时间：　　年　　月　　日

A 表　本村基本情况

1. 本村总户数：_____户；本村总人口：_____人；本村劳动力人口（18 岁以上）：_____人；本村常年外出务工劳动力：_____人。

2. 本村常年外出务工劳动力的去向：_____

  A. 本县内　　B. 本市内　　C. 本省内　　D. 省外　　E. 其他

3. 本村的人均年收入水平是多少？_____

  A. 2000 元以下　　　　　B. 2000～5000 元

  C. 5000～8000 元　　　　D. 8000 元以上

4. 与本镇其他村相比，您村的经济水平属于什么水平？_____

  A. 下等水平　　　　　　B. 中等偏下水平

  C. 中等水平　　　　　　D. 中等偏上水平

  E. 上等水平

5. 本村主要地形为：_____

  A. 山地　　　B. 丘陵　　　C. 平原　　　D. 其他_____

6. 本村企业的个数？_____个。

7. 本村村集体经济状况：_____

  A. 很好，有富裕　　　　B. 一般，勉强平衡

  C. 很差，难以满足需求　D. 几乎没有收入

B 表　本村农业生产情况

8. 本村正常年份下，每户平均农业产值是_____元，每户平均非农业产值是_____元。

9. 本村所产粮食去向构成情况：自家消费_____%；市场销售_____%；政府收购_____%；其他_____%。

10. 本村登记的耕地_____亩，目前主要种植作物是_____；其中，有效排灌耕地面积比例_____%，撂荒耕地_____亩，被流转耕地_____亩。

11. 本村被流转耕地的去向：本村村民_____%；外村村民_____%；村集体和合作社_____%；企业_____%；其他_____%。

12. 本村土地流转的主要方式：_____

　　A. 自发联系与协商　　　　　　B. 村里统一组织

　　C. 产权交易或土地转让平台　　D. 土地股份合作社

　　E. 村里备案　　　　　　　　　F. 其他

13. 本村被流转耕地的当前主要用途：_____

　　A. 种植粮食　　　　　　　　　B. 种植经济作物

　　C. 非农使用　　　　　　　　　D. 暂时荒废

　　E. 其他

14. 农村劳动力大规模外出务工，是否已经影响到村庄正常的农业生产：_____

　　A. 影响很大　　B. 影响一般　　C. 无影响

15. 您认为土地若继续大规模流转，是否会影响到粮食生产？_____

　　A. 影响很大，更多耕地会种植经济作物

　　B. 影响很大，更多耕地会不用作农业生产

　　C. 影响不大，反而会有更多耕地用于粮食生产

　　D. 保持现状，不会有任何影响

C 表　本村惠农政策实施情况

16. 本村政府农业补贴_____元/亩。

17. 土地流转背景下，政府农业补贴主要归谁？_____

　　A. 土地承包者　　B. 土地实际经营者　　C. 其他

18. 本村是否实行测土施肥？_____

　　A. 是　　　　　　　　　　　　B. 否

19. 您村里有没有公共照明设施（路灯等）？_____

　　A. 有　　　　　　　　　　　　B. 没有

20.（1）本村有哪些公共体育、文化娱乐场所和设施？（可多选）_____

　　A. 篮球场　　　B. 健身设施　　C. 棋牌场所　　D. 网吧

　　E. 书报室　　　F. 广播台　　　G. 其他

（2）这些设施和场所的使用情况？_____

A. 使用频繁，起到了实际作用

B. 偶尔使用   C. 从不使用

21. 本村是否有公共垃圾处理设施：_____

A. 有   B. 没有

22. 本村留守儿童上学主要去处：_____

A. 本村学校   B. 外村学校

23. 本村村级公益事业一事一议制度执行情况如何？_____

A. 执行很好，很有效果   B. 村民参与不积极

C. 村民筹资不理想   D. 几乎没有任何作用

24. 村两委在日常实际工作中存在哪些难处：（可多选）_____

A. 村民参与村务活动不积极

B. 村集体财力有限

C. 村民意见经常不统一

D. 政府实际支持有限

E. 村干部待遇太低，没动力

F. 乡村凋败，民风不淳

G. 其他

25. 村内日常纠纷最大的事务：_____

A. 宅基地划分

B. 农村土地承包

C. 改造后新建住房分配

D. 各类补偿费分配

E. 其他

26. 村内目前建新宅但不拆旧宅现象严重吗？_____

A. 很少建新宅   B. 建新宅，普遍不拆旧宅

C. 建新宅，普遍拆旧宅

27. 村庄面积_____亩；其中，旧宅闲置面积_____亩，集中连片闲置旧宅面积_____亩。

附录二

编号_____

《农村人口转移背景下惠农政策效果研究（农户卷）》问卷

尊敬的领导：

  您好！

  我们是信阳师范学院大别山区经济社会发展研究中心《农村人口转移背景下惠农政策效果研究》调查组。为更好地了解农村人口转移与惠农政策实施现状，改善和提高农业生产与农民生活状况，为政府制定惠农政策提供参考，调查组特进行本次专题调研活动。调查组从每个村庄随机抽取一部分农户作为代表，您是其中一位。请您根据实际情况填写，凡涉及个人隐私的资料，我们将一定保密。

  本次调查纯属学术研究需要，真诚感谢您的支持！

信阳师范学院大别山区经济社会发展研究中心
2018 年 1 月

调查地点：　　省　　市　　县　　乡（镇）　　村

调　查　员：

调查时间：　年　　月　　日

  A 表　被调查人基本信息及家庭情况调查表

  1. 您的年龄：_____岁。

  2. 您的性别：_____　　A. 男　　B. 女

  3. 您的婚姻状况：_____

A. 已婚　　　　B. 未婚　　　C. 其他（丧偶、离异等）

4. 您的受教育程度：_____

A. 小学及以下　　B. 初中　　　C. 高中或中专　　　D. 大专及以上

5. 您家生活水平在村庄里属于：_____

A. 中等以下水平　B. 中等水平　C. 中等以上水平

6. 您家共有_____人；其中，16～60岁（女55岁）_____人，常年外出务工共有_____人。

7. 您家每年务农收入占总收入比例约为_____%，每年外出务工收入占总收入比例约为_____%。

8. 您家目前是否有老人留守农村：_____　A. 是　　B. 否

9. 您家目前是否有儿童留守农村：_____　A. 是　　B. 否

10. 您家外出务工人员是否存在夫妻共同外出现象：_____

A. 是　　　　　　　　　B. 否

11. 除增加收入外，您家人员外出务工最主要的原因：_____

A. 家里农活少　　　　　B. 脱离农村

C. 出门学技术　　　　　D. 开阔眼界

E. 只为增加收入　　　　F. 其他

12. 您家外出务工人员自己是否愿意留在城镇定居：_____

A. 愿意，想在城镇定居

B. 还没考虑，但依目前情况会留在城里

C. 若在城里生活状况好转，会定居下来

D. 不愿意，年纪大了就回老家

13. 您本人是否希望家庭外出务工人员将来回归农村：_____

A. 希望，农村毕竟是自己家

B. 说不好，看他们在外面发展得好不好

C. 不干涉，尊重他们自己的意愿

D. 不希望，他们要争取留在城镇里

B 表　家庭农业生产情况调查表

14. 您家承包耕地_____块，共_____亩，目前主要种植作物是_____。

您家是否进行土地流转？_____（若自己耕地对外流转，请填第15题；若流转他人耕地，请填第16题；若两样都没有，请直接跳至第17题）

15. 若您家存在自己耕地对外流转现象：

（1）对外流转面积：_____亩

（2）流转对象是：_____

A. 本村村民和亲戚　　　　　B. 外村村民

C. 村集体和合作社　　　　　D. 公司

E. 其他

（3）流转是否有经济回报：_____

A. 有　　　　B. 无　　　　C. 无经济回报，但有其他回报

流转若有经济回报，每亩_____元

（4）流转时间（已经及预计）：_____

A. 1～2年　　　B. 3～5年　　　C. 5年以上

（5）您是否愿意将承包耕地对外流转：_____

A. 愿意　　　　B. 其实不愿意　　　C. 说不清

16. 若您家存在流转他人耕地现象：

（1）流转外部面积：_____亩

（2）流转对象是：_____

A. 本村村民和亲戚　　　　　B. 外村村民

C. 村集体和合作社　　　　　D. 公司

E. 其他

（3）流转是否有经济支出：_____

A. 有　　　　B. 无　　　　C. 无经济支出，但有其他支出

流转若有经济支出，每亩_____元

（4）流转时间（已经及预计）：_____

A. 1～2年　　　B. 3～5年　　　C. 5年以上

（5）您是否希望继续流转外部耕地：_____

A. 不愿意，已流转耕地想退回

B. 维持现状

C. 希望进一步扩大流转规模

D 说不清

17. （1）若您家将来进城定居，对承包地的处置设想：_____

  A. 保留自种   B. 保留流转

  C. 入股分红   D. 放弃

  E. 其他

（2）若您家将来进城定居，对宅基地与住房的处置设想：_____

  A. 出租   B. 保留宅基地，卖房

  C. 入股分红   D. 转让

  E. 其他

18. （1）您认为家庭成员外出务工，是否会影响家庭农业生产：_____

  A. 影响很大   B. 影响一般   C. 无影响

（2）您会采取哪些措施来减少劳动力短缺对农业生产的影响：_____

  A. 没有采取任何措施

  B. 改变种植结构

  C. 加大农药化肥施用量

  D. 花钱购买部分服务（如收割等）

  E. 联耕联种

  F. 土地流转他人

  G. 其他

19. 您为什么仍然继续坚持农业生产：（可多选）_____

  A. 农民种地天经地义   B. 国家政策好，有激励政策

  C. 解决生活用粮   D. 增加经济收入

  E. 维持耕地承包权   F. 习惯了，寄托感情

  G. 其他

C 表 农业补贴调查表

20. 您对当前国家农业补贴的满意程度：_____

  A. 非常满意   B. 基本满意

C. 无意见 D. 不太满意

E. 非常不满意

21．（1）您认为当前国家农业补贴在促进农业生产方面的作用：_____

A. 作用很大　　B. 一般　　C. 作用很小　　D. 说不清

（2）您认为当前国家农业补贴在促进农民增收方面的作用：_____

A. 作用很大　　B. 一般　　C. 作用很小　　D. 说不清

22．您对国家农业补贴有何看法？_____

A. 补贴金额始终过少　　　　B. 补贴方式不合理

C. 农业生产重要性下降而不敏感　　D. 其他

23．土地流转情况下，您认为国家农业补贴资金应该给谁？_____

A. 原有承包户　　　　B. 实际种植户

C. 只要是农户就行，不能给合作社、企业等

24．（1）您认为近年来农业生产成本上涨程度如何（雇工、农药、化肥、种子等）？_____

A. 上涨非常快，难以承受，没有务农动力

B. 上涨比较快，勉强承受，该干还得干

C. 上涨正常，可以承受

D. 说不清

（2）农业生产成本上涨会不会影响您对农业的投入？_____

A. 不划算，减少投入　　　　B. 没办法，该花钱还是要花钱

C. 没影响，务农本来就需要支出　　D. 说不清

（3）您认为国家农业补贴能否弥补生产资料成本上涨？_____

A. 完全不能弥补　　　　B. 可以部分弥补

C. 很大弥补

D 表　农产品价格支持调查表

25．您对当前政府收购农产品的满意程度：_____

A. 非常满意　　　　B. 基本满意

C. 无意见 D. 不太满意

E. 非常不满意

26. 您对当前农产品销售价格是否满意：_____

  A. 非常满意   B. 基本满意

  C. 没意见   D 不太满意

  E. 非常不满意

27. （1）您认为当前政府收购农产品在促进农业生产方面的作用：_____

  A. 作用很大   B. 一般   C. 作用很小   D. 说不清

 （2）您认为当前政府收购农产品在促进农民增收方面的作用：_____

  A. 作用很大   B. 一般   C. 作用很小   D. 说不清

28. 您是否担心政府取消农产品收购政策：_____

  A. 担心   B. 不担心   C. 无所谓

29. 您家农产品最主要的销售渠道：_____

  A. 政府粮站   B. 集贸市场

  C. 合作社   D. 民间私人

  E. 农业企业   F. 其他

30. 您对政府收购农产品有何看法？_____

  A. 收购价格过低   B. 收购价格不能动态变化

  C. 收购手续烦琐   D. 没意见，挺好

  E. 其他

E 表 村级公益事业建设调查表

31. （1）您认为大量人口外出务工是否会影响到村庄发展？_____

  A. 影响很大   B. 影响一般

  C. 无影响（选此项，请直接跳至第 32 题）

 （2）若您认为大量人口外出务工对村庄发展产生影响，主要体现在哪里？（可多选）_____

  A. 农村基础设施供给缺失   B. 农村养老受困

  C. 儿童缺乏照顾   D. 村庄事务缺乏关心

E. 传统文化传承乏力　　　　　F. 亲情淡薄

G. 农村环境恶化　　　　　　　H. 其他

32. 您对当前村集体的满意程度：_____

　　A. 非常满意　　　　　　　　B. 基本满意

　　C. 无意见　　　　　　　　　D. 不太满意

　　E. 非常不满意

33. 您认为当前村集体在以下哪些方面表现不足：_____（可多选）

　　A. 很满意，没有意见　　　　B. 保障农民利益

　　C. 组织好农业生产　　　　　D. 维护好村庄秩序

　　E. 代表村民与外界交流　　　F. 其他

34. 您对当前村内公共基础设施建设的满意程度：_____

　　A. 非常满意　　　　　　　　B. 基本满意

　　C. 无意见　　　　　　　　　D. 不太满意

　　E. 非常不满意

35. 已有公共水利设施能否满足您家农业生产需求？_____

　　A. 完全能　　B. 基本能　　C. 基本不能　　D. 完全不能

36. 您对当前农村生态环境的满意程度：_____

　　A. 非常满意　　　　　　　　B. 基本满意

　　C. 无意见　　　　　　　　　D. 不太满意

　　E. 非常不满意

37. 您对村里"重大事情谁做主"的看法：_____

　　A. 村两委单独　　　　　　　B. 村民小组

　　C. 村民代表能影响　　　　　D 看情况

　　E. 不清楚

38. 您对村级公益事业"一事一议"作用的评价：_____

　　A. 有作用　　　　　　　　　B. 没有作用

　　C. 作用不大　　　　　　　　D. 看情况

　　E. 不清楚

39. 在未来农村发展方面，您认为政府应侧重于哪些方面？（可多

选）_____

 A. 农村公路   B. 村庄规划

 C. 基础教育   D. 医疗保健

 E. 农村救济养老   F. 环境保护

 G. 农民技术培训   H. 农村文化休闲

 I. 其他

40. 近五年农村生活变化最大的方面：（可多选）_____

 A. 住房改善   B. 道路交通改善

 C. 垃圾收集改善   D. 厕所改造

 E. 供水排水设施改建   F. 能源使用

 G. 公共环境改善   H. 文化生活丰富

 I. 信息网络使用   J. 其他

参考文献

[1] 白南生：《制度因素造成劳动力流动的障碍》，《比较》2008年第35期。

[2] 北京天则经济研究所《中国土地问题》课题组：《土地流转与农业现代化》，《管理世界》2010年第7期。

[3] 蔡昉、王德文：《中国经济增长可持续性与劳动贡献》，《经济研究》1999年第10期。

[4] 蔡昉：《刘易斯转折点后的农业发展政策选择》，《中国农村经济》2008年第8期。

[5] 蔡昉：《中国经济改革效应分析——劳动力重新配置的视角》，《经济研究》2017年第7期。

[6] 曾福省、郭珍、高鸣：《中国农业基础设施投资效率及其收敛性分析——基于资源约束视角下的实证研究》，《管理世界》2014年第8期。

[7] 陈柏峰：《乡村振兴战略背景下的村社集体：现状与未来》，《武汉大学学报（哲学社会科学版）》2018年第3期。

[8] 陈菲菲、石李陪、刘乐：《大豆目标价格补贴政策效果评析》，《中国物价》2016年第8期。

[9] 陈开军、贺彩银、张永丽：《剩余劳动力转移与农业技术进步——基于拉—费模型的理论机制与西部地区八个样本村的微观证据》，《产业经济研究》2010年第1期。

[10] 陈卫平：《农业国际竞争力理论初探》，《财经问题研究》2003年第1期。

[11] 陈希煌：《全球竞争下农业政策的转型》，《农业经济问题》

2008 年第 1 期。

［12］陈锡文、陈昱阳、张建军：《中国农村人口老龄化对农业产出影响的量化研究》，《中国人口科学》2011 年第 2 期。

［13］陈锡文：《中国城镇化进程与新农村建设须并行不悖》，《农村工作通讯》2011 年第 11 期。

［14］陈锡文：《落实发展新理念 破解农业新难题》，《农业经济问题》2016 年第 3 期。

［15］陈锡文：《加快推进农业供给侧结构性改革 促进我国农业转型升级》，《时事报告（党委中心组学习）》2017 年第 2 期。

［16］陈锡文：《论农业供给侧结构性改革》，《中国农业大学学报（社会科学版）》2017 年第 2 期。

［17］陈锡文：《从农村改革四十年看乡村振兴战略的提出》，《行政管理改革》2018 年第 4 期。

［18］陈义媛：《资本下乡：农业中的隐蔽雇佣关系与资本积累》，《开放时代》2016 年第 5 期。

［19］陈义媛：《农业技术变迁与农业转型：占取主义/替代主义理论述评》，《中国农业大学学报（社会科学版）》2019 年第 2 期。

［20］陈奕山：《1953 年以来中国农业生产投工的变迁过程和未来变化趋势》，《中国农村经济》2018 年第 3 期。

［21］陈钊、陆铭：《从分割到融合：城乡经济增长与社会和谐的政治经济学》，《经济研究》2008 年第 1 期。

［22］成德宁、杨敏：《农业劳动力结构转变对粮食生产效率的影响》，《西北农林科技大学（社会科学版）》2015 年第 4 期。

［23］程国强：《中国农业政策的支持水平与结构特征》，《发展研究》2011 年第 9 期。

［24］程国强：《我国粮价政策改革的逻辑与思路》，《农业经济问题》2016 年第 2 期。

［25］程名望、黄甜甜、刘雅娟：《农村劳动力外流对粮食生产的影响：来自中国的证据》，《中国农村观察》2015 年第 6 期。

［26］程名望、黄甜甜、刘雅娟：《农村劳动力转移对粮食安全的影响——基于粮食主销区面板数据的实证分析》，《上海经济研究》2015年第4期。

［27］程名望、刘雅娟、黄甜甜：《我国粮食主产区农村劳动力外流对粮食供给安全的影响》，《商业研究》2015年第10期。

［28］程名望、贾晓佳、俞宁：《农村劳动力转移对中国经济增长的贡献（1978—2015）：模型与实证》，《管理世界》2018年第10期。

［29］程郁、叶兴庆：《借鉴国际经验改革中国农业支持政策》，《学习与探索》2017年第3期。

［30］崔红志：《乡村振兴与精准脱贫的进展、问题与实施路径——"乡村振兴战略与精准脱贫研讨会暨第十四届全国社科农经协作网络大会"会议综述》，《中国农村经济》2018年第9期。

［31］党国英：《中国农业发展的战略失误及其矫正》，《中国农村经济》2016年第7期。

［32］党国英：《当前中国农村改革的再认识》，《学术月刊》2017年第4期。

［33］党国英：《乡村振兴战略的现实依据与实现路径》，《社会发展研究》2018年第1期。

［34］邓大才等：《国家惠农政策的成效评价与完善研究》，经济科学出版社2015年版。

［35］丁煌、杨代福：《政策执行过程中降低信息不对称的策略探讨》，《中国行政管理》2010年第12期。

［36］丁继红、徐宁吟：《父母外出务工对留守儿童健康与教育的影响》，《人口研究》2018年第1期。

［37］董玄、周立、刘婧玥：《金融支农政策的选择性制定与选择性执行——兼论上有政策、下有对策》，《农业经济问题》2016年第10期。

［38］董志勇、李明成：《新中国70年农业经营体制改革历程、基本经验与政策走向》，《改革》2019年第10期。

［39］杜鑫：《劳动力转移、土地租赁与农业资本投入的联合决策分

析》,《中国农村经济》2013年第10期。

[40] 杜学振:《我国农业劳动力转移与农业机械化发展研究》,中国农业大学出版社2011年版。

[41] 杜鹰:《小农生产与农业现代化》,《中国农村经济》2018年第10期。

[42] 杜赞奇:《全球现代性的危机:亚洲传统和可持续的未来》,商务印书馆2017年版。

[43] 樊士德:《劳动力外流对中国农村和欠发达地区的福利效应研究——基于微观调研数据的视角》,《农业经济问题》2016年第11期。

[44] 范东君:《农村劳动力流出空间差异性对粮食生产影响研究——基于省际面板数据的分析》,《财经论丛》2013年第6期。

[45] 方向明、李姣媛:《精准农业:发展效益、国际经验与中国实践》,《农业经济问题》2018年第11期。

[46] 冯小:《新型农业经营主体培育与农业治理转型——基于皖南平镇农业经营制度变迁的分析》,《中国农村观察》2015年第2期。

[47] 盖庆恩、朱喜、史清华:《劳动力转移对中国农业生产的影响》,《经济学(季刊)》2014年第3期。

[48] 甘满堂:《城市农民工与转型期中国社会的三元结构》,《福州大学学报(哲学社会科学版)》2001年第4期。

[49] 高帆:《新时代我国城乡差距的内涵转换及其政治经济学阐释》,《西北大学学报(哲学社会科学版)》2018年第4期。

[50] 高帆:《中国乡村振兴战略视域下的农民分化及其引申含义》,《复旦学报(社会科学版)》2018年第5期。

[51] 高更和、陈淑兰、李小建:《中部农区农户打工簇研究——以河南省三个样本村为例》,《经济地理》2008年第2期。

[52] 高强:《现阶段我国农户兼业经营特点及评价》,《中国经济问题》1998年第1期。

[53] 耿永志:《新型农村社会养老保险试点跟踪调查——来自河北省18个县(市)的农户》,《财经问题研究》2011年第5期。

［54］顾莉丽、郭庆海：《玉米收储政策改革及其效应分析》，《农业经济问题》2017年第7期。

［55］郭剑雄：《劳动力转移、资本积累与农户的双向分化》，《内蒙古社会科学（汉文版）》2019年第1期。

［56］郭君平、谭清香、曲颂：《进城农民工家庭贫困的测量与分析——基于"收入—消费—多维"视角》，《中国农村经济》2018年第9期。

［57］郭沛、肖亦天：《中国农业农村改革四十年：回顾发展与展望未来——第二届农业经济理论前沿论坛综述》，《经济研究》2018年第6期。

［58］郭庆海：《小农户：属性、类型、经营状态及其与现代农业衔接》，《农业经济问题》2018年第6期。

［59］郭庆旺、贾俊雪：《公共教育政策、经济增长与人力资本溢价》，《经济研究》2009年第10期。

［60］郭晓鸣、甘庭宇、李晟之、罗虹：《退耕还林工程：问题、原因与政策建议——四川省天全县100户退耕还林农户的跟踪调查》，《中国农村观察》2005年第3期。

［61］郭晓鸣等：《农业大省农业劳动力老龄化的态势、影响及应对——基于四川省501个农户的调查》，《财经科学》2014年第4期。

［62］郭晓鸣：《乡村振兴战略的若干维度观察》，《改革》2018年第3期。

［63］郭晓鸣等：《中国小农的结构性分化：一个分析框架——基于四川省的问卷调查数据》，《中国农村经济》2018年第10期。

［64］国家社科基金重点项目课题组：《部门和资本"下乡"与农民专业合作经济组织的发展》，《经济理论与经济管理》2009年第7期。

［65］国务院发展研究中心课题组：《农民工市民化：制度创新与顶层政策设计》，中国发展出版社2011年版。

［66］韩俊：《论"三农"中国梦的实现》，《农村经济》2014年第8期。

［67］韩俊：《做好四篇大文章深入推进农业供给侧结构性改革》，《时

事报告（党委中心组学习）》2017年第4期。

[68] 韩俊：《以习近平总书记"三农"思想为根本遵循实施好乡村振兴战略》，《管理世界》2018年第8期。

[69] 韩长赋：《中国农民工发展趋势与展望》，《经济研究》2006年第12期。

[70] 郝大明：《农业劳动力转移对中国经济增长的贡献率：1953—2015》，《中国农村经济》2016年第9期。

[71] 何树全：《中国农业支持政策效应分析》，《统计研究》2012年第1期。

[72] 何秀荣：《关于我国农业经营规模的思考》，《农业经济问题》2016年第9期。

[73] 贺雪峰：《澄清土地流转与农业经营主体的几个认识误区》，《探索与争鸣》2014年第2期。

[74] 贺雪峰：《新一代农民工能否回到农村去》，《经济导刊》2015年第4期。

[75] 贺雪峰：《"小农经济"与农业现代化的路径选择》，《政治经济学评论》2015年第2期。

[76] 贺雪峰：《论中坚农民》，《南京农业大学学报（社会科学版）》2015年第4期。

[77] 贺雪峰：《谁的乡村建设——乡村振兴战略的实施前提》，《探索与争鸣》2017年第12期。

[78] 贺雪峰：《中国农村反贫困问题研究：类型、误区与对策》，《社会科学》2017年第4期。

[79] 贺雪峰：《关于实施乡村振兴战略的几个问题》，《南京农业大学学报（社会科学版）》2018年第3期。

[80] 贺雪峰：《三大全国性市场与乡村秩序》，《贵州社会科学》2019年第11期。

[81] 胡冰川：《大豆进口减量问题辨识与中美农业贸易格局重构》，《中国发展观察》2018年第18期。

[82] 胡伟清、张宗益、张国俊：《农民工的贡献与分享：差距到底多大》，《探索》2008年第5期。

[83] 胡雪枝、钟甫宁：《农村人口老龄化对粮食生产的影响——基于农村固定观察点数据的分析》，《中国农村经济》2012年第7期。

[84] 胡雪枝、钟甫宁：《人口老龄化对种植业生产的影响——基于小麦和棉花作物分析》，《农业经济问题》2013年第2期。

[85] 黄季焜、李宁辉：《中国农业政策分析和预测模型——CAPSiM》，《南京农业大学学报（社会科学版）》2003年第2期。

[86] 黄季焜、靳少泽：《未来谁来种地：基于我国农户劳动力就业代际差异视角》，《农业技术经济》2015年第1期。

[87] 黄季焜、王丹、胡继亮：《对实施农产品目标价格政策的思考——基于新疆棉花目标价格改革试点的分析》，《中国农村经济》2015年第5期。

[88] 黄季焜：《农业供给侧结构性改革的关键问题：政府职能和市场作用》，《中国农村经济》2018年第2期。

[89] 黄增付：《脱嵌与重嵌：村落秩序中的农业经营及治理》，《中国农村观察》2018年第3期。

[90] 黄宗智：《华北的小农经济与社会变迁》，中华书局2000年版。

[91] 黄宗智：《"项目制"的运作机制和效果是"合理化"吗？》，《开放时代》2014年第5期。

[92] 黄祖辉、王建英、陈志钢：《非农就业、土地流转与土地细碎化对稻农技术效率的影响》，《中国农村经济》2014年第11期。

[93] 纪志耿：《中国粮食安全问题反思——农村劳动力老龄化与粮食持续增产的悖论》，《厦门大学学报（哲学社会科学版）》2013年第2期。

[94] 蒋和平：《粮食政策实施及其效应波及：2013—2017年》，《改革》2018年第2期。

[95] 蒋和平等：《中国特色农业现代化建设研究》，经济科学出版社2011年版。

[96] 蒋辉、张康洁：《粮食供给侧结构性改革的当前形势与政策选

择》,《农业经济问题》2016年第10期。

[97] 柯炳生:《三种农业补贴政策的原理与效果分析》,《农业经济问题》2018年第8期。

[98] 孔凡丕:《落实中央惠农政策要把握的几个问题》,《农业经济问题》2014年第9期。

[99] 匡远配、陆钰凤:《农地流转实现农业、农民和农村的同步转型了吗》,《农业经济问题》2016年第11期。

[100] 匡远配、陆钰凤:《我国农地流转"内卷化"陷阱及其出路》,《农业经济问题》2018年第9期。

[101] 黎东升:《经济新常态下我国粮食安全面临的挑战》,《农业经济问题》2015年第5期。

[102] 李昌平:《警惕乡村规划设计陷入城市化误区》,《文史博览》2014年第8期。

[103] 李谷成、梁玲、尹朝静、冯中朝:《劳动力转移损害了油菜生产吗?——基于要素产出弹性和替代弹性的实证》,《华中农业大学学报(社会科学版)》2015年第1期。

[104] 李国祥:《我国农业支持制度改革创新探讨》,《新视野》2015年第5期。

[105] 李旻、赵连阁:《农业劳动力"女性化"现象及其对农业生产的影响——基于辽宁省的实证分析》,《中国农村经济》2009年第5期。

[106] 李强、毛学峰、张涛:《农民工汇款的决策、数量与用途分析》,《中国农村观察》2008年第3期。

[107] 李强、臧文斌:《父母外出对留守儿童健康的影响》,《经济学(季刊)》2010年第1期。

[108] 李瑞昌:《经济新常态下的公共治理创新》,《探索与争鸣》2015年第7期。

[109] 李实:《中国农村劳动力流动与收入增长和分配》,《中国社会科学》1999年第2期。

[110] 李铜山、周腾飞:《小农户经营困境:表象、成因及破解》,

《中州学刊》2015 年第 4 期。

［111］李燕凌、欧阳万福：《县乡政府财政支农支出效率的实证分析》，《经济研究》2011 年第 10 期。

［112］李有学：《规模抑或质量：中国农业现代化发展道路的迷思》，《兰州学刊》2013 年第 6 期。

［113］李周：《中国农村发展的成就与挑战》，《中国农村经济》2013 年第 8 期。

［114］李周：《农业政策转型方向探析》，《中国国情国力》2015 年第 5 期。

［115］李周：《全面建成小康社会决胜阶段农村发展的突出问题及对策研究》，《中国农村经济》2017 年第 9 期。

［116］李周：《农民流动：70 年历史变迁与未来 30 年展望》，《中国农村观察》2019 年第 5 期。

［117］厉以宁：《"城归"将成为新的人口红利》，《理论与当代》2017 年第 2 期。

［118］梁世夫、赵玉阁：《国外农业政策择定模式及对我国的启示》，《农业经济问题》2008 年第 7 期。

［119］林本喜、邓衡山：《农业劳动力老龄化对土地利用率影响的实证分析》，《中国农村经济》2012 年第 4 期。

［120］林刚：《中国工农—城乡关系的历史变化与当代问题》，《中国农村观察》2014 年第 5 期。

［121］林亦平：《转型时期农民利益表达路径探究》，《农业经济问题》2013 年第 1 期。

［122］林亦平、魏艾：《"城归"人口在乡村振兴战略中的"补位"探究》，《农业经济问题》2018 年第 8 期。

［123］刘彬彬、崔菲菲、史清华：《劳动力流动与村庄离婚率》，《中国农村经济》2018 年第 10 期。

［124］刘芬华：《农业"去过密化"态势中的中国农地制度变迁——一个制度解释》，《华南师范大学学报（社会科学版）》2011 年第 2 期。

[125] 刘汉成、关江华：《适度规模经营背景下农村土地流转研究》，《农业经济问题》2019 年第 8 期。

[126] 刘洪银：《我国农村劳动力非农就业的经济增长效应》，《人口与经济》2011 年第 2 期。

[127] 刘捷玉：《中国农村家庭养老现状：人口流动下的家庭照顾循环》，《开放时代》2019 年第 1 期。

[128] 刘亮、章元、高汉：《劳动力转移与粮食安全》，《统计研究》2014 年第 9 期。

[129] 刘敏、陈玉兰：《新疆棉花目标价格补贴政策实施现状与对策研究》，《天津农林科技》2018 年第 6 期。

[130] 刘奇：《开辟农民就业增收的第三空间》，《中国发展观察》2018 年第 8 期。

[131] 刘守英、王一鸽：《从乡土中国到城乡中国——中国转型的乡村变迁视角》，《管理世界》2018 年第 10 期。

[132] 刘守英：《乡村现代化的战略》，《经济理论与经济管理》2018 年第 2 期。

[133] 刘亚洲、钟甫宁：《风险管理 VS 收入支持：我国政策性农业保险的政策目标选择研究》，《农业经济问题》2019 年第 4 期。

[134] 刘彦随：《新型城镇化应注意根治"乡村病"》，《决策探索》2013 年第 9 期。

[135] 刘伟：《疫情冲击下的经济增长与全面小康经济社会目标》，《管理世界》2020 年第 8 期。

[136] 刘振霞：《农村劳动力过度外流的现象透视及其治理路径——基于重庆村庄的实证调查》，《南京师范大学学报（社会科学版）》2014 年第 5 期。

[137] 陆益龙：《村庄特质与乡村振兴道路的多样性》，《北京大学学报（哲学社会科学版）》2019 年第 5 期。

[138] 罗必良：《论服务规模经营——从纵向分工到横向分工及连片专业化》，《中国农村经济》2017 年第 11 期。

[139] 罗浩轩：《中国农业资本深化对农业经济影响的实证研究》，《农业经济问题》2013 年第 9 期。

[140] 罗浩轩、郑晔：《中美贸易摩擦下我国农业产业安全深层次困境及破解思路》，《西部论坛》2019 年第 1 期。

[141] 吕炜、谢佳慧：《农业转移人口市民化：重新认知与理论思辨》，《财经问题研究》2015 年第 11 期。

[142] 马红坤、毛世平：《从防御到进攻：日本农业支持政策转型对中国未来选择的启示》，《中国软科学》2019 年第 9 期。

[143] 马克思：《论土地国有化》，《马克思恩格斯全集（第 18 卷）》，人民出版社 1964 年版。

[144] 马林静、欧阳金琼、王雅鹏：《农村劳动力资源变迁对粮食生产效率影响研究》，《中国人口·资源与环境》2014 年第 9 期。

[145] 毛世平、吉星星：《财政对农业农村的有效投入：一个路径找寻》，《改革》2017 年第 11 期。

[146] 倪洪兴：《我国重要农产品产需与进口战略平衡研究》，《农业经济问题》2014 年第 12 期。

[147] 倪洪兴、吕向东：《正确理解我国农产品竞争力与国际的差距》，《农村工作通讯》2018 年第 10 期。

[148] 宁满秀等：《乡村振兴：国际经验与中国实践——中国国外农业经济研究会 2018 年年会暨学术研讨会综述》，《中国农村经济》2018 年第 12 期。

[149] 牛亮云：《农业化石能源投入与农业劳动力转移关系研究》，《经济经纬》2014 年第 5 期。

[150] 农业部农产品贸易办公室、农业部农业贸易促进中心：《中国农产品贸易发展报告 2015》，中国农业出版社 2015 年版。

[151] 农业部农业贸易促进中心课题组：《粮食安全与"非必需进口"控制问题研究》，《农业经济问题》2016 年第 7 期。

[152] 彭超、刘合光：《"十四五"时期的农业农村现代化：形势、问题与对策》，《改革》2020 年第 2 期。

[153] 彭代彦、罗丽丽：《农村青壮年劳动力转移与我国粮食安全》，《中州学刊》2015 年第 9 期。

[154] 齐城：《我国农业政策支持水平测定及时序分析》，《中国农业大学学报（社会科学版）》2009 年第 2 期。

[155] 齐元静、唐冲：《农村劳动力转移对中国耕地种植结构的影响》，《农业工程学报》2017 年第 3 期。

[156] 钱文荣、郑黎义：《劳动力外出务工对农户农业生产的影响——研究现状与展望》，《中国农村观察》2011 年第 1 期。

[157] 全国妇联：《全国农村留守儿童状况研究报告（节选）》，《中国妇运》2008 年第 6 期。

[158] 全世文、于晓华：《中国农业政策体系及其国际竞争力》，《改革》2016 年第 11 期。

[159] 任晓娜：《种粮大户经营状况与困境摆脱：五省 155 户证据》，《改革》2015 年第 5 期。

[160] 申继亮、刘霞、赵景欣、师保国：《城镇化进程中农民工子女心理发展研究》，《心理发展与教育》2015 年第 1 期。

[161] 申鹏：《农村劳动力转移的制度创新》，社会科学文献出版社 2012 年版。

[162] 沈贵银：《农业发展的长期性趋势与支持政策的适应性调整》，《农业经济问题》2012 年第 10 期。

[163] 沈琼：《用发展新理念引领农业现代化：挑战、引领、重点与对策》，《江西财经大学学报》2016 年第 3 期。

[164] 盛来运：《农村劳动力流动的经济影响和效果》，《统计研究》2007 年第 10 期。

[165] 石智雷、杨云彦：《外出务工对农村劳动力能力发展的影响及政策含义》，《管理世界》2011 年第 12 期。

[166] 税尚楠：《运用行为经济学，提高农业政策的效率和幸福含量》，《农业经济问题》2011 年第 6 期。

[167] 宋伟等：《中国村庄宅基地空心化评价及其影响因素》，《地理

研究》2013 年第 1 期。

［168］苏昕、刘昊龙：《中国特色家庭农场的时代特征辨析》，《经济社会体制比较》2017 年第 2 期。

［169］苏毅清、游玉婷、王志刚：《农村一二三产业融合发展：理论探讨、现状分析与对策建议》，《中国软科学》2016 年第 8 期。

［170］孙天雨、张素罗：《农村劳动力转移对乡村文化转型的影响及对策》，《河北学刊》2014 年第 4 期。

［171］孙新华：《农业规模经营主体的兴起与突破性农业转型——以皖南河镇为例》，《开放时代》2015 年第 5 期。

［172］孙自铎：《跨省劳动力流动扩大了地区收入差距——与缩小论者商榷》，《调研世界》2004 年第 12 期。

［173］汤敏：《中国农业补贴政策调整优化问题研究》，《农业经济问题》2017 年第 12 期。

［174］田旭、黄莹莹、钟力、王辉：《中国农村留守儿童营养状况分析》，《经济学（季刊）》2017 年第 1 期。

［175］仝志辉：《"去部门化"：中国农业社会化服务体系构建的关键》，《探索与争鸣》2016 年第 6 期。

［176］童雨：《我国农产品价格支持政策研究》，《现代经济探讨》2015 年第 6 期。

［177］涂圣伟：《工商资本下乡的适宜领域及其困境摆脱》，《改革》2014 年第 9 期。

［178］万宝瑞：《确保我国农业三大安全的建议》，《农业经济问题》2015 年第 3 期。

［179］万宝瑞：《加快提高我国农业竞争力的思考》，《农业经济问题》2016 年第 4 期。

［180］王丹萍：《农业科技成果转化率低的原因分析》，《中国农业信息》2013 年第 15 期。

［181］王航：《基于农业现代化要求的我国农业科技创新现状及思考》，《农业科技与装备》2017 年第 7 期。

[182] 王济民、张灵静、欧阳儒彬：《改革开放四十年我国粮食安全：成就、问题及建议》，《农业经济问题》2018 年第 12 期。

[183] 王金霞、仇焕广：《中国农村生活污染与农业生产污染：现状与治理对策研究》，科学出版社 2013 年版。

[184] 王美艳：《农民工还能返回农业吗？——来自全国农产品成本收益调查数据的分析》，《中国农村观察》2011 年第 1 期。

[185] 王睿、贺雪峰：《当前三农政策中的若干重大问题》，《天津行政学院学报》2015 年第 2 期。

[186] 王文龙：《地区差异、代际更替与中国农业经营主体发展战略选择》，《经济学家》2019 年第 2 期。

[187] 王小鲁、樊纲：《中国地区差距的变动趋势和影响因素》，《经济研究》2004 年第 1 期。

[188] 王雅鹏、马林静：《农村劳动力转移对粮食安全的影响》，《中国党政干部论坛》2015 年第 6 期。

[189] 王永春、王秀东：《改革开放 40 年中国粮食安全国际合作发展及展望》，《农业经济问题》2018 年第 11 期。

[190] 王裕雄、肖海峰：《实证数学规划模型在农业政策分析中的应用——兼与计量经济学模型的比较》，《农业技术经济》2012 年第 7 期。

[191] 王跃梅、姚先国、周明海：《农村劳动力外流、区域差异与粮食生产》，《管理世界》2013 年第 11 期。

[192] 王志刚、朱佳、于滨铜：《乡村振兴战略下新型农业支持保护政策体系研究》，《财经问题研究》2019 年第 10 期。

[193] 王子成：《劳动力外出对农户生产经营活动的影响效应研究——迁移异质性视角》，《世界经济文汇》2015 年第 2 期。

[194] 王子成：《农村劳动力外出降低了农业效率吗？》，《统计研究》2015 年第 3 期。

[195] 魏后凯：《中国农业发展的结构性矛盾及其政策转型》，《中国农村经济》2017 年第 5 期。

[196] 魏后凯：《对促进农村可持续发展的战略思考》，《环境保护》

2017 年第 17 期。

［197］魏后凯、刘同山：《论中国农村全面转型——挑战及应对》，《政治经济学评论》2017 年第 5 期。

［198］魏后凯：《如何走好新时代乡村振兴之路》，《人民论坛·学术前沿》2018 年第 2 期。

［199］魏后凯：《实施乡村振兴战略的目标及难点》，《社会发展研究》2018 年第 1 期。

［200］魏后凯、韩磊、胡冰川：《粮食供需关系变化新形势下转变农业生产方式研究》，《河北学刊》2018 年第 1 期。

［201］魏后凯等：《中国农村经济形势分析与预测（2018—2019）》，社会科学文献出版社 2019 年版。

［202］温铁军：《农业现代化的误区》，《财经界》2014 年第 31 期。

［203］翁杰：《中国农村劳动力转移与劳动收入份额变动研究》，《中国人口科学》2011 年第 6 期。

［204］吴声怡、彭陈椿、徐丽珠：《新农村建设中的新型农民培育问题研究》，《福建农林大学学报（哲学社会科学版）》2007 年第 10 期。

［205］吴业苗：《城镇化进程中的小农户分化与升级》，《社会科学》2019 年第 9 期。

［206］吴银豪、苗长虹：《我国农业支持政策的环境效应研究：理论与实证》，《现代经济探讨》2017 年第 9 期。

［207］吴玉韶：《中国老龄事业发展报告（2013）》，社会科学文献出版社 2013 年版。

［208］武广汉：《"中间商+农民"模式与农民的半无产化》，《开放时代》2012 年第 3 期。

［209］西南财经大学中国金融研究中心调研组：《农村金融改革值得探讨的几个理论问题——基于重庆市农村信用社改革成效的跟踪调查》，《金融研究》2006 年第 8 期。

［210］夏显力、陈哲、张慧利、赵敏娟：《农业高质量发展：数字赋能与实现路径》，《中国农村经济》2019 年第 12 期。

[211] 夏柱智：《农业治理和农业现代化：中国经验的阐释》，《政治学研究》2018 年第 5 期。

[212] 项松林、赵曙东、魏浩：《农业劳动力转移与发展中国家出口结构：理论与中国经验研究》，《世界经济》2014 年第 3 期。

[213] 肖峰、曾文革：《中欧农业支持体系战略转型比较研究》，《中国软科学》2014 年第 2 期。

[214] 谢迪、吴春梅：《农村公共服务效率：机理与效应》，《南京农业大学学报（社会科学版）》2015 年第 6 期。

[215] 谢花林、刘桂英：《1998—2012 年中国耕地复种指数时空差异及动因》，《地理学报》2015 年第 4 期。

[216] 谢来拉：《惠农政策执行效力提升路径研究》，《云南行政学院学报》2010 年第 6 期。

[217] 谢炜：《中国公共政策执行中的利益关系研究》，学林出版社 2009 年版。

[218] 徐翠萍、史清华、Holly Wang：《税费改革对农户收入增长的影响：实证与解释——以长三角 15 村跟踪观察农户为例》，《中国农村经济》2009 年第 2 期。

[219] 徐娜、张莉琴：《劳动力老龄化对我国农业生产效率的影响》，《中国农业大学学报》2014 年第 4 期。

[220] 徐田华：《农产品价格形成机制改革的难点与对策》，《农业经济问题》2018 年第 7 期。

[221] 徐雪高、吴比、张振：《大豆目标价格补贴的政策演进与效果评价》，《经济纵横》2016 年第 10 期。

[222] 许经勇：《农业供给侧结构性改革的深层思考》，《学习论坛》2016 年第 6 期。

[223] 薛庆根、王全忠、朱晓莉、周宏：《劳动力外出、收入增长与种植业结构调整——基于江苏省农户调查数据的分析》，《南京农业大学学报（社会科学版）》2014 年第 6 期。

[224] 亚洲开发银行政策研究技援项目专家组：《中国政府农业投入

政策研究》，人民出版社 2013 年版。

［225］严海蓉、陈航英：《农村合作社运动与第三条道路：争论与反思》，《开放时代》2015 年第 2 期。

［226］严海蓉、陈义媛：《中国农业资本化的特征和方向：自下而上和自上而下的资本化动力》，《开放时代》2015 年第 5 期。

［227］杨东群、王克军、蒋和平：《粮食减产影响我国粮食安全的分析与政策建议》，《经济学家》2018 年第 12 期。

［228］杨华：《"中农"阶层：当前农村社会的中间阶层——"中国隐性农业革命"的社会学命题》，《开放时代》2012 年第 3 期。

［229］杨华：《中国农村的"半工半耕"结构》，《农业经济问题》2015 年第 9 期。

［230］杨华：《中国农村中等收入群体研究》，《经济学家》2017 年第 5 期。

［231］杨华：《分化、竞争与压力的社会配置——对农村两类高危群体自杀行为的理解》，《人文杂志》2019 年第 4 期。

［232］杨云帆等：《新农合的认知水平与农民医疗支出和实际补偿比的关系研究：基于 5 省 2020 个农户的跟踪调查》，《卫生经济研究》2015 年第 1 期。

［233］杨志明：《中国特色农民工发展研究》，《中国农村经济》2017 年第 10 期。

［234］杨志武、钟甫宁：《农户种植业决策中的外部性研究》，《农业技术经济》2010 年第 1 期。

［235］姚枝仲、周素芳：《劳动力流动与地区差距》，《世界经济》2003 年第 4 期。

［236］叶敬忠：《农村留守人口研究：基本立场、认识误区与理论转向》，《人口研究》2019 年第 2 期。

［237］叶兴庆：《新型农业支持政策体系的轮廓逐步清晰》，《中国发展观察》2017 年第 4 期。

［238］叶兴庆：《我国农业支持政策转型：从增产导向到竞争力导

向》,《改革》2017年第3期。

[239]叶兴庆:《现代化后半程的农业变迁与政策调整》,《中国农业大学学报(社会科学版)》2018年第1期。

[240]叶兴庆、翁凝:《拖延了半个世纪的农地集中——日本小农生产向规模经营转变的艰难历程及启示》,《中国农村经济》2018年第1期。

[241]叶兴庆:《我国农业经营体制的40年演变与未来走向》,《农业经济问题》2018年第6期。

[242]尹成杰:《关于农村全面建成小康社会的几点思考》,《农业经济问题》2019年第10期。

[243]应瑞瑶、徐斌:《农户采纳农业社会化服务的示范效应分析》,《中国农村经济》2014年第6期。

[244]余子鹏、王今朝:《科技投入、结构演变与我国农业国际竞争力》,《国际贸易问题》2014年第11期。

[245]郁建兴:《从行政推动到内源发展:当代中国农业农村发展的战略转型》,《经济社会体制比较》2013年第3期。

[246]郁建兴:《走向社会治理的新常态》,《探索与争鸣》2015年第12期。

[247]袁训国:《流动人口对中国经济增长的贡献研究》,《中国物价》2017年第3期。

[248]袁志刚、解栋栋:《中国劳动力错配对TFP的影响分析》,《经济研究》2011年第7期。

[249]詹姆斯·斯科特:《国家的视角》,社会科学文献出版社2012年版。

[250]张崇尚、陈菲菲、李登旺、仇焕广:《我国农产品价格支持政策改革的效果与建议》,《经济社会体制比较》2017年第1期。

[251]张广婷、江静、陈勇:《中国劳动力转移与经济增长的实证研究》,《中国工业经济》2010年第10期。

[252]张桂文、王青、张荣:《中国农业劳动力转移的减贫效应研究》,《中国人口科学》2018年第4期。

［253］张红宇：《关于中国现代农业发展的定位问题》，《农村经济》2014年第9期。

［254］张红宇：《新常态下的农民收入问题》，《农业经济问题》2015年第5期。

［255］张红宇：《新常态下现代农业发展与体制机制创新》，《农业部管理干部学院学报》2015年第1期。

［256］张红宇：《新型农业经营主体发展趋势研究》，《农业经济研究》2015年第1期。

［257］张红宇、杨凯波：《我国家庭农场的功能定位与发展方向》，《农业经济问题》2017年第10期。

［258］张红宇：《大国小农：迈向现代化的历史抉择》，《求索》2019年第1期。

［259］张建忠：《中国农业支持政策分析决策系统框架设计思考》，《中国农业科技导报》2009年第11期。

［260］张杰、杜珉：《新疆棉花目标价格补贴实施效果调查研究》，《农业经济问题》2016年第2期。

［261］张梅、刘国民：《基于现代农业视角的农业行政管理体制创新研究》，中国农业出版社2012年版。

［262］张强、张怀超、刘占芳：《乡村振兴：从衰落走向复兴的战略选择》，《经济与管理》2018年第1期。

［263］张胜荣、聂焱：《欠发达地区农村劳动力外流对老年人经济支持影响的实证研究——以贵州省大方县响水乡以堵村中寨队为例》，《清华大学学报（哲学社会科学版）》2012年第4期。

［264］张天佐、郭永田、杨洁梅：《基于价格支持和补贴导向的农业支持保护制度改革回顾与展望》，《农业经济问题》2018年第11期。

［265］张晓山：《新常态下农业和农村发展面临的机遇和挑战》，《学习与探索》2015年第3期。

［266］张玉林：《21世纪的城乡关系、要素流动与乡村振兴》，《中国农业大学学报（社会科学版）》2019年第3期。

[267] 赵文:《新格局下的中国农业》,经济管理出版社 2012 年版。

[268] 赵文、程杰:《农业生产方式转变与农户经济激励效应》,《中国农村经济》2014 年第 2 期。

[269] 赵小缔、郭霖:《制度激励与农村人口转移——以南京为样本的实证分析》,《中共南京市委党校南京市行政学院学报》2004 年第 2 期。

[270] 赵晓峰、付少平:《多元主体、庇护关系与合作社制度变迁——以府城县农民专业合作社的实践为例》,《中国农村观察》2015 年第 2 期。

[271] 赵晓峰、赵祥云:《新型农业经营主体社会化服务能力与小农经济的发展前景》,《农业经济问题》2018 年第 4 期。

[272] 赵阳:《城镇化背景下的农地产权制度及相关问题》,《经济社会体制比较》2011 年第 2 期。

[273] 折晓叶、陈婴婴:《项目制的分级运作机制和治理逻辑:对"项目进村"案例的社会学分析》,《中国社会科学》2011 年第 4 期。

[274] 郑阳阳、罗建利:《农户缘何不愿流转土地:行为背后的解读》,《经济学家》2019 年第 10 期。

[275] 中国农民工问题研究总报告起草组:《中国农民工问题研究总报告》,《改革》2006 年第 5 期。

[276] 钟甫宁、顾和军、纪月清:《农民角色分化与农业补贴政策的收入分配效应——江苏省农业税减免、粮食直补收入分配效应的实证研究》,《管理世界》2008 年第 5 期。

[277] 钟甫宁:《正确认识粮食安全和农业劳动力成本问题》,《农业经济问题》2016 年第 1 期。

[278] 钟真、孔祥智:《经济新常态下的中国农业政策转型》,《教学与研究》2015 年第 5 期。

[279] 周飞舟、王绍琛:《农民上楼与资本下乡:城镇化的社会学研究》,《中国社会科学》2015 年第 1 期。

[280] 周宏、王全忠、张倩:《农村劳动力老龄化与水稻生产效率缺失:基于社会服务化的视角》,《中国人口科学》2014 年第 3 期。

[281] 周慧、王济民：《中国主要农产品价格差内外部影响因素研究》，《黑龙江粮食》2017年第4期。

[282] 周娟：《土地流转背景下农业社会化服务体系的重构与小农的困境》，《南京农业大学学报（社会科学版）》2017年第6期。

[283] 周批改、何柳：《农业劳动者利益保护与惠农政策完善研究》，《社会主义研究》2012年第5期。

[284] 周晓时：《劳动力转移与农业机械化进程》，《华南农业大学学报（社会科学版）》2017年第3期。

[285] 周应恒、赵文、张晓敏：《近期中国主要农业国内支持政策评估》，《农业经济问题》2009年第5期。

[286] 周振、马庆超、孔祥智：《农业机械化对农村劳动力转移贡献的量化研究》，《农业技术经济》2016年第2期。

[287] 周振、孔祥智：《农业机械化对我国粮食产出的效果评价与政策方向》，《中国软科学》2019年第4期。

[288] 周祝平：《中国农村人口空心化及其挑战》，《人口研究》2008年第2期。

[289] 朱玲：《排除农牧民发展障碍——康藏农牧区发展政策实施状况调查》，《中国社会科学》2013年第9期。

[290] 朱满德、程国强：《中国农业政策：支持水平、补贴效应与结构特征》，《管理世界》2011年第7期。

[291] 朱启臻：《乡村振兴背景下的乡村产业——产业兴旺的一种社会学解释》，《中国农业大学学报（社会科学版）》2018年第3期。

[292] 朱希刚、万广华、刘晓展：《我国1993年和1994年农产品生产者补贴等值的测算》，《农业经济问题》1996年第11期。

[293] 朱晓乐：《粮食收储制度改革：动因、成效与展望》，《宏观经济研究》2018年第4期。

[294] 宗义湘、李先德：《中国农业政策对农业支持水平的评估》，《中国软科学》2006年第7期。

[295] Abdul-Hakim R, Che-Mat S. Non-farm Activities and Time to Exit

Poverty: A Case Study in Kedah, Malaysia. World Review of Business Research, 2011, 1 (2): 113 – 124.

[296] Ahituv A, Kimhi A. Off-farm Work and Capital Accumulation Decisions of Farmers over the Life-cycle: The Role of Heterogeneity and State Dependence. Journal of Development Economics, 2002, 68 (2): 329 – 353.

[297] Balassa B. Tariff Protection in Industrial Countries: An Evaluation. Journal of Political Economy, 1965, 73 (6): 573 – 594.

[298] Bardhan P, Udry C. Development Microeconomics. OUP Oxford, 1999.

[299] Barro, R J and Sala-i-Martin, X. Economic Growth. McGraw-Hill, New work, 1995.

[300] Bernstein H, Byres T J. From Peasant Studies to Agrarian Change. Journal of agrarian change, 2001, 1 (1): 1 – 56.

[301] Bowlus A J, Sicular T. Moving toward Markets? Labor Allocation in Rural China. Journal of Development Economics, 2003, 71 (2): 561 – 583.

[302] Brooks, J G Dyer, E Taylor. Modeling Agricultural Trade and Policy Impacts in Less Developed Countries, OECD Food. Agriculture and Fisheries Working Papers, No, 11, OECD, 2008.

[303] Cai F, Wang D, Du Y. Regional Disparity and Economic Growth in China: The Impact of Labor Market Distortions. China Economic Review, 2002, 13 (2 – 3): 197 – 212.

[304] Cai F. How has the Chinese Economy Capitalised on the Demographic Dividend during the Reform Period? China's Forty Years of Reform and Development, 1978, 2018: 235 – 255.

[305] Chang H, Dong X, MacPhail F. Labor Migration and Time Use Patterns of the Left-behind Children and Elderly in Rural China. World Development, 2011, 39 (12): 2199 – 2210.

[306] Collier W L, Wiradi G. Agricultural Technology and Institutional Change in Java. Food Research Institute Studies, 1974, 13 (1387 – 2016 – 116045): 169 – 194.

[307] Corden W M. The Structure of a Tariff System and the Effective Protective Rate. Journal of Political Economy, 1966, 74 (3): 221 - 237.

[308] De Brauw A, Huang J, Zhang L, et al. The Feminisation of Agriculture with Chinese Characteristics. The Journal of Development Studies, 2013, 49 (5): 689 - 704.

[309] De Brauw, A and Rozelle, S. Migration and Household Investment in Rural China. China Economic Reviews, 19 (1): 320 - 335, 2008.

[310] Du Y, Park A, Wang S. Migration and Rural Poverty in China. Journal of Comparative Economics, 2005, 33 (4): 688 - 709.

[311] Dupraz P, van den Brink A, Latacz-Lohmann U. Direct Income Support and Cross-compliance, EU Policy for Agriculture. Food and Rural Areas, 2010: 351 - 362.

[312] Ellis F. Rural Livelihoods and Diversity in Developing Countries. Oxford University Press, 2000.

[313] Gillian H. Agrarian Change in the Context of State Patronage. Turton, White B. Agrarian Transformations: Local Processes and the State in Southeast Asia. Berkeley: University of California Press, 1989.

[314] Goodbur, C. Learning from Migrant Education: A Cass Study of the Schooling of Rural Migrants Children in Beijing. International Journal of Educational Development, 2009 (5): 495 - 504.

[315] Goodman D, Sorj B, Wilkinson J. From Farming to Biotechnology: A Theory of Agro-industrial Development. Basil Blackwell, 1987: 1 - 2.

[316] Hayami Y, Ruttan V W. Agricultural Development: An International Perspective. Baltimore, Md/London: The Johns Hopkins Press, 1971.

[317] Hayami Y, Kikuchi M. Asian Village Economy at the Crossroads. Baltimore: Johns Hopkings Press, 1982.

[318] Honma M, Hayami Y. Structure of Agricultural Protection in Industrial Countries. Journal of International Economics, 1986, 20 (1 -2): 115 - 129.

[319] Huang J, Guo B, Kim Y. Food Insecurity and Disability: Do Eco-

nomic Resources Matter? Social Science Research, 2010, 39 (1): 111 – 124.

［320］Huang Y. Capitalism with Chinese Characteristics: Entrepreneurship and the State. Cambridge University Press, 2008.

［321］Kay C. Reflections on Rural Poverty in Latin America. The European Journal of Development Research, 2005, 17 (2): 317 – 346.

［322］Kenneth D. Roberts. China's "Tidal Wave" of Migrant Labor: What can We learn from Mexican Undocumented Migrant to the United States? International MIgration, 1997, 31 (2): 249 – 293.

［323］Koppel, Hawkins. Rural Transformation and the Future of Work in Rural Asia. Economic Development and Cultural Change, 1991: 42 (4): 788 – 805.

［324］Lanjouw J O, Lanjouw P. The Rural Non-farm Sector: Issues and Evidence from Developing Countries. Agricultural economics, 2001, 26 (1): 1 – 23.

［325］Leuns W A. Economic Development with Unlimited Supply of Labo. The Manchester School, 1954: 22.

［326］Li Q, Song Y. The Impact of Different Types of Migration on Labor Supply for Farming of the Elderly in Rural China and the Regional Differences. Chinese Rural Economy, 2009 (5): 52 – 60.

［327］Li Y, Westlund H, Liu Y. Why Some Rural Areas Decline while Some Others Not: An Overview of Rural Evolution in the World. Journal of Rural Studies, 2019, 68: 135 – 143.

［328］Liu S, Wang R, Shi G. Historical Transformation of China's Agriculture: Productivity Changes and Other Key Features. China & World Economy, 2018, 26 (1): 42 – 65.

［329］Liu Y, Liu Y, Chen Y, et al. The Process and Driving Forces of Rural Hollowing in China under Rapid Urbanization. Journal of Geographical Sciences, 2010, 20 (6): 876 – 888.

［330］Liu Y, Li Y. Revitalize the World's Countryside. Nature, 2017, 548 (7667): 275 – 277.

［331］Lucas R E B. Emigration to South Africa's Mines. The American Economic Review, 1987: 313 - 330.

[332] Maclean M, Eekelaar J. The Parental Obligation: A Study of Parenthood across Households. Hart Pub Limited, 1997.

[333] Mancinelli Susanna, Mazzanti Massimiliano, Piva Nora and Ponti Giovanni. Education, Reputation or Network? Evidence on Migrant Worker Employability. Journal of Socio-Economics, 2010 (1): 64 - 71.

[334] Mat S H C, Jalil A Z A, Harun M. Does Non-farm Income Improve the Poverty and Income Inequality among Agricultural Household in Rural Kedah? . Procedia Economics and Finance, 2012 (1): 269 - 275.

[335] Mendola M. Migration and Technological Change in Rural Households: Complements or Substitutes? Journal of Development Economics, 2008, 85 (1-2): 150 - 175.

[336] Nehru V. The Chinese Economy: Fighting Inflation, Deepening Reforms. World Bank Publications, 1996.

[337] OECD. Agricultural Policies in Emerging Economies: Monitoring and Evaluation, OECD. Paris, 2009.

[338] Orden D, Zulauf C. Political Economy of the 2014 Farm Bill. American Journal of Agricultural Economics, 2015, 97 (5): 1298 - 1311.

[339] Otsuka K. Food Insecurity, Income Inequality, and the Changing Comparative Advantage in World Agriculture. Agricultural Economics, 2013, 44 (s1): 7 - 18.

[340] Pang L, Rozelle S, De Brauw A. Labor Supply of the Elderly in Rural China. China Economic Quarterly, 2003 (2): 721 - 730.

[341] Ranis G, Fei J C H. A Theory of Economic Development. The American Economic Review, 1961: 533 - 565.

[342] Reardon T, Crawford E, Kelly V. Links between Non-farm Income and Farm Investment in African Households: Adding the Capital Market Perspective. American Journal of Agricultural Economics, 1994, 76 (5): 1172 - 1176.

[343] Rozelle S, Taylor J E, DeBrauw A. Migration, Remittances, and

Agricultural Productivity in China. American Economic Review, 1999, 89 (2): 287 – 291.

[344] Stark O. The Migration of Labor. Basil Blackwell. Cambridge, MA, 1991.

[345] T. Josling. Agriculture Protection: Domestic Policy and international Trade, Rome: PAO, UN Press, 1973.

[346] Taylor J E, Martin P L. Human Capital: Migration and Rural Population Change. Handbook of Agricultural Economics, 2001 (1): 457 – 511.

[347] Valdes A, Zietz J. Agricultural Protection in OECD Countries: Its Cost to Less-developed Countries. Intl Food Policy Res Inst, 1980.

[348] Webb S H. China's Agricultural Commodity Policies in the 1980s, United States Department of Agriculture Economic Research Service. China Agriculture and Trade Report (RS – 91 – 3), 1991 (7): 38 – 45.

[349] Whalley J, Zhang S. A Numerical Simulation Analysis of (Hukou) Labour Mobility Restrictions in China. China's Integration into the World Economy, 2011: 295 – 324.

[350] Williamson J G. Migration and Urbanization. Handbook of development economics, 1988 (1): 425 – 465.

[351] Wouterse F. Migration and Technical Efficiency in Cereal Production: Evidence from Burkina Faso. Agricultural Economics, 2010, 41 (5): 385 – 395.

[352] Wu Harry X, Meng, Xin. The Direct of the Relocation of Farm Labor on Chinese Grain Production. China Economic Review, 1997, 7 (2): 105 – 122.

[353] Yang D T. Education and Allocative Efficiency: Household Income Growth during Rural Reforms in China. Journal of Development Economics, 2004, 74 (1): 137 – 162.

[354] Yu J, Zhang W, Wang D. The Temporal and Spatial Evaluation on China's Agricultural Policy Output since 1978. Journal of Geographical Sciences, 2011, 21 (3): 475 – 488.

[355] Yue B, Sonoda T. The Effect of Off-farm Work on Farm Technical

Efficiency in China. Working Paper, Nagoya University. Furi-cho, Chikusa-ku, Nagoya, Japan, 2012.

[356] Zahonogo P. Migration and Agricultural Production in Burkina Faso. African Journal of Agricultural Research, 2011, 6 (7): 1844 - 1852.